献计“三农”

周可金　著

中国农业大学出版社
·北京·

内容简介

本书共辑录了作者近20年为安徽省“三农”事业献计出力的参政议政成果文献93篇，涉及粮油安全、农民增收、农业科技、农业教育、农村生态环境、农村经济与政治以及脱贫攻坚与乡村振兴等领域，涵盖粮食与食品安全、油料产业发展、现代农业产业体系建设、“两强一增”示范区建设、农业科技创新、农业技术推广、秸秆还田和综合利用、农田水利建管机制、教育科技人才协同发展、农科大学生免费培养、农村人才培养培训、家庭农场主培养、新型农业经营体系建设、农村土地流转、土地流转“非农化”与“非粮化”、土地“增减挂钩”交易、失地农民社会保障制度建设、现代物流产业发展、涉农项目管理、农村疫情防控和农业生产、农村环境污染治理、农村精神文明建设、农村基层干部队伍制度建设、脱贫攻坚与乡村振兴等内容。

图书在版编目（CIP）数据

献计“三农”/周可金著，-- 北京：中国农业大学出版社，2023.10

ISBN 978-7-5655-3054-8

Ⅰ.①献… Ⅱ.①周… Ⅲ.①三农问题—中国—文集 Ⅳ.①F32-53

中国国家版本馆CIP数据核字（2023）第175675号

书　　名　献计“三农”

XIANJI “SANNONG”

作　　者　周可金　著

策划编辑　赵　艳　　**责任编辑**　赵　艳

封面设计　郜娇建

出版发行　中国农业大学出版社

社　　址　北京市海淀区圆明园西路2号　　**邮政编码**　100193

电　　话　发行部010-62733489, 1190　　读者服务部010-62732336

编辑部010-62732617, 2618　　出　版　部010-62733440

网　　址　http: //www. caupress. cn　　**E-mail** cbsszs@cau. edu. cn

经　　销　新华书店

印　　刷　河北虎彩印刷有限公司

版　　次　2023年10月第1版　　2023年10月第1次印刷

规　　格　170 mm × 240 mm　　16开本　　16.5印张　　314千字

定　　价　78.00元

序

周可金同志是民进会员、安徽农业大学教授、安徽省政协委员和安徽省油料作物产业技术体系首席专家。他长期从事“三农”教学、科研和技术推广工作，研究“三农”问题，对农民怀有深厚感情。作为安徽省政协委员和安徽省政协农业农村专委会副主任，周可金同志热爱多党合作和人民政协事业，20多年来，在潜心专业研究的同时，以专家的素养、议政的视野，积极为“三农”发展建言献策、笔耕不辍。无论是提案、社情民意信息，还是政协大会发言材料，都具有较强的针对性、前瞻性和可操作性，取得了数量可观的议政建言成果。如今，他将这些参政议政工作的研究成果选编成册，汇集成《献计“三农”》出版发行。这是他多年来履职尽责的心路历程，可资鉴来者，可喜可贺！

研究“三农”的目的，是解决农民增收、农业发展、农村稳定等问题，从而促进农业强、农村美、农民富。在《献计“三农”》这本书中，周可金同志很好地将这三者融为一体。全书共分粮油安全、农民增收、农业科技、农业教育、农村生态环境、农村经济与政治、脱贫攻坚和乡村振兴八个部分。纵观全书，每篇文章都是针对每个时期“三农”发展面临的新情况、新问题，在深入调查研究基础上形成的，提出问题有理有据，剖析问题准确透彻，意见建议精准可行，不少研究成果得到党委和政府重视，有的已被吸纳为政策决策，为履行多党合作和政治协商职能发挥了一名参政党成员应有的积极作用，也为民进会员树立了“双岗建功”典范，他本人也连续5年获得民进中央的表彰。

党的十八大以来，习近平总书记高度重视“三农”工作，围绕农村改革、农业现代化、农民增收等事关“三农”工作全局的战略性、前瞻性问题提出了许多新的重大论断，就粮食安全、精准扶贫、城乡一体化、乡村振兴等重大理论和实践问题作出了一系列重要指示和批示。这些重要论点、论断、论述内涵丰富，体系完整，系统阐述了解决中国“三农”问题的重大意义、指导思想、战略路径、发展动力、关键支撑、工作方法等重要内容，是习近平新时代中国特色社会主义思想的重要组成部分，开启了中国“三农”发展的新境界，为新时代中国“三农”问题的解决提供了理论指南和根本遵循。当前，安徽省正在深入学习贯彻习近平总书记关于“三农”工作的重要论述和视察安徽重要讲话精神，在农业转方式、调结构、促改革等方面进行积极探索，全面推进乡村振兴、加快建设农业强省，农业农村发展不断迈上新台阶。周可金同志的《献计“三农”》一书现在出版正当其时。我相信这本书的出版发行，无论是对参政议政理论研究工作者，还是对参政党成员履行参政议政职能，探索更有效的方法、路径，都会有所借鉴和启示。

是为序。

全国政协常委
安徽省政协副主席
民进安徽省委会主委
2023 年 6 月 25 日

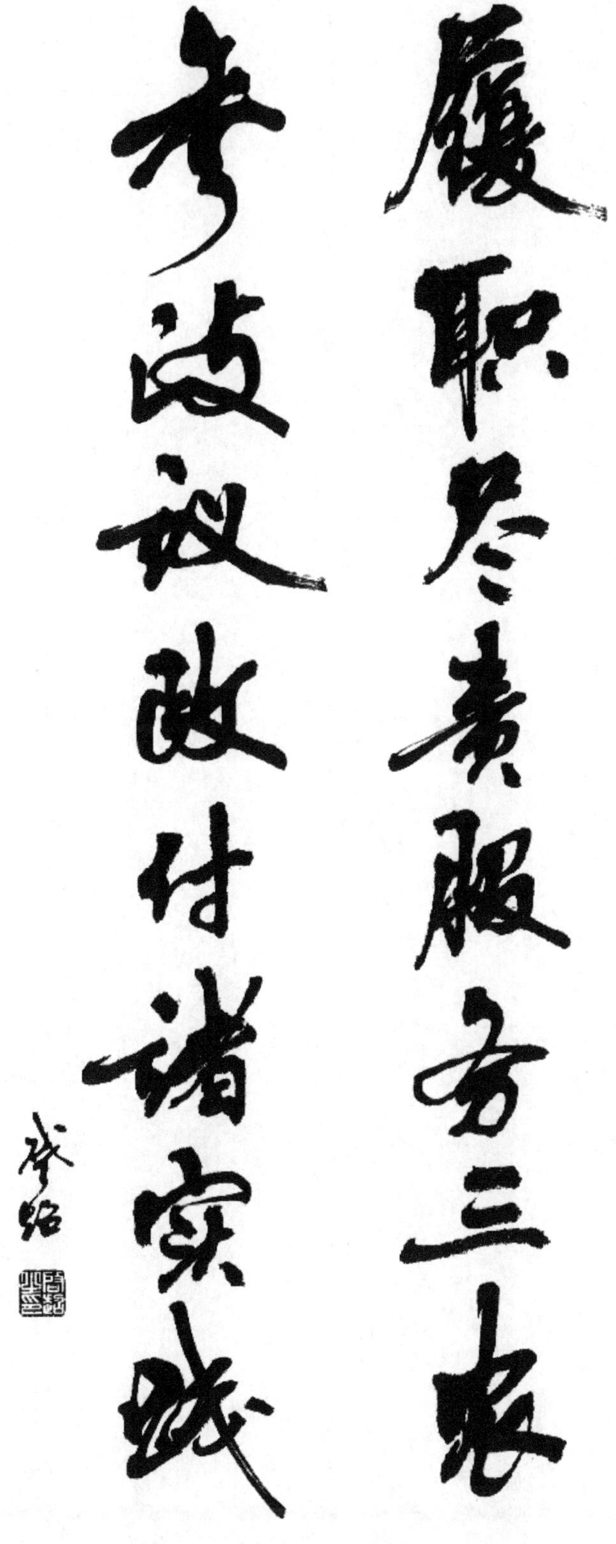

国际书画艺术家联合会会长
旅美安徽同乡会副会长
朱启超先生题词

做“三农”的践行者和参政议政“追梦人”（代自序）

生农学农，与农结缘

我的家乡位于安徽省无为县严桥镇，有着悠久的历史和文化。1964 年 12 月，我出生在无为县严桥镇松元村一个普通农家，天生与农结缘。小时候过的是“半年糠菜半年粮、缝缝补补又一年”的穷困生活，为了上学，每天早起放牛或赶牛上山，晚上找牛下山，有时候需要翻越好几个山头才能找回自家的耕牛。由于家庭困难，上学时买不起课桌，就长年借用同学的桌拐听课、做作业。到了初中，家里劳动力不足，我不得不半耕半读。高中时候，离家很远，中午不能回家吃饭，又买不起饭菜，就经常不吃午饭，长期累积导致营养不良，高二时生了一场大病，在母亲的悉心照料下半年后才康复。当年参加高考，预考成绩全校第一名，但苦于基层教学质量太差，依旧名落孙山。来年被迫转战巢湖补习再考，功夫不负有心人，终于在 1984 年考入安徽农学院（今安徽农业大学）农学专业，与农再次结缘。当时我填报的志愿全部为农学院，因为在长期的务农实践中，有一个困惑常反复思考，为什么老百姓年复一年从早到晚辛苦劳作，换来的粮食产量就那么低呢，我想其中的关键应该就是农业生产没有好的品种和好的技术。为此，我暗暗下定决心：为了普天下百姓能够吃饱饭，我将来一定要从事农业科学研究，为我国粮食生产添砖加瓦，让我们的老百姓过上温饱的生活。在大学里，学习了作物育种学、作物栽培学等课程之后，我终于明白了为什么家乡粮食产量那么低。为此，我立志将来要多培育新品种，开发新技术，改变农村落后面貌。假期，通过书本上学到的基本知识指导家乡的生产实践，取得了初步效果，这就更加坚定了我求知追梦的决心。

筑梦追梦，潜心教研

为了将来更好地服务“三农”，自身必须具备过硬本领，掌握更多的现代农业科学技术，我决定大学毕业后继续深造。1988 年本科毕业后，直接考入沈阳农业大学，攻读作物遗传育种专业硕士研究生学位，毕业后回到了我的母校安徽农学院任教，并从事科学研究和新技术推广工作。工作期间，我一边潜心做研究，一边继续深造，在 2006 年选择攻读湖南农业大学作物学博士研究生学位，师从我国著名油菜遗传育种和栽培专家、中国工程院院士官春云教授。由于工作勤勉，专业功底扎实，在本职岗位和专业领域中取得了一些成绩，我成为安徽省首批 16 个现代农业产业技术体系的首席专家之一，并成为农业农村部油料作物专家指导组成员。

在教学方面，我探索出一条“教学面向生产，科研促进教学”的路径，提出了“三层次、多模块”教学体系创新与实践的新思路，总结出“启发式”和“参与式”的教学方法，营造了教与学互动的学习氛围，并于 2012 年获得安徽省教学成果一等奖。2005 年，我开展的“《作物栽培学》教学改革和课程建设的研究与实践”教学研究项目，获安徽省教学成果二等奖。作为研究生导师，我始终秉持“身教胜于言教”格言，取得了良好教学效果。

在科研方面，我始终坚持“课题源于生产，科研促进教学”的理念，牢牢抓住“三农”基础，先后主持和参加科技部支撑计划、科技富民强县专项行动计划、农业农村部专项计划、安徽省科技攻关及自然科学基金，以及国际合作项目等 20 多项，发表学术论文 100 多篇，主编和参编教材及科技书籍 8 部，培育农作物新品种 10 个。主持编制省级标准 6 个，获得授权国家发明专利 13 项，获得安徽省科技进步一等奖 1 项，获得农业农村部神农中华农业科技奖和安徽省农村科技三等奖等。

在社会服务方面，我积极参加全省农业科技服务和技术培训工作，每年参加 20 余场次培训活动，为基层农业技术人员传授新知识。多次参加安徽省委组织部、省人力资源和社会保障厅、省科学技术厅、省农业农村厅等部门开展的科技下乡活动。2014 年 7 月和 9 月，先后 2 次参加省人社厅组织的专家服务团去东至县和黄山区开展的科技下乡活动。受邀参加央视 7 套《农广天地》节目录制，所讲授的培训内容于 2014 年 9 月 1 日首播，并在中央电视台农业农村频道和相关网站连续播报。多次受邀参加安徽省广播电视台、安徽农网等媒体的节目录制，讲授农业技术知识，为我省乡村振兴战略贡献力量。

基层挂职，传播科技

为了更好地把亲手培育的农作物新品种和研发的栽培新技术传递给广大农民，我还有一个梦想就是到基层挂职锻炼，这样我就有更多的时间和农民群众打交道。这样的信念终于在2016年得到实现。至今我还清楚地记得，那是在2015年9月的一天，安徽农业大学党委组织部电话通知我过去一下，到了以后，他们拿出省委组织部的通知，告诉我说我被派往望江县政府挂职副县长。听到这个消息我既激动也担忧，激动的是我的愿望实现了，能够更好地发挥专长，让望江县油菜产量再上一个新台阶；担忧的是还有好几个科研课题没有结题，另外还带领着一个全省油菜棉花产业技术体系的团队。经过慎重抉择，我毅然选择到基层的广阔舞台上锻炼。

在望江县挂职的一年多时间里，我主要分管农业、林业、教育等工作，但是我的重点工作还是抓农业科技提升和新技术推广。望江县位于安徽省西南边缘、长江下游北岸，是安徽著名的粮油大县，2014年在农业部（现农业农村部）“美丽田园”推介活动中被推荐为“全国十大油菜花景观”之一。但是在我国油菜产业最不景气的2015年，望江县油菜播种面积也下降了，只有不到20万亩。我到望江县以后，第一次县长例会上我就明确提出“望江县要充分利用优势资源，大力发展油菜观光旅游产业，每年举办油菜花节，带动全县乡村旅游产业发展”的建议。为此，我也积极宣传推广油菜新品种、新技术，开发油菜多功能利用项目，并推动“望江县第一届油菜花节”的顺利举办。近年来，随着望江县的大力宣传，游人纷至沓来，油菜相关产业链也随之带动，望江县在挖掘“菜花经济”潜力，融合一二三产业等方面，提供了可供参考的优秀样本。目前，望江县以花为媒的“菜花经济”得到蓬勃发展。相继在凉泉乡、漳湖镇、桃岭村举办了油菜花系列赏游活动，吸引了大量游客前往驻足观赏，也为望江县带来了可观的经济收益。2017年据有关媒体报道，望江县以花为媒，吸引了近27万人次前来赏花踏青，旅游综合收入达2.3亿元，同比增长19.3%。2018年在桃岭举办的油菜花系列观赏活动，游客累计达到30万人次，为当地百姓在民宿、美食、旅游等方面创造了效益。经过几年的发展，望江县的油菜产量稳居全省第一位，种植面积保持在50万亩左右，成为名副其实的油料大县。

为支持望江县油菜产业持续健康发展，安徽省油菜棉花产业技术体系在望江县设立了综合试验站，最新技术和成果将优先在望江县示范推广，为望江县油菜的优质高产、绿色发展提供了科技支撑。

加入民进，带头参政

我是2003年正式加入中国民主促进会（简称民进）的。2007年换届时，我担任了民进安徽农业大学总支部副主委，2013年初再次换届时担任民进安徽农业大学总支部主委，2017年换届时连任主委。

我加入民进主要受我研究生导师的影响。大概在1989年我读研期间，萌生了加入民主党派的想法，当时我在沈阳农业大学就读，我的导师是著名的大豆遗传育种学专家余建章教授，他当时是中国民主同盟沈阳市委副主委，受他的影响，我对加入民主党派产生了浓厚兴趣。1991年毕业回到安徽农学院工作以后，在民进安徽省委副主委杨其光教授实验室工作期间，受他的影响，我对民主党派有了更多的了解。2003年接受了民进安徽省委原副主委张自立的训示，毫不犹豫地加入民进组织。自从加入民进，我就积极参与各项参政议政活动，认真撰写提案，有不少意见建议得到省委、省政府领导的批示。2008年，我当选为合肥市政协委员；2013年，我当选为安徽省政协委员。近20年来，从市政协委员到省政协委员，从普通教师、一般会员到省部级专家和基层总支主委，虽然身份在不断轮换，但不变的是始终坚守的初心，以一位普通学者的实际行动践行着自己的理想与信念，并团结带领广大民进会员积极开展参政议政和社会服务，提升组织凝聚力。经过努力，民进安徽农业大学总支部分别于2010年和2015年获得民进中央“全国先进基层组织”和“全国先进集体”等光荣称号。

作为基层民进总支主委，我带头撰写提案和社情民意信息，将参政议政作为自己的使命。每年亲自撰写提案和社情民意信息10多项，有的被中央、安徽省政协和民进安徽省委采纳，其中获省领导批示7件，口头发言6次。2010年，我反映的社情民意信息《选聘大学生“村官”应向农科类专业倾斜》，得到中央组织部充分肯定；同年，提交的提案《关于加快我省现代物流产业发展的建议》被省政协十届四次大会选为口头发言，受到时任省长以及副省长黄海嵩批示。2012年，我提交的提案《关于加快推进我省现代农业产业技术体系建设的建议》，被省政协十届五次会议评为“优秀提案”。2013年，我提交的提案《进一步完善我省农村基层干部队伍制度建设的建议》，得到时任省委常委、组织部部长王炯的批示；同年，反映的社情民意信息《亟待重振安徽油菜产业的建议》得到时任副省长梁卫国的批示。2014年，我提交的提案《关于用好粮油大县奖励资金发展现代粮油产业的建议》，得到时任省委副书记李锦斌的批示。安徽省政协十届四次会议期间，在时任省长王学军参加的界别联组会议上，我做了题为《完善法律制度，提高违法成本，加大打击力度，构建和谐安徽》的口头发言，引起媒体广泛关注。2015年，在省政协重点协商课题界别协商会上，做了题为《加快构建我省小型水利工程建管资金投入的新机制》的口头发言。2016年，在省政协“发展专用品牌粮食”对口协商会上，做了题为《整合资源，优化结构，着力构建专用品牌粮食三大体系》的口头发言。2017年，安徽省政协十一届五次会议期间，在时任省委书记李锦斌参加的联组会议上，我做了题为《完善农业科技创新体系，加快我省现代农业发展》口头发言，引起关注。2018年，在省政协“加快建设现代农业，推动实现高质量发展”的月度专题协商会上，做了题为《打造长江经济带安徽特色农业产业集群的建议》的口头发言；同年提交的提案《将油菜纳入我省绿肥补贴，促进粮油兼丰的政策建议》，被省政协《社情民意》刊登。2019年，在省政协“发展特色高效农业，推进我省乡村振兴”对口协商会上，做了题为《完善种粮扶持政策，稳定我省粮食产能》的口头发言；提交的提案《进一步完善村级党组织建设，助力我省乡村振兴战略实施》，被选为省委书记李锦斌领衔督办“深入实施乡村振兴战略”重点提案内容之一。

近20年来，我的多项参政议政成果被中国民主促进会网站、安徽广播电视台、《安徽日报》《江淮时报》以及凤凰网等报道，由此我也获得了很多荣誉和表彰，如2015年获得民进中央“全国先进个人”表彰，2016年获得民进中央“全国参政议政工作先进个人”表彰，2017年获得民进中央“坚持和发展中国特色社会主义学习实践活动先进个人”表彰，产生了较大的影响。

［刊载《江淮文史》2019第6期，庆祝人民政协成立70周年专栏］

目录

第一篇

粮油安全

1 拧紧油瓶子，重振安徽油菜产业

油菜是安徽省第一大油料作物，菜籽油是一种健康的食用植物油，是仅次于粮食的第二大必需消费品，市场份额占国产食用植物油的45%。我国食用油需求量不断攀升，缺口也越来越大，对外依存度超过65%。随着全球新冠病毒感染疫情持续蔓延，国际农产品保障供给链存在危机隐患，食用油供给安全隐患更趋严重。近期，中央政治局专门研究保障油料油脂供应安全问题，习近平总书记作出重要指示，强调要千方百计提高油料生产潜力。国务院召开常务会议进行专题研究部署。农业农村部提出，从今年秋冬种开始，就要把油菜生产作为一件大事来抓，持续用力，争取今年打好基础，用5年左右时间有大的突破。

安徽油菜种植历史悠久，是全国最重要的优势产区。历史上种植高峰在2004年，面积达1 500多万亩（1亩≈667平方米），总产180多万吨，面积和总产均居全国第二。之后，受市场和用工等诸多不利因素影响，我省油菜种植面积持续下滑，“十三五”期间徘徊在500余万亩。近两年受政策影响和市场价格走高的带动，我省油菜种植面积有所恢复，但仍处于低位徘徊，2021年仅559.4万亩，比最高年份少了1 000多万亩，总产少100多万吨，在全国位次分别降到第六、第五，动摇了我省油菜大省的地位，导致冬闲田面积急剧增加。也造成了油脂加工企业普遍因缺乏原料而长期处于停产半停产和倒闭状态。我省冬闲田常年面积约800万亩，利用冬闲田扩种油菜具有较大潜力。

目前，油菜产业发展仍面临不少问题：一是政策支持力度小，国家对油菜的支持仅局限于2个项目——油菜高质高效项目和轮作休耕补贴项目，数量少，覆盖面十分有限，缺少其他明确的油菜补贴政策支持；二是缺乏优质、高产、耐迟播、早熟、适合机收以及功能性专用油菜品种；三是农机农艺深度融合不够，效率效益不高；四是产业链条短，精深加工水平低，多功能、多元化开发不足，种植收益偏低；五是缺乏在气候、秸秆还田等逆境条件下的油菜机械化播种全苗配套技术等。提高我省食用油供给保障能力，加快油菜高质量发展，意义重大，为此提出以下建议。

（1）出台相关产业发展支持政策。一是要借鉴浙江等省的经验，尽快出台《安徽省油料产业高质量发展实施意见》，明确冬闲田开发扩种油菜的奖励措施，鼓励冬闲田流转奖励。二是要尽快将油菜纳入绿肥补贴范畴，启动油菜种植等同绿肥种植的补贴措施，引导新型农业经营主体利用冬闲田扩种油菜。三是鉴于油菜生产在土壤改良、农田生物多样性、休闲农业等方面都有良好的促进作用，按每亩 50 ～ 100 元标准补贴，给予油菜主产区一定的环境奖励。四是要将国家产油大县奖励资金，通过采购种子、肥料、农药等生产资料，用于农机具作业、田间管理等补贴，以及开发新产品补贴等，支持油菜发展，降低成本，提高效益。

（2）完善科技支撑体系，保护产业健康发展。增加油菜科技专项经费，大力研发新品种、新机械、新模式。加强省油料作物产业技术体系建设，强化油菜产业新品种培育与种子研发、新技术与新装备创新与集成，突破农机农艺融合的技术瓶颈，形成我省油菜产业发展的技术支撑体系，切实保障我省油料供给和油菜产业持续健康发展。

（3）推进油脂精深加工，培育自主品牌。积极推进传统油脂作坊和小型油脂企业技术改造和转型升级，改善条件，提高产品质量和附加值，培育自主品牌。引导油脂加工龙头企业对接原料生产基地，建立利益联结机制。加大双低菜籽油、高油酸菜籽油的宣传推介，引导健康消费。启动我省双低菜籽油品牌——皖香菜油创建活动，打造优质菜籽油品牌，提高市场竞争力。坚持“三链协同”（产业链、价值链、供应链）和“五优联动”（“产购储加销”，即优粮优产、优粮优购、优粮优储、优粮优加、优粮优销），发展油脂循环经济。

（4）充分发挥油菜多功能优势，打造全产业链融合发展新模式。突出县域主体，围绕“产购储加销”一体化、“菜、花、蜜、油、肥、饲”等综合开发，构建集现代农业、绿色加工、农旅文旅等一二三产业融合发展于一体的新模式。各地根据自身耕作制度、区位优势和产业需求，明确油菜油用主体功能、挖掘其他功能，科学统筹、依序开发，充分发挥多重价值，创造更大价值。

［安徽省政协十二届五次会议提案，刊载于安徽省委《安徽信息（情况专报）》2022 年第 28 期；安徽省政协《社情民意》2022 年第 7 期。获得时任安徽省委书记郑栅洁、省长王清宪、省政协主席唐良智、省委副书记程丽华等领导肯定性批示］

2 亟待重振安徽油菜产业的建议

（一）安徽油菜产业现状堪忧

油菜是继水稻、小麦、玉米、大豆之后的第五大优势作物，在四大油料作物中排第二。在我国自产的植物油供给中，菜籽油占了半壁江山，大豆油却主要依靠进口。目前，我国食用油对外依存度已超过65%，风险很大。安徽省油菜种植历史悠久，是全国最重要的油菜产区。“十五”时期之前，我省油菜常年种植面积1 500万亩，居全国第二，历史地位很高。从“十一五”时期开始，油菜种植面积逐年下降，到2007年降到930万亩，比“十五”时期平均年种植面积下降37.1%。近几年徘徊在900万亩的较低水平，下降最多的是六安、滁州和合肥等地，已动摇了我省在全国油菜产区中的领先地位，也造成了我省油脂加工企业因缺乏原料供给而长期处于停产或半停产状态，加工能力严重过剩。可见，我省油菜产业已到了必须重振的时候了。

（二）存在的问题

（1）油菜基地设施条件薄弱，抗御自然灾害能力差。我省自然灾害频繁发生，加上部分水库、塘堰、水渠常年失修，蓄水、排灌能力大大降低，油菜标准化农田建设相对滞后，难以抗御自然灾害。

（2）油菜生产机械化程度低，成本高，劳动强度大。当前，我省油菜生产机械化程度较低，机械直播不足5%，机械收获不足10%。主要制约因素是农艺与农机脱节、品种和农机具开发滞后。主要靠手工操作，用工多，劳动强度大，生产成本高。2011年我省油菜亩成本高达534元，每千克成本4.14元，显著高于加拿大进口菜籽到岸价。

（3）品种多、乱、杂，主推品种不突出，质量不高，竞争力较弱。目前，我

查看油菜苗期冻害发生情况

省油菜生产中品种达100多个，混合种植普遍，加工企业无法实现优质优价。主推品种不突出，自育品种比例低，种子质量难以控制，不利于“双低油菜”品牌创建。

（4）菜籽油市场低迷，比较效益低，面积恢复缺乏动力。受国际市场影响，菜籽油价格和收益波动较大。2008年我省油菜亩净利润高达442.47元，比2007年增长了91.8%。2009年受国际经济低迷和进口冲击等影响，油菜亩收益降至130元；2010年和2011年继续下挫，分别为63.58元和57.02元。2012年单产提高了，亩收益达到200多元。价格大幅度降低挫伤了农民积极性，冬闲田面积逐年扩大。

（5）加工业缺乏竞争力。我省油脂加工企业数量多，规模小，分布过散，加剧了企业间低水平无序竞争，造成油料资源浪费。

（三）发展油菜产业的建议

根据党的十八大报告提出的“要确保国家粮食安全和重要农产品有效供给”的精神，我省急需出台扶持结构性紧缺产品的政策和措施。为此提出以下建议。

1.加大政府指导和扶持力度

（1）增加油菜补贴，扩大补贴范围。油菜补贴每亩只有10元良种补贴，比小麦少了生产资料综合补贴、种粮补贴和良种良法配套补贴等70多元。因此，建议我省率先出台油菜补贴政策，参照粮食补贴执行。同时，增加机械化收获、秸秆还田机具作业补贴，鼓励秸秆还田，减少焚烧，保护环境。

（2）制定菜籽油最低保护价收购政策。尽管近几年国家启动了菜籽油临时收储政策，收储价格逐年提高，但由于生产资料价格上涨和劳动力成本的增加，抵消了价格小幅度调整。受国际油料价格和进口油料的冲击，菜籽油价格年度间波动较大。因此，建议制定菜籽油最低保护价收购政策，减少价格波动，稳定农民收益。

（3）扩大农业灾害保险的赔付额度。油菜易受自然灾害影响而减产，增加油菜灾后赔付力度，减少农民损失，对稳定油菜生产，促进农民增收具有积极影响。建议将现行赔付额度增加1倍，使油菜在绝收后每亩赔付额度达到500元生产成本区域，有利于鼓励油菜种植积极性。

（4）出台扶持龙头企业升级改造的财政政策。安徽省财政重点支持省级以上龙头企业发展，增加油脂企业技改投入，鼓励企业加强生产基地建设。企业研究开发新产品、新技术、新工艺所发生的各项费用，在缴纳企业所得税前扣除。引进技术和进口加工设备，符合国家有关税收政策规定的，免征关税和进口环节增值税。

2. 建设高标准油菜基地

按照农业产业化经营模式，在沿江和江淮等油菜优先发展地区建设10～15个优质油菜产业化重点示范县和示范基地，提高油菜的综合生产能力。主要建设和完善综合服务体系、农田配套工程、农村公路设施。

3. 加大新品种新技术研发力度

增加科研攻关投入力度，稳定支持安徽省油菜产业技术体系建设，尽快选育适宜不同生态类型的早熟、高产、高含油率、适合机械化收获的“双低”油菜新品种，提高产量与品质。扩大主导品种市场份额。加快研发油菜施肥直播机、联合收获机等机具，为油菜全程机械化提供技术支持，突破农机农艺结合技术瓶颈。

4. 打造“双低”菜籽油品牌

引导和帮助油脂加工企业引进、吸收先进设备与技术，重点开发高级营养烹调油、冷榨菜籽油及饼粕等高附加值产品，启动我省“双低”菜籽油品牌创建活动，打造优质菜籽油品牌，加强菜籽油综合利用，提高市场竞争力。

［安徽省政协十一届一次会议提案，获时任安徽省副省长梁卫国的批示；民进安徽省委优秀社情民意信息一等奖，2013年］

3 勠力同心，安徽油菜产业重整行装再出发

油菜是安徽省第一大油料作物，菜籽油是一种健康的食用植物油，市场份额占国产食用植物油的45%。随着我国食用油需求量的不断攀升，缺口越来越大，对外依存度高达70%左右，食用油供给安全存在很大的安全隐患。2020年12月23日，安徽省委经济工作会议上，郑栅洁书记明确表示，要坚决做到“总书记有号令、党中央有部署，安徽见行动”。2021年12月25—26日，习近平总书记在中央农村工作会议上作出了“要实打实地调整结构，扩种大豆和油料，见到可考核的成效”的重要指示。国家开始对油料产业高度重视。作为全国油菜的最重要优势产区之一，历史上安徽油菜种植高峰在“十五”期间，常年面积1 500多万亩，总产180万吨，均位居全国第二。之后，受市场等因素影响，我省油菜种植面积持续下滑，“十三五”时期徘徊在500万亩，产量不足80万吨。近两年受市场价格走高的带动，我省油菜种植面积有所恢复，但仍处于低位徘徊，2021年恢复到559.4万亩，在全国位次降到第六，导致冬闲田面积急增，也造成了我省油脂加工企业普遍因缺乏原料而长期处于停产、半停产或倒闭状态。

随着新一轮国家油料产业政策的启动，我省油菜产业潜力较大，前景广阔，但仍面临不少问题：一是政策支持力度小，油料大县奖励资金使用不到位。目前仅局限于油菜高质高效和轮作休耕补贴项目支持，覆盖面有限，缺少其他补贴支持。二是油料科技支撑体系不健全，缺乏大项目、大成果支撑。农机农艺融合不够，专用型品种少，效率效益低。三是产业链条短，精深加工水平低，品牌缺乏，多功能、多元化开发不足等。为提高我省油脂供给保障能力，加快油菜高质量发展，提出以下建议。

（1）完善行政指导措施。一要增设对油料生产考核，建议省政府参照粮食考核要求对各市县政府目标管理绩效考核增加油料考核指标，分值设置0.5～1，增强市县政府抓油料生产积极性。二要尽快出台《安徽省油料产业高质量发展实施意见》，鼓励冬闲田流转，明确奖励措施。将油菜纳入绿肥补贴范畴，将种植

央视采访关于安徽油菜振兴

油菜等同绿肥种植实施补贴，引导农民利用冬闲田扩种油菜；鉴于油菜在土壤改良、保护生物多样性、休闲农业等方面有明显促进作用，对油菜主产区给予一定的环境奖励。三要扩大菜籽油价格指数保险试点，积极探索“保险＋期货”，为油菜产品提供双重价格保障，增强农民抵御市场风险的能力。

（2）完善科技支撑体系，保护产业健康发展。增加油菜科技专项经费，大力研发新品种、新机械、新模式。加强省油料作物产业技术体系建设，强化油菜产业新品种培育与种子研发、新技术与新装备创新与集成，突破农机农艺融合的技术瓶颈，形成我省油菜产业发展的技术支撑体系，切实保障我省油料供给和油菜产业持续健康发展。

（3）推进油脂精深加工，培育自主品牌。积极推进传统油脂作坊和小型油脂企业技术改造和转型升级，提高产品质量和附加值，培育自主品牌。引导油脂加工龙头企业对接原料生产基地，建立利益联结机制。加大双低菜籽油、高油酸菜籽油的宣传推介，引导健康消费。启动我省菜籽油省级公共品牌（安徽菜籽油）的创建工作，打造优质菜籽油品牌，提高市场竞争力。坚持产业链、价值链、供应链“三链协同”和优粮优产、优粮优购、优粮优储、优粮优加、优粮优销“五优联动”，发展油菜产业循环经济。

（4）充分发挥油菜多功能优势，打造全产业链融合发展新模式。突出县域主体，围绕油菜“产购储加销”一体化、“菜、花、蜜、油、肥、饲”等综合开发，构建集现代农业、绿色加工、农旅文旅等一二三产业融合发展于一体的新模式。各地根据自身耕作制度、区位优势和产业需求，明确油用主体功能、挖掘其他功能，科学统筹、依序开发，充分发挥多重价值，创造更大价值，逐步恢复提升安徽油菜大省地位。

［安徽省政协十二届五次会议提案，2022.2.12］

4 亟待运用保障措施保护我国油菜籽产业安全的建议

2008年以来，我国加大了对小麦、水稻等主粮作物的支持力度，油菜籽也实施了临时收储，但受益程度远低于粮食。由于油菜籽收益大幅度低于小麦，放弃油菜籽改种小麦的人数逐年增加，并呈向南扩大趋势，随之小麦的种植风险也在增加。国家制定的油菜籽收储价格高于国际市场，导致便宜的进口菜籽和菜油大量流入，加工企业使用国产菜籽动力减弱，形成了收储菜籽进国储、进口菜籽进市场的尴尬局面。例如2013年9月从加拿大进口油菜籽完税成本稳定在4 200元/吨左右。而国产菜籽收储价长期稳定在5 100元/吨左右，进口菜籽存在约1 000元/吨的价格优势。进口菜籽油在价格上也拥有绝对优势。从而导致近年来我国油菜籽和菜籽油的进口猛增，从2008年以前我国油菜籽进口不足100万吨增加到2014年的508万吨，连续2年刷新历史最高纪录。2013年菜籽油进口高达153万吨，首次超过大豆油进口，也创历史最高纪录。

2015年油菜籽收购政策发生大调整，给国内油菜产业带来极大影响。明确由中央财政给江苏、安徽、河南、湖北、湖南等5省油菜籽收购提供补贴，收购价格和是否收储菜籽油由省级政府确定。补贴方式分两种方式：一种是补贴给农民，另一种是补贴给油脂加工企业。但具体细则各地均未及时出台，导致农民和企业均处于观望状态。预计最终收购价格将会较前两年收储价2.55元/斤（1斤＝0.5千克）明显下降。即使加上政府少量补贴，收购价格也很可能在2.1元/斤以下，已有部分企业收购价定在1.6～1.8元/斤。这比当前进口油菜籽的到岸价格还要低。由于收储政策的调整，给农户带来惨重的经济损失，每亩约减少收益250～300元。如果计算上劳动力成本和土地成本，每亩生产成本在600元以上，种植油菜籽已经是得不偿失了。近3年即使有临时收储价保护，我省油菜籽的种植收益平均每亩也只有65元左右，远低于小麦的收益，极大地影响下年度油菜种植的积极性。

因此，国内油菜产业已经受进口油料很大的冲击，产业损害严重，农民种植没有效益，加工企业开工不足。长江流域作为油菜籽的主要产地和消费地区，沿线不少加工企业已处于停产或半停产状态。另外，进口技术性贸易壁垒门槛低，进口的油菜籽并未进行严格技术检验并履行技术标准法规评定程序，导致一些疫病和虫害通过不正常渠道进入我国，造成生态安全问题。为此，我国需要及时采取贸易保护措施，积极主动对受损严重的油菜籽产业给予高额补贴，并建立和完善油菜籽贸易保护技术体系，促进我国油菜产业的健康发展，否则我国油菜产业将成为第二个大豆产业，我国油脂产业将再也没有翻身的机会。这些问题应引起各方重视。

（1）适时启动对油菜籽进口的“两反一保”贸易救济措施。积极应用反倾销、反补贴和保障措施保护国内油脂产业，向油菜产业提供合理的补贴，避免国内油菜产业遭受严重损害。反倾销、反补贴和保障措施是世界贸易组织（WTO）用于维护公平贸易，依法保护国内产业的一种法律制度。近年来，由于我国从加拿大和澳大利亚等国进口了大量油菜籽和菜籽油产品，导致国产油菜籽卖不出去、售价低，加工企业开工率低，整个油菜籽产业的经济效益低下。这个结果与进口油菜籽数量的快速增加之间存在明显的因果关系。因此，我国根据 WTO 规则有权在防止或补救此种市场扰乱所必需的限度内，对油菜籽产品撤销减让或限制进口。采取这种保障措施将有力地保护国内油菜籽产业。保障措施的实施期限建议申请 2 个周期即 8 年缓冲期，将为我国油菜产业的竞争力提升争取到更多的发展时间和空间。

（2）建立我国油菜籽进口的预警机制。设置专门机构监控国外油菜籽进口态势，评估进口油菜籽对国内油菜籽市场的影响。当国内因进口增长造成国内油菜产业出现损害或损害威胁时，该机构及时向产业主管部门发出产业受损警报。我国加入 WTO 后，国外大豆、油菜籽长驱直入，给我国油料产业造成重大损失，特别是大豆产业受害最为惨重。积极采取有效措施，保护国内油料产业，提高产业竞争力，是我国迫切需要解决的问题。应该尽快建立油菜籽的进口预警机制，使国内油菜籽产业因进口增加遭受损害的程度能够根据一系列指标得以迅速反映，产业界可及时抓住有利时机提出保障措施调查申请，国家主管部门也可迅速立案并及时开展调查工作，真正做到未雨绸缪，防患于未然。

（3）重视对油菜籽产业的合理支持，促进产业结构调整和升级，提高产品市场竞争力。国内支持方面，WTO 允许发展中国家在具体执行有关规定时有适当的灵活性，在时间上有适当宽限，对产生贸易扭曲不明显的农业支持的限制也比对发达国家的限制要松一些。在加入 WTO 谈判时，我国承诺支持幅度不超过 8.5%。没有出口补贴再加上较低的国内支持承诺，这就使我国农业面临较大的竞争压力。为保持我国农业的可持续发展，目前即使不考虑“黄箱”补贴的8.5%限额，仅就“绿箱”补贴，我国农业支持的空间仍然较大，政府应加紧制定农业支持计划，扶持农业的发展。像我国的油菜是重要的唯一越冬性油料作物，在我国食用油自给和国民经济中发挥了重要作用，同时也具有重要的国际地位。我国油菜种植方式的调整较晚，加上机械化程度较低、种植分散，导致我国油菜籽种植成本较高，经济效益较低，竞争力不强。但我们也清楚地看到，我国近几年来油菜产业发展也很迅速，机械化程度从无到有，而且推广速度很快。随着我国城镇化推进，土地确权登记工作完成，土地流转速度加快，油菜规模化种植、机械化生产成必然趋势，将大大降低油菜生产成本，提高经济效益。届时国内油菜籽产业的竞争力将大大增强，但仍需要一定时间的缓冲，需要政府的大力支持，努力提高油菜生产和加工的机械化装备水平和油菜新品种、新技术的研发能力，不断提高技术含量，增加补贴精准度，着力降低油菜生产和加工成本，提高经济效益和产品市场竞争力。

（4）不断完善我国油菜籽的技术保护体系。建立自己有效的技术法规、标准和评定程序是十分重要的，需要政府、企业和其他相关单位，主要是协会和研究机构共同努力和密切配合。不仅要熟悉国际市场各种技术、环境壁垒，还要了解和研究各种不合理的技术法规、标准和评定程序，以及卫生检疫要求、商事法律，还要探讨和研究各种案例。国外的许多技术性贸易壁垒是为了限制进口而设立的，并非建立在合理的科学依据之上。我们的技术标准也要充分考虑对外贸易的实际情况，根据我国进口产品的不同来源和数量，有针对性地制定一些有利于我国的技术标准。在具体的技术法规、标准和评定程序建设方面，我们可以借鉴巴西和印度的一些做法。巴西对非自动进口许可的商品进行额外的卫生和检验、检疫，对转基因产品的进口实行严格的限制，规定在包装食品中最多只能含有4%的转基因成分。印度要求特殊的商品包装和说明等，都是为了给外国商品的进入设置障碍。我国在2002年6月颁布了对转基因大豆进口的监管要求后，美国曾对此表示极大的不满，但也无可奈何。2009年11月国家质检总局紧急发布了《关于进口油菜籽实施紧急检疫措施的公告》，要求从加拿大、澳大利亚进口的油菜籽，实施严格的油菜茎基溃疡病的检疫措施。这是我国在油菜籽上首次运用贸易保护性措施，并取得了明显成效。2010年油菜籽进口由2009年的328.6万吨减少到160.0万吨，同比下降51.3%，2011年油菜籽进口继续下降到126.2万吨。但近几年由于政策调整，油菜籽进口再次大幅度增加，对我国油菜产业再次造成冲击和损害。

［安徽省政协十一届三次会议提案，民进安徽省委参政议政优秀成果二等奖，2015年］

5 关于大豆玉米带状复合种植推广的几点建议

面对日益复杂的国际环境，为保障新时代国家粮食安全，扩种大豆势在必行。在耕地资源有限的情况下，大豆与玉米争地矛盾突出，在适宜地区大力推广大豆玉米带状复合种植，实现玉米基本不减产、增收一季大豆，推动大豆玉米兼容发展、协调发展乃至相向发展，为保障玉米产能、提高大豆自给率提供了新途径，对保障粮油安全具有重要意义。然而，大豆玉米带状复合种植作为一项新技术，要大面积推广还需要破解品种、成本和农机具等各种难题。2022 年度农业农村部下达安徽省大豆玉米带状复合种植任务 60 万亩。在各级政府的大力配合下，大豆玉米复合种植在我省取得了初步成效，不但稳定了玉米产量，还增加一季大豆收成，每亩产量达 100 千克以上，每亩增收 300 多元。但对该项技术的进一步推广，仍存在不少问题：一是农户思想认知度不够。没有把大豆玉米带状复合种植提高为战略性政治任务去认识，对政策不够了解，心里带有消极畏难情绪，包括部分地方领导，把任务的落实依靠在补贴政策上，没有彻底去解决农户在种植过程中的具体技术问题。二是品种适应性问题。过去单作大豆或玉米选用的品种与大豆玉米带状复合种植相配套的品种在成熟期、生长发育特性等方面存在很大差异，需要精准解决品种配套的问题。三是栽培技术不到位，特别是种植密度不足。目标产量主要靠种植密度来保证，部分地方仍然存在大豆玉米行株距过宽、大豆玉米间距不规范等问题，导致种植密度不足，达不到预期的收益效果。四是机械配套问题。现有的机具均为单一作物种植、收获、病虫草害防治等机械，涉及 2 种农作物的播种、收获和病虫草害防治机械，均需要重新研制、配套，才能发挥效益。为此提出以下建议。

（1）加大政策补贴力度。生产成本高是制约大豆玉米带状复合种植推广的主要因素之一。实施大豆玉米复合种植，需要付出更多的生产成本。因此政府要及时兑现补贴承诺，调动农民种植积极性。同时，开展大豆完全成本保险试点，提高农业保险保障水平，稳定农户种豆收益。

大豆玉米带状复合种植技术应用

（2）加大技术指导培训力度，提高新技术应用到位率。要推荐给农民适合种植的大豆、玉米品种。在栽培技术上要严格按照我省推广最多的“4行玉米＋6行大豆”方案进行种植，玉米每亩种植4 500株左右，大豆每亩种植9 000株左右（也可推广“2行玉米＋4行大豆”）。在除草剂使用方面，要指导选用大豆、玉米专用除草剂定向隔离除草，因为两种作物的除草剂不宜混用，要特别做好物理隔离，防止产生药害。在大豆、玉米病虫害防治适期不一致时，采用微雾滴飞防方式进行分别防治，应根据带状间作距离对喷头进行适度改造，精准控制喷幅。到大豆玉米成熟后，农户应选用4行玉米收割机和2.2米宽幅以内大豆收割机分别收获，减少用工。同时，对农机手加强培训，要传授调试方法和操作技能，依托农机专业服务组织培养一批复合种植机械化作业能手，确保复合种植机具用得上、用得好。

（3）加大适用农机具的研发。条带分割、高低错位的大豆玉米复合种植对农机装备要求很高。目前专用的播种、喷药、收获等机械产业化进展还不能完全满足需要。要想点“土洋结合”的办法，一方面，要围绕满足不同区域复合种植主推技术模式的播种、植保、收获环节农机作业需要，对现有机具适配改造应用，尽可能降低劳动强度和生产成本；另一方面，加快复合种植专用机械研制推广，为大豆玉米带状复合种植任务提供装备支撑。

（4）精心组织农机社会化服务。有效对接农机化作业服务的供需，特别要针对当地复合种植专用播种机械、病虫害防治机械、窄幅收获机械保有量缺口问题，加强区域沟通协作，引导开展跨区作业服务。对复合种植重点区域实行包片指导，督促落实机具保障工作措施，及时调度关键环节农机作业进度，协调解决困难问题，确保种得好、管得住、收得上，以机械化的有力支撑，增强发展大豆玉米带状复合种植的信心。

［安徽省政协十三届一次会议提案，2023.1.11，获省委副书记程丽华批示］

6 补足粮食生产短板

习近平总书记高度重视粮食安全问题。2016 年 4 月，习近平总书记在我省考察时指出，安徽是粮食生产大省，长期以来为国家粮食安全做出了重要贡献。2020 年 8 月，习近平总书记再次亲临我省考察，强调要坚决扛稳粮食安全责任。在 2019 年年底召开的中央农村工作会议上，习近平总书记再次强调牢牢把住粮食安全主动权，粮食生产年年要抓紧。习近平总书记的重要讲话指示精神，为我省抓好粮食生产、推进乡村振兴指明了前进方向、提供了根本遵循。安徽省始终牢记习近平总书记嘱托，认真贯彻落实党中央、国务院决策部署，坚决扛稳粮食安全政治责任，始终把粮食生产作为“三农”工作的头等大事，交出了一份亮眼答卷。目前，安徽省已成为我国“中部粮仓”，粮食面积、总产均居全国第 4 位，产量稳定在 800 亿斤以上，粮食综合生产能力稳步提升。但我省仍不是粮食强省，发展粮食生产仍存在以下短板和弱项。

（1）人力资源不足。新型职业农民短缺。随着城镇化加快，大量青壮年劳动力进城务工，乡村普遍存在“老龄化”现象，农业关键技术很难落实到田间地头，粮食生产效率下降。同时农村实用人才队伍不足，科研推广体系人才断层严重，新型农业经营主体和社会化服务组织更普遍存在人才专业素质偏低和年龄偏大等问题。目前全省农村实用人才 186.5 万人，仅占农村常住人口的 6.6%，分别比江苏和浙江低 1.4 个百分点和 1 个百分点。

（2）耕地“非粮化”加重。受粮食价格影响，种粮效益低下，种植经济作物和从事养殖业的收入比种植粮食高几倍甚至几十倍，粮经利润差距拉大，不少农户为提高收益改种经济作物或从事养殖业，造成大量耕地“非粮化”。目前，全省耕地有近 10% 存在“非粮化”，其中耕地上种树约占 57%，水产养殖占 27%。我省耕地后备资源极其匮乏，仅存 70 万亩，且零星分散，随着我省经济加速发展带来建设用地刚性需求加大，耕地占补平衡压力不断加大。

（3）种业创新能力不强。我省种子企业数量较多，但具有国际市场竞争能力的大型企业偏少、规模偏小。2020年我省排名前10位的企业种子销售额共计23.6亿元，最多的荃银高科仅11.19亿元，与拜耳（98亿美元）、先正达（29亿美元）等国际企业实力相差甚大。而且我省育种创新能力不强，我省种业企业缺乏育种高端人才尤其是育种领军人才，大部分企业创新研发投入占营业收入的比重仅为3%左右。品种同质化严重，突破性品种较少。2020年全省新审定的215个品种，但实际市场占有率高、能大面积推广的品种不到10%。另外，我省良种繁育基地建设滞后，标准化、机械化程度较低，基础设施薄弱，缺乏种子烘干、加工、仓储等配套设施，难以保证种子质量。

（4）农田建设与农机装备基础不牢。受历史原因影响，我省高标准农田建设标准不一、质量参差不齐，存在规划衔接不精准，沟、渠、路、电不配套等问题。全省约有670万亩耕地不符合高标准农田要求，尚有3 000多万亩耕地未开展高标准农田建设，农田水利“最后一公里”问题仍较为突出，高标准农田管护也存在困难。另外，我省农业装备技术研发推广瓶颈突出。由于我省地形地貌复杂多样，适宜南方丘陵山区耕作的农机机型较少、技术不够成熟，种粮大户“无机可用”“无好机用”的问题比较突出。

为抓好粮食生产，推进乡村振兴，重点要调动各类新型农业经营主体务农种粮和地方重农抓粮积极性，提出以下建议。

1. 紧紧扭住适度规模经营这个方向，着力健全粮食生产模式

（1）支持发展适度规模经营。探索推进将农户承包耕地有组织有步骤地集中到村级集体，再通过集体将耕地集中成片流转到各类经营主体，构建高效稳定的土地流转关系，实现农业生产规模化经营。同时，加强农村土地流转管理和风险防范，因地制宜确定土地流转规模，加强对工商企业流转土地用途管制，促进农村土地有序适度流转。通过政策激励、资金扶持、服务支撑等，多措并举发展农业产业化联合体，提高农业竞争力。

（2）大力推进农业社会化服务。延伸农业社会化服务领域，由产中服务向产前和产后服务拓展，探索推广多主体协作的“供、耕、种、管、收、售、用”七位一体全程农事托管模式，以县域为单位搭建粮食产前、产中、产后MAP服务模式，为当地农户提供全程服务。强化社会化服务主体现代农业知识培训，提高其抵御市场风险能力。鼓励各地建立社会化服务行业联盟和协会，推动资源整合和行业自律，引导服务主体间良性竞争，切实提高服务质量。

（3）引导小农户融入现代农业发展。大力推广安徽蒙城、泗县等地“一块田”模式，引导小农户自愿通过村组内互换并地、土地承包权退出等方式，实现耕地小块并大块，逐步形成一户一块田，促进小农户通过土地资源配置分享土地规模经营收益。完善农业产业化带农惠农机制，鼓励龙头企业通过“企业＋农户”“企业＋合作社＋农户”等有效组织模式，按照“风险共担、利益共享”原则，与农户及其他生产经营主体结成利益共同体，促进传统小农户与现代农业有机衔接，让小农户直接享受到现代农业生产带来的节本增效收益。

2. 紧紧扭住耕地这个根本，着力夯实粮食生产基础

（1）建立推广田长制。全面建立推广田长制，实行党政同责，建立省、市、县、乡、村五级田长制责任体系，健全会议调度、督查考核、激励奖惩、信息报送等相关配套制度，形成“横到边、纵到底，网格化、全覆盖”的耕地保护监管格局，同时将“田长制”执行情况纳入党政领导班子和领导干部综合考核评价，形成有部署、有督导、有考核的完整责任体系。健全统筹协调机制，各级自然资源和农业农村部门应在信息共享、数据互通、政策配套等方面加强横向联系、密切协作配合，形成整体合力直击耕地“非农化”“非粮化”监管中的重点、难点、堵点。

（2）探索耕地保护利益补偿机制。建议国家层面设立防止耕地“非粮化”稳定粮食生产财政专项资金，专门用于稳定和恢复粮食种植奖励激励，确保粮食种植面积不减少、产能有提升、产量不下降，共同维护好国家粮食安全。各地可参照国家做法，层层建立利益补偿机制，重点奖励乡镇、村集体经济组织、新型农业经营主体和农户，逐步缩小粮食种植和经济作物种植效益差距。

（3）全面提升高标准农田建设质量。加大已建高标准农田改造提升力度，优先对集中连片永久基本农田、粮食生产功能区的高标准农田项目进行改造提升，真正实现旱涝保收、高产稳产。加强建后管护工作，督促指导各级政府加大对工程管护的投入，引导各类受益主体参与高标准农田设施运行管护，确保工程良性运行。

3. 紧紧扭住科技这个出路，着力提高农业竞争力

（1）坚决打好种业翻身仗。支持合肥“种业之都”区域高地建设。加强种质资源保护利用，在粮食主产区布局建设一批种质资源保护利用重大项目，对育种基础性研究以及重点育种项目给予长期稳定支持。大力推进种业创新攻关，鼓励各地组建一批育种攻关联合体，以“揭榜挂帅”方式开展“卡脖子”技术攻关，尽快实现重要农产品的种源自主可控。大力扶持优势种业企业发展，培育一批具有较强研发能力、产业带动力和国际竞争力的种业“航空母舰”。支持粮食主产区建设区域性良种繁育基地，结合高标准农田建设，完善基础设施，满足种业发展需要。

（2）稳步推进数字农业建设。建立健全天空地一体化的农业农村观测网络基础设施和应用体系，重点建设满足粮食发展需求的新型遥感卫星及地面应用设施，形成常规监测与快速响应的粮食遥感观测能力。充分发挥大数据在农业重大自然灾害防御等方面的作用，建设农业资源和生产数据库，研发农业生产技术数字模型和智能决策支持系统，支持建立以企业为主体的智慧农业建设运行机制，政府给予适当补贴。

（3）提档升级粮食产业设施装备。推广应用智能农机，支持企业、科研院所等研发适用丘陵山区粮食生产的机具和设施装备。优化粮油应急供应网络布局，把军粮供应、放心粮油、主食厨房纳入应急供应网络，形成布局合理、设施完备、运转高效的应急保障体系。

4. 紧紧扭住全产业链这个路径，着力加快粮食产业高质量发展

（1）延伸产业链。围绕“五专、五优”支持各地标准化、规模化、机械化、优质化粮食生产基地建设，以龙头企业为引领，以粮食产业集聚区等载体为主导，打造一批具有规模效益和市场优势的一体化企业和产业联盟，通过发展主食产业化和粮油精深加工，推进产业链向产前产后延伸。

（2）提升价值链。以拓展粮食产业增值空间为重点，鼓励粮油企业开发特色化、多样化产品，提升粮食产业附加值。支持地方围绕大宗粮油产品，整合在粮食产业已经形成的优势，推动产业链由低附加值的产中环节和初加工环节，向附加值更高的产前研发和产后精深加工环节攀升。坚持内培外引，支持农业产业化龙头企业做大做强，加大立项审批、土地指标、贷款融资等支持力度。

（3）优化供应链。鼓励各类粮油经营主体协同共建粮食供应链体系，支持各地通过推进粮食电子商务物流、粮食跨区域配送中心等平台建设，拓展销售渠道，强化粮食供应链。持续推进“中国好粮油”行动计划，支持粮食主产区构建“省级公共品牌＋区域品牌＋企业品牌”的粮油品牌体系，建立完善粮油产品质量溯源体系，着力打造优质徽派粮油食品。

同时，要加快完善乡村人才培养机制，大力实施现代农民培育计划。引导高校完善农科类学生培养方案，加快创新性、复合应用型、实用技能型农业人才培养，适当增加农业创业教育，吸引更多掌握先进农业科技的毕业生回乡服务粮食生产。发挥各级党校（行政学院）包括乡村振兴学院、小岗干部学院等主阵地作用，分类分级、定期开展“三农”人才培训。积极探索建立长三角粮食生产一体化发展机制。鼓励支持沪苏浙等地的用粮主体来皖签订生产订单、建设基地，促进形成种粮农民和用粮主体互利双赢的局面。加大优质专用粮食宣传推介力度，促进安徽与沪苏浙购销对接，建设长三角绿色“大粮仓”，打造全国重要的粮食生产核心区，促进乡村全面振兴。

［安徽省政协十二届五次会议提案，安徽省政协《社情民意》第7期，2022.2.10］

7 加强秋粮生产高温抗旱保丰收的建议

2022年入夏以来，安徽省高温天气频发，特别是8月以来，持续高温少雨，旱情不断发展，威胁秋粮生产。据气象部门预测，9月中旬以前全省降水量将较常年偏少，淮河以南大部分地区旱情还将进一步发展，抗旱形势较为严峻。大范围持续高温少雨、蒸发量大，导致河湖塘库蓄水减少，旱情加剧。江淮分水岭及沿江江南丘陵、岗地、山地等受旱地区，距离水源远，多级提水难度较大。要做好抗大旱、抗长旱准备，进一步加强组织动员，强化水源调度，备足抗旱设备，全力打好抗旱稳粮主动仗，为此提出如下建议。

（1）开展人工增雨，缓解旱情。密切关注天气变化，对有条件的天气和区域，采取人工增雨作业措施缓解旱情发生。也就是对一个地区上空可能下雨或正在下雨的云层施加影响，开发云中潜在的降水资源，使降水量增加，可以暂时缓解高温旱情，但不能从根本上解决大范围的干旱问题。

（2）加强水源调度，落实科学抗灾措施。要科学调度水源，节约用水，开动一切灌溉设备，清渠送水、水库放水、机械抽水，千方百计加快抗旱灌溉进度，努力扩大水浇面积。因地制宜多打井、打小井，提高供水能力，满足用水需求，减少干旱损失。

（3）组织农业专家开展农作物分类技术指导。当前水稻中稻陆续进入抽穗扬花期，夏玉米进入抽雄吐丝期，正是产量形成的关键期。要组织农业专家制定完善分区域、分作物技术指导意见。水稻重点落实以水调温降低穗层温度、喷施叶面肥增强植株抗高温能力等措施。玉米重点落实灌溉补墒、叶面喷水喷肥和辅助授粉等措施。加强病虫害监测防控，坚决遏制病虫害暴发流行，力争重灾区少减产、轻灾区不减产、非灾区多增产。

（4）开展科学改补种，实现抗灾复产。要尽快摸清灾害实情，准确研判灾害趋势，搞好抗灾复产指导，科学改种补种短季蔬菜、绿豆、鲜食玉米等农作物，降低灾害损失。对蓄留再生稻的头季稻或抽穗齐穗期的一季中稻田块，高温过后叶面可喷施叶面肥和植物生长调节剂，增强植株抗逆能力，促进籽粒灌浆，提高结实率和千粒重。对受高温影响导致后期结实率特别低的田块，可及时抢早高桩收割蓄留再生稻，适当追施氮肥，促进低节位休眠芽分蘖成穗，弥补产量损失。

直升机喷施玉米抗旱剂

［安徽省政协十二届五次会议社情民意信息，2022.8.24］

8 关于促进安徽省油菜产业恢复性发展的建议

1. 安徽省油菜生产的现状

油菜是我国5个种植面积超亿亩的作物（水稻、玉米、小麦、大豆、油菜）之一。常年种植面积超过1.1亿亩，占全国油料作物总面积的55%以上，居油料第1位。长江流域冬油菜区是我国最集中的油菜产区，产量居前5位的是湖北、安徽、江苏、四川和湖南。安徽省属长江流域一个重要的油菜产区，又是全国油菜生产大省，常年面积在1 500万亩以上，总产150万吨，面积与总产均居全国第2位。2003年面积达到了1 521.8万亩，单产100.5千克/亩，总产153万吨；2004年我省油菜单产大幅度提高，达到126.5千克/亩，总产190.4万吨，创历史最高纪录。但是，随后的3年中，我省油菜产量持续下降，到2007年全省油菜面积只有929.7万亩，单产139.7千克/亩，总产仅129.9万吨，与我省“十五”时期油菜平均面积1 477.9万亩、总产174.9万吨相比，面积下降37.1%，总产下降25.7%。2008年油菜面积开始恢复，达到1 008.8万亩，单产143.6千克/亩，总产144.8万吨。但在全国油菜主产区中的位次已退至第4位，我省油菜产业形势十分严峻。但油菜优质率和商品率进一步提高，2008年优质率达到92%以上，商品率达到75.1%。主要得益于全面落实中央各项惠农政策，并积极出台配套扶持措施，如开展良种补贴和全省油菜高产创建活动等。

从“十五”时期来看，我省油菜总产始终居于全国第2位，单产与全国平均水平持平，居于全国第16位，产量比较优势指数和规模比较优势指数分别在全国排第9位和第2位，综合优势指数排第3位，是我省最具有产量比较优势的农作物。而且我省油菜面积占全省油料作物面积的75%，菜籽油总产占油料总产的70%。在种植业产值中，油菜年产值30多亿元，仅次于粮食和蔬菜，列居第3位，在我省农作物中的地位十分突出。

2. 油菜恢复发展中存在的问题

为加快我国油料生产的恢复发展，增加有效供给，稳定市场价格，农业部（现农业农村部）决定在全国组织实施“振兴油料生产计划”，力争2008年油料生产全面恢复到2006年的水平，即面积达到3.46亿亩，平均亩产达到135千克，总产量达到4 700万吨；到2010年，油料面积比2006年扩大2 080万亩，平均亩产提高10千克，总产提高14%。为了配合国家油料产业政策，做大做强我省油菜产业，省政府办公厅下发了《关于加快发展油菜生产的意见》，与此同时，省农委下发了《油菜高产创建活动实施方案》，积极推进油菜高产创建活动的开展和目标的实现，即从2008年秋种，力争用5年时间，全省油菜面积达到1 400万亩，单产达150千克/亩，优质率达到95%，总产达到200万吨以上。要实现上述目标，还存在以下问题和困难。

（1）面积恢复难度较大。尽管近两年来菜籽油价格回升较大，油菜种植效益有所提高，但由于农村劳动力紧张的矛盾仍比较突出，加之生产成本高，劳动强度大，影响农民种植积极性。要在5年内油菜面积达到1 400万亩，超过我省“九五”时期油菜平均水平（1 337.6万亩），即比2008年增加近400万亩，增长40%左右，年需增长8%。这需要国家出台相关的鼓励和奖励政策以及油菜种植技术水平的提高，才能调动农民种植油菜的积极性。

（2）单产水平不高。目前，我省菜籽油的单产水平在全国位于第11～16位，与全国的平均单产水平接近，远低于周边江苏与浙江等省，单产潜力很大。尽管我省油菜单产水平在逐年提高，我省“九五”时期油菜的平均单产96.9千克/亩，“十五”时期平均单产达到118.5千克/亩，到2008年平均单产达到143.6千克/亩。但随着油菜种植方式的改变，由育苗移栽改为免耕轻简化栽培，对油菜单产可能造成一定的影响，另外随着种植成本的降低和种植制度的单一化，要实现全省平均单产水平150千克/亩，需要油菜种植科技水平的提高，重点加强新品种选育与推广以及栽培新技术的研究、集成和示范。

（3）生产成本较高。受国际原油、煤炭、天然气等资源价格上涨的影响，2006年以来，化肥、农药、农用柴油等农资价格连续上涨，我省主要农产品的每亩现金成本（即农户每亩实际支出的各项费用，包括物质与服务费用、雇工费用、土地承包费等）也随之逐年增大，2008年油菜种植的每亩总成本达到333.99元。主要农产品现金成本构成项目中的化肥费、种子费、机械作业费明显增加，直接拉动每亩现金成本增加，菜籽油每亩现金成本为163.72元，占总成本的49%，家庭用工折价132.4元，占39.6%，自营土地折租为37.87元，占11.3%。在每亩现金成本构成中，化肥、机械、种子、农药费用所占的比重达到

84%。

在人工成本方面，近年来我省农民人均纯收入逐年增加，带动劳动日工价和雇工工价逐年提高，因此，在用工量基本不变的情况下，每亩人工成本也稳中趋升。2008 年油菜的人工成本为每亩 145.38 元。因此，油菜生产成本很高，大大影响了种油的经济效益。

（4）经济效益较低。自 2006 年以来，受国际市场价格大幅度飙升、国内油料供小于求的影响，菜籽油价格大幅度攀升，拉动菜籽油的每亩现金收益增幅较大。2008 年油菜每亩现金收益（含 40 元补贴收入）为 591.95 元。如果将家庭用工折价和自营地折租都计算为成本，2008 年油菜每亩净利润为 442.47 元，比 2007 年的 230.65 元增加了 211.82 元，增幅达 91.84%。这种效益还是近年来油菜的最好收益。但与打工相比，还不如一个劳动力在城市打工 1 周的收入。因此，农民种油的积极性仍然不高，冬季我省冬闲田的面积仍然较大。

3. 对策与建议

我省油菜高产创建活动是继小麦高产攻关、水稻产业提升行动和玉米振兴计划之后，实施的第 4 个粮油增产行动。但要促进我省油菜产业快速恢复和发展，使我省油菜大省的地位得到恢复和保持，需要做出较大努力，并采取积极有效措施。

（1）成立组织，加强领导。按照农业部和我省小麦高产攻关的做法，成立安徽省油菜高产创建领导小组和技术专家组，每位专家具体负责相应的区域，加强对我省油菜高产创建的 30 个县进行科学有序管理和技术指导，确保我省高产创建目标的实现。

（2）扩大我省油菜高产创建活动范围和提高补贴标准。在今年秋种中，我省农委共安排在 30 个油菜生产县建立 200 万亩油菜高产创建核心示范区，实行统一品种等“五统一”方式开展服务；同时大力开展油菜高产创建示范片建设活动，部级万亩高产创建示范片建在核心示范区内，每县承办一个，对提高我省油菜单产水平将产生积极影响。但是，这些高产创建示范区必须加大资金投入力度，提高补贴标准，促进示范区新品种、新技术的示范应用，提高单产水平。同时，要逐年扩大示范区面积，逐步覆盖到全省油菜产区，提高我省油菜总体水平，实现我省油菜总产 200 万吨和单产 150 千克 / 亩的总体目标。

（3）加速油菜“两高两低”新品种的选育。抓住国家加强油料产业发展的机遇，积极争取国家资金和项目，加大我省科研攻关力度，尽快选育推广适宜不同生态类型的优质油菜新品种，重点选育高产、高含油量、低芥酸、低硫苷以及适宜机械化种植的油菜新品种。目前，我省推广油菜品种的品质较差、产量不高，含油量普遍为38%～40%，比进口菜籽低4～5个百分点；芥酸和硫苷含量偏高，芥酸含量一般在3%左右，比国外高1～2个百分点，硫苷含量为40～45微摩尔/克（饼），比加拿大高20微摩尔/克（饼）以上；产量一般为150～180千克/亩；适宜机械化种植的品种更少，完全不能满足新的时期油菜生产发展对品种的需要。

（4）加强油菜轻简、免耕栽培技术集成研究与推广，提高机械化种植水平。受农村劳动力少的影响，育苗移栽面积将逐步下降，轻简化、免耕栽培将有较快发展，虽然单产增加可能会受影响，但通过降低生产成本，可达到提高经济效益的目的。目前我省油菜种植的机械化程度较低，只是在部分县（市、区）示范推广免耕机条播或撒播机开沟覆土栽培技术，全省面积不到45万亩，绝大部分是农户种植几亩地，靠手工操作，机械化程度低，劳动生产率低，因此生产成本高。而加拿大、澳大利亚等国的油菜生产一般是几百亩、几千亩以上的大规模机械化生产，机耕机收，生产效率高，成本低，产品价格有竞争力。例如澳大利亚农场平均规模在2万多亩，大的农场规模达几十万亩，小的农场也有1.2万亩，每个农场都选择一个“双低”油菜品种集中种植，而且全部实行机械化种植。农田一般3～4年深翻一次，大多数年份耕地、播种、施肥、撒药、收割、脱粒一次性完成，劳动生产率高，用工少，生产成本低。

（5）稳定农资和种子价格，减小市场影响。一方面要继续加强对农资市场的监管，进一步稳定农资价格。在生产厂家方面，要给予进一步支持和整合，确保各项优惠措施落实到位，努力降低原材料价格，减少管理费用，降低成本；在流通环节管理上，认真落实差价率控制办法，调整化肥流通环节的进销差价率分成比例，按批发环节小、零售环节大的原则明确批零环节各自的差价率，缩小化肥流通环节的进销差价率，将流通环节的利息从进销差价率中剥离出来，以直接流通成本的形式据实计入，以鼓励商家储备。进一步规范种子、化肥、农药和农业机械作业价费，严厉打击制售伪劣农资和哄抬价格等违法行为，确保农资价格的相对稳定，努力减小因市场不规范带来的影响，切实保护农民的种田利益。另一方面要加大种子工程、栽培技术、测土配方、平衡施肥、无公害无污染等农业技术的推广应用，指导农民科学用肥用药，提高油料产品品质、品级和产品产量。

（6）加强我省油菜生产技术服务体系建设。优先扶持一部分农业社会化服务机构和中介组织的建设，面向生产者和加工者提供技术服务，规范栽培技术，提供病虫害预测预报信息及专业化防治服务，如建立农机服务队、植保服务队等。通过建立政府专项资金，用于油菜生产中新品种的引进与技术开发，以及病虫害预测预报和统防统治等全局性服务工作，加速新品种推广步伐，并且克服一家一

油菜高产测产现场接受安徽卫视采访（图片来源：安徽卫视）

户中不愿意采用新品种和病虫害防治等个别现象，提高防治效果，同时也降低生产成本，减轻农民负担。中介组织可借助龙头企业作为依托，联合科研教学单位和中间商共同组建成产业化协会或专业协会，通过该组织可以解决农户难以解决的问题，实现贸、工、农一体化，经受住市场风险，在国际竞争中争取主动。

（7）加大油菜生产保险范围和提高补贴标准，并积极宣传和动员。开展油菜生产保险，对降低农业生产的风险、逐步改变农业“靠天吃饭”的现状、有效保护农民利益产生直接作用。尽管我省从 2008 年开始，就开展了政策性农业保险的试点，保险品种中油菜的每亩保险金额为 260 元，保费为 10.4 元，农民仅负担保费的 20%，即 2.08 元，财政补贴保费的 80%。按照政府引导、市场运作、农民自愿的原则进行，对油菜产业的稳定起到一定的保障作用。但是从调查情况看，此项工作目前在各地进展较为缓慢，有些地区尚未起步。建议各级政府加大此项工作的力度，提高保险金额，引导农民应用保险工具提高农业抗风险能力，稳定农民收入。

［合肥市政协十二届二次会议提案，2008.12.30］

9 关于促进我国油料产业发展的政策建议

长期以来，我国一直是世界油料生产和消费大国，年产量仅次于美国，居世界第 2 位。但受人口持续增长和种植业结构不合理等因素影响，我国植物油人均占有量仍不到世界平均水平的 70%，外向依存度 50% 以上，进口总量居世界首位，油脂供给已成为影响我国食物安全的重要因素。

近年来，受市场价格偏低、生产用工量大等影响，我国油料生产出现了明显滑坡，面积持续减少，产量徘徊下降。对此，党中央、国务院高度重视，农业部在 2008 年提出振兴油料生产计划工作方案，目标到 2008 年油料面积恢复到 2006 年的水平，到 2010 年，面积比 2006 年扩大 2 080 万亩，亩产提高 10 千克，总产提高 14%。但是，要真正实现上述目标，难度较大，还存在不少问题。

（1）面积恢复难度大。尽管近两年来油料价格上涨，但由于农村劳动力紧张的矛盾仍比较突出，加之生产成本较高，劳动强度大，种植油菜的比较效益低，影响农民种植油菜的积极性，导致冬闲田面积反而增加。

（2）机械化程度低。油料生产手工劳动比较多，在劳动力成本上涨，劳动力资源变化的情况下，已成为影响油料生产发展的最主要因素之一。

（3）生产成本较高。油料机械化水平低，用工量大，劳动力成本大；加上近年来生产资料价格上涨，导致油料生产成本大幅度增加。

（4）价格波动大。自 2006 年以来，受国际市场价格飙升、国内油料供小于求的影响，油料价格大幅度攀升，拉动油料生产收益增大。但由于油料价格的剧烈波动，也严重影响了农民生产积极性。

为此，提出以下振兴我国油料产业的政策建议。

（1）采取有效措施，恢复油料面积。主要通过增加油料生产补贴、提高油料保险标准、降低生产资料成本、提高劳动生产率等措施，调动农民种植油菜的积极性，逐步恢复油料生产面积。重点开发南方冬季休闲耕地，推广间作套种技术。

（2）落实国家振兴油料计划的配套资金。振兴计划要求：培育油料优势产业区；依托科技项目选育与推广新品种；开展高产创建活动；加强油料机械研发和推广，建立油料机械示范基地等。以上措施的实施，均需要相应的资金投入作为保障。

（3）提高油料补贴标准和补贴范围。扩大大豆和油菜良种、机械推广等补贴范围和补贴标准；加大油料生产基地投资和补贴力度；实施种植油菜农民农资综合直补；对油料生产大县和种植大户进行奖励。

做安徽油料市场分析报告

（4）稳定农资和种子价格，减小市场影响。加强农资市场监管，稳定农资价格；给予农资生产厂家各项优惠措施，降低原材料价格；流通环节管理要落实差价率控制办法。规范种子、化肥、农药和农业机械作业价费，打击制售伪劣农资和哄抬价格等违法行为。

（5）加强油料生产技术服务体系建设。优先扶持一部分农业社会化服务机构和中介组织的建设，面向生产者和加工者提供技术服务，规范栽培技术，提供病虫害预测预报信息及专业化防治服务等。

［合肥市政协十二届二次会议提案，2008.12.30］

10 尽快将油菜纳入绿肥补贴促进粮油兼丰的政策建议

我国长江流域传统的绿肥作物是紫云英，它可固氮培肥土壤，改善土壤结构，替代部分化肥，保证农作物稳产、高产和优质，保护生态环境。其实，油菜也是安徽省越冬性重要经济作物，与紫云英相比，油菜绿肥具有更多的种植优势，应引起足够的重视。

（1）制种产量高，用种量少，种子成本低。油菜绿肥种子成本还不及紫云英的 1/10。紫云英种子单产低，每亩只有 30 ～ 50 千克，种子发芽率不到 80%，播种量每亩需要 4 千克，繁殖系数只有 7.5 ～ 12.5 倍，种子成本高达 60 元左右。油菜绿肥种子产量每亩高达 200 千克，种子发芽率 95% 以上，播种量仅为 0.35 千克，繁殖系数高达 570 倍，种子成本只要 6 ～ 7 元。

（2）种植期限宽、产量高。紫云英适宜的播种期窄，一般在每年 10 月下旬到 11 月上旬，正常年份鲜草产量每亩 1 000 ～ 2 000 千克，按含水量 88% 计算，干物质产量只有 120 ～ 240 千克。油菜绿肥既可秋播又可春播，播种期限宽，正常年份秋播的鲜草产量每亩 2 000 ～ 3 000 千克，按含水量 82% 计算，干物质产量达 360 ～ 540 千克。油菜绿肥产量是紫云英的 2 ～ 3 倍。

（3）油菜绿肥营养含量多、肥效好。紫云英可以固定空气中氮素给土壤，油菜则可以活化土壤中矿物态磷素给土壤，油菜是少数可以吸收利用矿物态磷素的作物。根据分析，紫云英干草含氮 2.75%、五氧化二磷 0.66%、氧化钾 1.91%；油菜干草含氮 2.52%、五氧化二磷 1.53%、氧化钾 2.57%。另外，油菜更易发酵分解，盛花期植株碳氢比达（20 ～ 25）∶1，而紫云英盛花期为（13 ～ 16）∶1，油菜盛花期压青做绿肥更易发酵分解。同时，油菜含有硫苷，对土壤还具有一定杀虫消毒作用。

（4）油菜绿肥显著增加下一季水稻产量，减少化肥用量，实现种养兼顾，良性循环。根据试验，种植油菜绿肥的水稻产量比不种油菜绿肥每亩增产 30 ～ 50

千克，增产率达 6% ～ 10%。

（5）油菜种植技术简单易行。油菜绿肥播种时期一般在 9 月中旬至 10 月中下旬，宜早不宜迟。水稻田旋耕秸秆还田后播种是关键，同时适当增加播种量，搞好化学除草。

因此，尽管近年来我省加大了对农民种植紫云英绿肥补贴的力度，但实际效果不甚理想，紫云英的种植面积仍然上不去。目前油菜做绿肥在湖北、江西、上海等地已列入政府指导名单。而油菜在安徽具有传统的种植习惯，历史上我省长期居于全国第 2 位，“十二五”以后随着进口油料的冲击和补贴的减少，我省油菜面积急剧下降，目前处于全国第 4、第 5 位，对我国食用油安全也造成一定威胁。因此，要促进我省油菜产业恢复发展，必须从以下两方面加以重视和解决。

（1）要大力宣传，提高对油菜绿肥的认识。一般都认为“绿肥就是固氮植物，绿肥就是紫云英等豆科植物”。普遍缺乏油菜是很好的用地养地作物的观念。我们要通过科学试验、政府引导、媒体宣传、技术推广，改变这一传统观念，使政府和广大农民都能认识到油菜也是绿肥，而且是优质绿肥。

（2）要将油菜绿肥纳入我省财政“培肥地力补贴政策”范围，种植油菜视同种植紫云英，按照规定条件和标准予以补贴。将油菜纳入用地养地、休耕轮作的试点作物，按每亩 50 元的试点标准列入绿肥补贴范畴。对纳入油菜保护区的重点县，特别是 20 万亩以上的油菜种植大县要加大奖补力度，提高用于统一供种、机械化技术推广和产业化发展的资金比重。同时建议将油菜绿肥纳入农业部土壤有机质提升补贴项目一并管理。

[安徽省政协十二届一次会议提案，刊登于《社情民意》2018 年第 14 期，2018.1.10，民进安徽省委社情民意信息优秀成果二等奖]

11 关于启动安徽双低油菜籽品牌创建活动的建议

1. 品牌创建的必要性和意义

长期以来，我国一直是世界油料生产和消费大国，年产量仅次于美国，居世界第2位。但受人口持续增长和种植业结构不合理等因素影响，我国植物油人均占有量仍不到世界平均水平的70%，外向依存度高达66%，进口总量居世界首位，油脂供给已成为影响我国食物安全的重要因素。菜籽油在我国国产植物油中占有率最高，占我国国产植物油消费量的半壁江山，进口相对较少，比较安全。安徽省是全国油菜的主产省，也是全国双低油菜普及率较高的省份之一，目前双低油菜普及率达到93%以上，部分县（市、区）全部实现了双低化。虽然，生产中种植的大多是双低品种，但生产的菜籽原料双低化程度不高。据我们2011年抽样调查结果显示，大约只有52%的菜籽达标，加工企业很难做到优质优价收购，导致市场上没有一个真正意义上的低芥酸菜籽油品牌。双低油菜的品质优势、生产优势还未能转化为经济优势。双低油菜籽就是要求其油中芥酸含量低于5.0%，饼粕中硫苷含量低于40.0微摩尔/克。双低菜籽油的油酸、亚油酸含量高，具有较高的营养保健价值，可有效降低人体的胆固醇含量，防止冠心病发生，亚油酸还是前列腺素的前体。因此，低芥酸菜籽油是优质的食用植物油，可与橄榄油相媲美，还能作为食品工业原料生产人造黄油。过去欧美发达国家和地区生产的人造黄油主要使用动物油脂，植物油只占20%左右，在动物油中亚油酸比例仅占5%左右。随着营养科学与医疗科学的发展，目前国际市场上人造黄油要求动物油脂和植物油脂各占50%，在植物油中亚油酸含量达到25%以上。低芥酸油完全可以满足以上条件，同时，低硫苷菜籽饼的饲用价值很高。过去品种的硫苷含量高，对单胃动物毒性较大，主要用作肥料，十分浪费，估计每年损失10亿多美元。低硫苷菜籽饼的粗蛋白质含量高达35%～40%，氨基酸组成平衡，作为精饲料可与大豆粕媲美。

为此，从低芥酸菜籽油的营养保健价值和低芥酸菜籽饼的饲用价值出发，全面提升双低油菜价值潜力，重新定位双低油菜产品的市场位置，以产品开发、品牌宣传为主要载体，树立开发双低油菜的科学价值观和营养保健意识，全面深刻认识开展双低油菜籽品牌创建工作具有重要意义。湖北省已于2010年启动实施了湖北省双低油菜品牌创建项目，示范面积、范围逐年扩大，取得了良好效果。安徽省作为全国油菜生产大省，也是油脂消费大省，拥有多个国家级、省级油脂加工龙头企业，有必要、更有义务发展好我省的油菜籽的优质化产业，为提高我省油菜籽市场竞争力，保障人民身体健康做出最大努力。

通过我省双低油菜籽品牌创建活动的开展，将有力地促进双低油菜新品种和新技术的推广，推动无公害双低油菜籽原料生产基地的建设，促进区域化、规模化、标准化生产，推进菜籽油的订单生产、产品精深加工和品牌统一创建，也确保双低油菜籽的数量供给和低芥酸菜籽油的品质，有利于促进企业增效和农民增收，有利于发挥双低油菜价值潜力，全面提升我省油菜产业化水平。

2. 建议

（1）各县（市、区）采取自愿参与和统筹兼顾相结合的参与方式。双低油菜籽品牌创建工作涉及油菜产业的各个环节，组织协调工作任务繁重，各环节技术要求高，产品宣传及市场开拓难度大，各环节又有各自不同的利益需求。因此，油菜品牌创建工作应当遵循自愿参与原则。同时，对油菜生产和油脂加工大县，必须开展品牌创建工作，以便更好地发挥高产创建等国家项目的后续作用，具体工作可根据各县（市、区）实际情况，做到有计划、有步骤地实施，省农委种植业局、安徽省油菜产业技术体系和省油菜协会将为这部分县（市、区）项目的完成提供技术指导和帮助。

（2）依托实施主体完成品牌创建。油菜品牌创建工作的实施主体为县（市、区）政府，示范县（市、区）农委负责组织实施。各县（市、区）农委以组织本辖区的农业技术服务体系，服务于广大农民群众，发展油菜生产，生产出质量达标的双低油菜籽为目的。技术内容上做到“六统一”，即“统一供应种子、统一规模种植、统一技术规范、统一订单收购、统一检测加工、统一创建品牌”。不同部门和企业共同保证品种布局、种子质量、技术应用、订单生产、优质优价收购与加工、产品市场定位和双低品牌创建，从而达到提升我省油菜产业影响力和国际竞争力的目的。

（3）整合项目联合实施。油菜品牌创建工作是一项系统工程，重点是加强各项目的整合。以创建产品品牌及整合为重点，突出统一市场开发和培植消费群体为核心工作内容。在双低油菜籽的生产和产品开发上，与油菜种植补贴项目、油菜商品基地建设项目、油菜高产创建项目和种子、加工等相关企业的技术开发、成果转化等项目结合起来实施。通过项目整合，达到产业整体联动的目的，有利于油菜品牌创建。

（4）多渠道资金扶持。油菜品牌创建工作，在资金筹措上可以遵循以农民和油脂加工企业投入为主体，政府资金作为引导，项目资金作为支撑、企业反馈利润作为补充的多渠道资金筹措方式。一般生产投入以农民为主体，对种子供应、技术指导、产业宣传及项目的组织协调等方面工作由政府资金支持，菜籽检测收购、加工技术改造、产品开发与销售等方面投入以企业为主。参与油菜品牌创建县（市、区）要争取各方面的资金投入，可以来源于：

①地方政府财政专项资金扶持。

②国家油菜良种补贴资金与良种补贴挂钩。切实执行良种补贴资金补良种政策，对不是应用良种的、不是应用双低油菜品种的不予补贴。

③各级政府鼓励发展油菜生产的奖励资金和国家油料大县奖励资金。鼓励地方政府通过开展评比活动等方式奖励优质油菜生产。国家下拨的油料大县奖励资金应安排部分资金支持油菜生产环节的技术提高与普及。

④相关项目资金。油菜商品基地建设项目、国家和省油菜高产创建项目等，优先支持油菜品牌创建。省农委协助品牌创建县（市、区）争取高等院校、科研院所及相关企业的科技成果转化项目支持品牌创建工作。

（5）建立奖惩机制。品牌创建工作的实施主体实行开放流动性管理，对于未能落实工作任务的示范县（市、区）、加工企业、供种企业实行淘汰制；对品牌创建工作成绩突出、社会贡献大的示范县（市、区）、加工企业、供种企业的先进单位和个人进行表彰。

［安徽省政协十二届一次会议提案，2012.12.28］

12 促进油料高质量发展，增强供给保障能力

食用油是国计民生的重要战略物资，也是粮食安全的重要组成部分。我国是全球最大的食用油进口国，每年有 2 300 多万吨食用油来自进口，自给率仅占三成左右，我国长期通过进口来解决食用油缺口问题。当前，国际粮油经贸形势复杂多变，特别是在新冠病毒感染疫情全球蔓延的新形势下，我国食用油进口长期受制于人，存在较大的安全隐患，提高食用油国内供给水平迫在眉睫，而发展油菜产业潜力巨大，油菜作为不与水稻等夏粮争地的唯一越冬种植的油料作物，既解决了冬闲田撂荒问题，还能带动乡村旅游和美丽乡村发展，前景十分广阔。2019 年中央一号文件明确提出："支持长江流域油菜生产，推进新品种新技术示范推广和全程机械化。"

安徽省是全国最重要油菜产区和优质油菜优势产业带组成部分。"十五"期间及以前，我省油菜常年种植面积 1 500 万亩，总产 150 万吨，稳居全国第 2 位。但从 2006 年开始，我省油菜种植面积持续下滑，到 2019 年全省仅 545.8 万亩，总产 84.3 万吨，比历史高峰时减少 1 000 多万亩，总产减少 100 多万吨，导致江淮丘陵地区土地撂荒严重，动摇了我省油菜大省的地位，面积和产量分别退至全国第 5、第 4，也造成了我省油脂加工企业普遍因缺乏原料而长期处于停产、半停产或倒闭状态。而我省菜籽油品质优良、用途广泛，在油料中占比达 40% 以上，是一二三产业融合最好的作物。提高食用油生产水平和供给保障能力，加快我省油菜产业高质量发展意义重大，为此提出以下建议。

（1）完善政策扶持措施。面临新形势、新任务，为减少对油料进口的依赖，必须加大油菜产业政策的扶持力度。按照浙江等地的经验，研究出台《安徽省油料产业高质量发展实施意见》，明确冬闲田开发种植油菜的奖励措施，鼓励冬闲田流转奖励和环境奖励政策，引导新型农业经营主体加快油菜产业高质量发展。浙江省财政对油菜种植面积 50 亩以上的规模生产主体，按实际种植面积给予每亩 120 元的直接补贴。

（2）完善产业科技支撑体系，保护产业健康发展。设立科技专项，加大油料产业发展的科研投入。加强我省油料产业技术体系建设，鼓励产学研合作，加强油料产业重大基础研究、科技与装备创新研究与集成，以及科技成果推广引导和支持，尽快形成我省油料产业发展的技术支撑体系，切实保障我省油料供给和产业持续健康发展。

（3）推进油脂精深加工，培育自主品牌。引导油脂加工龙头企业直接对接油菜生产基地，帮助双方建立紧密的利益联结机制。大力开展双低菜籽油宣传推介，引导健康消费。积极推进传统油脂作坊和小型企业加强技术改造和转型升级，改善卫生条件，提高产品品质和产品附加值，培育自主品牌。

（4）加快油料生产保护区建设，促进多功能开发利用，推动高质高效创建。完善保护区油料产业扶持政策，扩大油菜作为用地养地、休耕轮作试点范围，将油菜列入绿肥补贴范畴，出台美化环境奖励政策，按每亩油菜 50 元标准实施补贴和奖励。对保护区重点县，特别是 20 万亩以上的重点县要加大奖补力度，将油料大县奖励资金 50% 以上用于统一供种、新技术示范和机械化推广及产业化发展等工作。

（5）开展油料产品目标价格改革试点，维护农民利益。目标价格政策是新形势下国家通过差价补贴保护生产者利益的一项重要农业支持政策。2014 年，国家已在湖北率先开展油菜目标价格改革试点，取得了较好效果，是对油菜生产者利益很好的保护。我省应积极制定实施方案，尽快纳入改革试点。当市场价格低于目标价格时，执行目标价格政策，按差价直接补贴给农民；当市场价格高于目标价格时，不予执行。目标价格实施与油菜种植面积、产量挂钩，一次性补贴给农民，保护农民利益。

［安徽省政协十二届四次会议提案，2021.1］

13 进一步支持和保护油菜优势产区的建议

油菜是我国继水稻、小麦、玉米、大豆之后的第五大优势作物，是四大油料作物之一，年种植面积在1亿亩以上，种植面积和总产量均居世界第二。油菜所产出的菜籽油在我国自产食用植物油中占据了半壁江山。因此，油菜产业能否稳定发展，既情系老百姓的生活质量，又事关国家食用油供给安全大局。近年来，随着国际资源配置和市场化进程加快，我国油料生产面临着严峻挑战。目前国内植物油对外依存度高达70%，油菜已成为继大豆之后深受国际市场冲击的作物之一。为此，2019年中央一号文件明确提出："支持长江流域油菜生产，推进新品种新技术示范推广和全程机械化。"通过有效调整和优化农业结构，夯实农业基础，以保障重要农产品有效供给。

安徽是全国最重要的优质油菜优势产区。"十五"之前，全省油菜常年种植面积1 500万亩，产量180万吨，居全国第2位，但从"十一五"开始，我省油菜面积逐年下降，到2018年全省油菜面积已降到550万亩，比"十五"期间年平均面积1 480万亩下降了约63%。在全国的地位下降到第6位，从而出现了大量的冬闲田，也造成了我省油脂加工企业因缺乏原料供给而长期处于停产或半停产状态，加工能力严重过剩。主要原因是我省油菜生产的机械化程度较低，产区的机械保有量不足；市场价格低、政府补贴少，种植效益差；秸秆禁烧带来的前茬水稻秸秆处理困难，造成油菜播种难、出苗差；加工企业设备陈旧，缺乏品牌意识，产品竞争力不高；高品质菜籽油产品开发和市场准入还不够等。

发展油菜生产，对我省农业布局和可持续发展有着特殊的意义：一是油菜作为我省不与粮食争地的主要冬季油料作物，成就了以多熟制为特色的农业生产，特别是江淮及沿江江南地区。二是利用冬闲田种植油菜，能提高温、光、水、土地等自然资源的利用率，增加农民收入。三是油菜是良好的用地养地作物，能增加土壤有机质，并能有效促进后季作物增产增收，符合新时期绿色高效生产的农业发展需求。四是基于压榨油中无重金属积累，油菜是镉污染农田最好的替代种植作物。五是油菜可带动乡村旅游和美丽乡村建设，是最好的一二三产业融合作物，对推动农村旅游业、服务业发展十分重要。我省沿江及皖南山区特有的区位优势、技术优势、条件优势，赋予了我省保护油菜生产、维护食用植物油生产安全、振兴油菜发展的历史使命。为加快恢复和保护好我省油菜优势产区的发展，提出以下建议。

（1）加强顶层设计。科学制定符合我省省情的油料作物产业发展规划，明确我省优质油菜的主导产区和油菜保护区，提出支持油菜全产业链项目清单与措施。加大涉农资金对油菜生产尤其是主产区建设的支持力度，督促产油大县等补贴资金切实用于拉动和鼓励油料作物生产。推动将油菜纳入绿肥作物和饲料作物的补贴范畴的试点工作。进一步强化产业技术体系建设，加大研发资金投入，解决产业的技术难题，服务油菜全产业链。增设秸秆还田机具的作业补贴。

（2）加快推进油菜规模化、机械化和产业化。支持和鼓励各类经营主体进行油菜集约化、规模化、机械化生产或提供社会化服务，整合项目资金用于油菜生产基地建设、油菜适度规模经营、机械化生产、产品初加工以及代储藏等环节，提高油菜生产效率与效益。同时，建议将油菜全程机械化生产机械，特别是小型耕、整地机械以及榨油机、烘干机、飞防无人机等列入农机补贴目录，扩大农机补贴范围，提高补贴标准，以扶持产地初加工合作社，增加农民收入。

（3）完善油菜品种市场准入体系。根据《中华人民共和国种子法》规定，油菜已退出主要农作物品种管理体系，目前国家非主要农作物的品种管理制度尚不完善。建议我省尽快建立“双低”优质油菜种子市场准入体系，加强种子市场监管，从源头上保护我省油菜籽的品质。

（4）扩大受灾保险的赔付额度。油菜易受冻害等自然灾害和病虫害影响而减产，增加油菜灾后赔付力度，减少农民损失，对稳定油菜生产，促进农民增收具有积极影响。建议将现行赔付额度增加1倍，使油菜在绝收后每亩赔付额度达到500元，接近生产成本范围，有利于鼓励油菜种植积极性。同时允许种植大户进行商业保险的叠加承保。

（5）加大对小型油脂加工企业改造升级，打造我省“双低”菜籽油品牌。引导和帮助我省小型油脂加工企业积极引进和吸收先进设备与技术，开发高级营养烹调油、冷榨菜籽油以及饼粕等高附加值产品，启动我省双低菜籽油和高油酸菜籽油品牌的创建活动，打造优质菜籽油品牌，提高产品市场竞争力。

［安徽省政协十二届三次会议提案，2020.2.25］

14 关于用好粮油大县奖励资金促进现代农业发展的建议

为改善和增强产粮大县财力状况，调动地方政府重农抓粮的积极性，从2005年开始，中央就出台了产粮（油）大县奖励政策。2012年，中央财政安排产粮（油）大县奖励资金280亿元，安徽省共获得奖励资金21.68亿元，其中产粮大县奖励19.11亿元，产油大县奖励2.57亿元，较2011年增加8.08亿元，增长幅度59.4%，全省共有58个“产粮大县”、63个“产油大县”获得奖励，其中潜山县、太湖县、淮北市辖区和广德县也被首次认定为产粮大县，而且我省又有寿县、霍邱县、怀远县等15个县（市、区）获得了超级产粮大县奖励。其中常规产粮大县奖励资金16.92亿元分配给全省58个产粮大县，每个县平均获得了2 917万元；还有15个超级产粮大县的奖励资金2.19亿元，每个县又额外获得了1 460万元。全省获得产油大县奖励资金2.57亿元，平均每个县获得408万元。2013年国家产粮（油）大县奖励资金增加到319.2亿元，新增奖励资金39.2亿元，增幅14%。自2005年国家出台产粮（油）大县奖励政策至今，中央财政累计拨付奖励资金1 589.2亿元，有效缓解了粮食主产区、产粮大县的财政困难，调动了地方政府重农抓粮的积极性，为实现我国粮油生产连续丰收发挥了积极作用。

关于产粮大县财政奖励资金的使用范围，我省财政厅明确规定，常规奖励部分可用于财力性转移支付，待受奖县财力困难有较大缓解后，逐步调整用于支持粮食安全生产；超级“产粮大县”和“产油大县”奖励资金必须全部用于扶持粮油生产和产业发展，特别用于完善粮油收购、仓储、流通、加工体系建设等方面的支出。

但是，据了解，我省为了加强产粮（油）大县奖励资金管理，根据财政部《财政支出绩效评价管理暂行办法》《2012年产粮大县奖励资金绩效评价指导意见》等有关文件，仅制定了《安徽省产粮（油）大县奖励资金绩效评价暂行办法》，还没有出台进一步完善我省产粮（油）大县奖励资金的使用政策，造成目前大多数县（市、区）和大部分奖励资金至今没有用于粮油生产和产业发展，在资金使用方面没有严格按照国家政策规定用途，合理使用财政奖励资金；仍然存在违规购买、更新小汽车，新建办公楼、培训中心，用于“政绩工程”“形象工程”等问题。为进一步促进我省粮食油料生产和农业发展，进一步完善产粮（油）大县奖励资金使用管理的政策措施，有效解决资金管理中存在的问题，更好发挥财政资金的引导激励作用，提出以下建议。

（1）省政府要制定产粮大县奖励资金使用政策，扶持粮油产业健康发展。建议省政府出台文件，按照财政部要求，明确规定，对产粮（油）大县、超级产粮大县等奖励资金，各地必须按照70%用于粮油生产发展，主要包括种子、农机、肥料等生产资料补贴，油料收获作业的补贴以及土壤地力的培育等；30%用于粮食流通设施建设，不得用于其他用途，发挥奖励资金的激励作用，促进现代粮油生产的发展，特别是有利于油料产业的恢复发展。

（2）省级财政要尽快出台相关政策，强化资金使用监管。一要强化资金的集中使用。对中央下达的产油大县奖励资金，省级财政采取竞争立项的办法择优扶持项目县，集中用于油料生产和产业发展方面，改变过去资金使用分散的情况。二要加强资金规范监管。对省财政厅下达的超级产粮大县、超级产粮大县等奖励资金，明确要求各地事先必须将资金使用用途报经省财政厅审核同意，使财政监管从事后检查转为事前审核和全程监督，使资金使用更加规范。三要强化跟踪问效。要求各地建立健全完善产粮（油）大县奖励资金使用的跟踪问效机制，严格规范资金使用，提高资金使用效益，并按年度将资金的实际使用情况报省财政厅。

［安徽省政协十二届一次会议提案，获时任省委副书记李锦斌批示，民进安徽省委优秀社情民意信息三等奖，2013 年］

15 整合资源，优化结构，着力构建专用品牌粮食三大体系

我国粮食连续“十二年丰”以后，如何实现粮食数量增长、质量安全提高与消费者需求同步提升，唯一可行途径就是发展专用品牌粮食。为了达到这个目的，安徽省2015年10月出台了全国首个省级《发展专用品牌粮食试点意见》，并把发展专用品牌粮食写进今年一号文件。大家都知道，我省是粮食大省，但不是粮食强省。关键在于品牌建设落后。主要表现为：一是粮食生产数量多、规模小，大型粮食企业少。在2014年农业部表彰粮食总产100亿斤以上34个产粮大市中，我省有阜阳、亳州、六安3市入围；全国311个超10亿斤产粮大县中，我省有临泉县、霍邱县等17个县入围。但在2015年“中国百佳粮油企业”中，我省只有3家（比2011年减少了6家），与其他7省并列第10位（2011年与湖南并列第2）。与江苏10家、河南8家、山东7家等相比还有较大差距。二是我省粮食企业大品牌少、品牌价值低。我省粮食品牌“多而杂”，缺乏统筹规划，品牌影响力小。目前我省粮油类企业获得中国驰名商标27个、中国地理标志商标仅5个；据世界品牌实验室2015年发布的《中国500最具价值品牌》中，我国农业企业只有3家上榜，我省没有。其中黑龙江“北大荒”品牌价值511.46亿元，四川“新希望”价值335.62亿元和福建“超大”价值272.68亿元。三是我省粮食品牌营销力度不大，市场监管机制不健全。销售渠道环节多、组织化程度低，还存在假冒伪劣产品损害知名粮食品牌现象等。对此，建议从以下5方面推进我省专用粮食品牌建设。

（1）加强规划引导，整合品牌资源，加强品牌保护。以优势产业和企业为依托，整合区域内粮油加工企业和产品品牌，科学规划，逐步建立和完善品牌粮食产业链、价值链和供给链，打造具有地方特色粮食品牌。同时加大品牌支持保护力度。引导粮食加工企业、合作社等新型经营主体建立基地，开展“三品一标”认证，对获得中国驰名商标、地理标志商标、著名商标、名牌产品以及“三品”

认证等品牌的经营主体，予以奖励。加大品牌粮食产品在工商、税收、质检等方面的优惠政策扶持。

（2）加强质量管理，提升产品品质，构建生态粮食三大体系。在生产环节，加强与国际、国家、行业标准体系衔接，推广“龙头企业＋基地＋农户”生产经营模式，发展订单粮食，优化品种结构，实现优质粮规模化、标准化生产。皖北地区以专用小麦为重点，江淮丘陵和沿江平原地区以优质水稻为重点，按照品牌引领、品质保证、品种优先发展思路，打造专用品牌粮食生产基地，加强基地高标准农田建设，提升专用品牌粮食生产能力。在加工环节，引导企业进行科技创新，发展精深加工，推进优质粮、专用粮生产，提升产品科技含量。在流通环节，从原粮收购、加工到大米入库出库，进行严格质检，确保产品质量。在销售环节，做好产品包装，拓宽销售渠道，提升物流配送能力。加强专用粮食仓库建设，推动分级储藏。加快构建我省专用品牌粮食生产体系、经营体系和产业体系。

（3）壮大龙头企业，培育大品牌。一要做大做强本土粮食企业。对重点粮食企业和品牌产品给予重点培育、重点扶持，鼓励知名品牌扩张和延伸，促进规模企业出名牌。对开展品牌粮食试点市县，财政给予倾斜支持。对发展品牌粮食成效突出的龙头企业和主体，在项目安排、政策落实、企业技改、评级认定等方面优先支持。二要外联内合，塑造大品牌。一方面通过采取贴牌生产方式，加强与国内外大型粮油加工企业的合作，学习品牌建设的经验，逐步打造本土品牌（如亳州的五得利）；另一方面利用自身优势，引导企业内部整合、外部联合，推动产业重构联合同行业、同产业链企业，抱团创塑知名品牌。

（4）加强品牌营销，提升产品影响力。一是借机造势，做好会展宣传。二是主动对接，进驻大型商超。三是顺应形势，发展粮油电子商务。鼓励有条件企业在阿里巴巴、淘宝、京东等知名网站开设粮油产品营销网店，开展网上展示和网上洽谈，推动实体贸易和电商销售相结合，促进营销模式创新和品牌提档升级。

（5）组建专用品牌粮食产业技术创新联盟。联合农业大学、农业科学院等单位和主产市县粮食生产、加工企业建立专用品牌粮食产业技术创新战略联盟。联合开展专用品种的培育与示范推广，新产品开发和工艺创新，生产基地建设，标准化生产和质量控制，品牌策划和营销等。

［2017 年 8 月安徽省政协重点调研课题“发展专用品牌粮食”对口协商会口头发言］

16 加快安徽粮食生产主体功能区建设的建议

安徽省是我国粮食生产大省，也是粮食外调大省，为国家粮食安全发挥了重要作用。粮食生产主体功能区建设是政府为保证粮食生产安全的一项利国利民重点工作。当前，我省各地粮食生产主体功能区建设中存在以下问题。

（1）比较效益低，影响粮食生产功能区发展。近年来，由于农业生产资料价格上涨和人工成本上升，农民种粮成本大幅度增加，种粮比较效益下降。从近3年（2011—2013年）粮食（以中籼稻为例）种植情况看，不考虑政府各项补贴，2011年中籼稻收购价格为107元/50千克，2012年中籼稻收购价格为125元/50千克，2013年中籼稻收购价格为135元/50千克，3年价格上涨26.2%，而化肥、农药、柴油等农业生产资料价格平均上涨35%以上，人工成本上涨50%以上，可见，仅从价格考虑，种粮效益每况愈下。现在，种粮的利润主要是政府的各项补贴收入。但从目前调查情况看，种粮效益还是不及种植其他经济作物，比较效益低，种粮积极性不高。

（2）土地流转及后续管理难。一是土地流转难。由于种植粮食比较效益低，农户不愿土地流转用于种粮。以我省阜阳市为例，目前，阜阳市粮食生产功能区租金为每亩600～800元，而种植苗木等多年生作物租金为每亩800～1 000元，农民愿意把土地流转给租金高的一方，导致与粮食生产功能区建设“抢地”的情况发生。二是后续管理难。目前粮食生产功能区建设土地流转一般签订合同是3～5年，合同期满后，农户会不会因为土地效益等出现收回土地的情况；同时，建成后的粮食生产功能区能否成为长期稳定的粮食生产基地也是问题。由于利益驱动，目前各地都存在粮食功能区经营主体不种粮食的现象，导致粮食功能区种植非粮化的问题。

（3）经营主体素质不高，科技力量薄弱。一是农业技术人员短缺，特别是缺一些能深入农村田间地头指导农业的一线技术人员。有的农业部门已经多年招不到拥有所需专业技术的年轻人，造成农技人员年龄老化，出现了人员断层的情况。二是农业劳动力的断层问题。由于农业比较效益低，农村的青壮年大都外出打工，现在从事农业劳动的大多是50岁以上的人员，这部分农村劳动力因年老而退出劳动后，农业劳动力会出现后续乏人的状况。当前，粮食生产功能区中劳动力的老龄化，给农业新品种、新技术、新模式“三新”技术的接受和推广带来难度。

（4）资金不足，服务体系建设滞后。我国粮食生产主体功能区建设从2010年开始起步，建设内容主要是土地整理、水利设施、道路等。由于资金不足，粮食生产功能区育秧工厂化、生产机械化、管理标准化、服务全程化、运作市场化的“五化”服务体系的建设相对滞后。近年来，旱涝灾害频发，必要的农机服务和粮食烘干服务体系的建设，是功能区确保粮食丰产丰收的重要保障。

（5）政策支持力度还不够，支持手段有待进一步完善。如粮食生产的补贴制度体系没有建立起来，补贴渠道还不多，补贴水平较低，补贴范围较窄；发展粮食生产的长效机制尚未建立，国家政策激励效应还很有限，对粮食生产基础设施建设投资的投入比重低、增幅小，粮食生产缺乏有效的信贷支持，大量工商资本和社会资本尚未进入粮食生产领域；有效的面向粮食生产的政策保险体系仍然没有建立，农民种粮所承担的风险仍然很大。为此提出以下建议。

①切实加强组织领导。粮食生产主体功能区自上而下成立政府独立工作机构，配备专职人员，由各级政府直接领导，农业、水利、交通等各部门的资金集中使用，不需要通过各部门去周转，由上级直接下拨粮食生产功能区建设机构，机构的经费列入各级政府的财政预算，严格管理，专款专用，提高资金的使用效益。

②加大建设资金投入力度。一是加大对粮食生产功能区农田基础设施建设的财政支持倾斜力度。要大幅度增加各级财政用于农田水利工程建设补助专项资金，增强农田防灾减灾能力，推动农田渠系改造、排涝设施和沟系建设。二是创造良好的粮食生产投资环境。坚持多元化的投入机制，在加大政府对农业公共投资力度的同时，鼓励和引导金融信贷资金、社会资金投入功能区的建设。三是注重建设资金集聚使用。在资金不足的情况下，不宜遍地开花，避免出现注重考核、不注重质量的现象，一定要集中资金、集中项目，确保粮食生产功能区建设的质量。

③充分调动种粮农民的积极性。继续完善和提高对种粮农民的农资综合直补、良种补贴、种粮大户补贴等政策，加大对粮食生产的奖励力度，使之制度化和长期化。同时，要完善粮食价格机制。目前粮价形成机制的不完全市场化与农资、劳动力等要素价格形成机制的相对市场化之间的矛盾，是我国粮食生产“新剪刀差”现象产生与发展的主要因素。当前，粮价上调具有合理成分，此时粮价

上涨是伴随工业化、城镇化加快发展出现的，具有恢复性和补偿性特征。应该小幅度、周期性地上调粮价，让粮食价格温和上调到合理的范围。通过价格杠杆作用，提高农民种粮积极性。

④促进种粮大户向功能区集聚发展。种粮大户是粮食生产功能区建设的主力军，培育壮大种粮大户队伍是提高粮食生产能力、保障粮食安全的基础和前提。必须加大对种粮大户的培育力度，鼓励种粮大户扩大经营规模，由种粮大户发展成为种粮农场主，提升粮食生产功能区的经营模式。一是建立土地流转推进机制。根据粮食生产实际，研究制定相关政策措施，探索土地流转利益联结机制，大力发展全程化粮食生产专业服务，积极推进土地股份合作制，因地制宜、因势利导推进土地流转，推动耕地向种粮大户、专业农民适度集中，实现粮食连片规模经营。二是注重培育青年农场主的种粮大户。通过每年组织一批青年种粮农民到农业类大中专院校进行深造和鼓励大中专毕业生投身农业等途径，着力打造一批有学识、懂技能、会管理、善经营的青年农场主种粮大户示范队伍。三是引导种粮大户牵头组建粮食专业合作社，加强粮食专业合作社规范建设，推进统一供种、统一机播、统一配方施肥、统一病虫害综合防治、统一机收的“五统一”专业化服务，提高服务社会化程度。

⑤进一步完善粮食生产的政策性保险制度体系。在粮食生产主体功能区设立商品粮保险补贴财政专项资金，全面实施粮食作物政策性保险制度，加大赔付力度，逐步建立政府扶持、市场化运作、农民自愿投保、企业积极参与的粮食生产保险制度，有效降低自然灾害对粮食生产的影响，探索一条适合粮食生产主体功能区实际情况的有效的政策性保险新路子。

［安徽省政协十二届二次会议提案，民进安徽省委参政议政优秀成果三等奖，2014.12］

17 完善产粮油大县奖励资金使用制度的建议

为进一步调动地方政府抓好粮食、油料生产的积极性，缓解产粮（油）大县财政困难，调动地方政府重农抓粮积极性，促进我国粮食、油料和制种产业发展，保障国家粮油安全。中央财政从2005年开始就实行了产粮（油）大县奖励政策，对符合规定的产粮大县、产油大县、商品粮大省、制种大县、“优质粮食工程”实施省份给予奖励，安徽省每年获得一笔数额不小的资金。仅2018年中央就投入常规产粮大县奖励资金261.4亿元，我省就获得常规产粮大县奖励资金达17.1亿元，位居全国第3，仅次于黑龙江和河南。2020年，我省获得国家产粮大县奖励资金高达25.3亿元，其中常规产粮大县22.9亿元，超级产粮大县2.4亿元，有7个大县获得1亿元以上；我省产油大县奖励资金1.86亿元，有6个大县获得500万元以上，有效缓解了粮食主产区、产粮（油）大县财政困难，调动了地方政府抓粮（油）积极性，为实现我省粮油生产连续丰收发挥了重要作用。

对产粮（油）大县财政奖励资金的使用，省财政曾明确规定，常规奖励部分可用于财力性转移支付，待受奖县财力困难缓解后，逐步调整用于支持粮食安全生产；超级“产粮大县”和“产油大县”奖励资金必须全部用于扶持粮油生产和产业发展支出。但据调查了解，我省产粮（油）大县奖励资金管理，仅依据财政部出台的《产粮（油）大县奖励资金管理暂行办法》，没有具体完善措施和使用标准，造成大多数县（市、区）和大部分奖励资金使用不到位，或使用困难，或使用不合理，严重影响粮油产业的健康发展。为进一步促进我省粮食，特别是油料生产的恢复和发展，完善产粮（油）大县奖励资金使用政策十分必要，有利于更好发挥财政资金的引导激励作用。为此建议，我省应尽快出台《安徽省产粮（油）大县奖励资金使用管理暂行办法》，明确资金使用标准，强化使用管理，发挥使用效力，促进农业发展。

（1）明确资金使用标准。对超级产粮大县、超级产粮大省以及粮食生产、增

油料大面积规模化生产

产大市（大县）等奖励资金，明确要求各地必须按照 70% 用于粮油生产发展，使用范围包括种子、农机、肥料等生产资料补贴，建设成果转化示范基地补贴，油菜等油料作物秸秆还田、播种、收获等作业的补贴以及土壤地力的培育等；30% 用于粮食流通设施建设，不得用于其他用途。

（2）强化资金集中使用。对中央下达的产粮（油）大县奖励资金，省财政可采取竞争立项的办法择优扶持项目县，并对粮油增产大县进行适当奖励，集中有效资金发展粮食和油料生产。如对新增补贴应按照农民增产粮食和交售商品粮数量挂钩的方式对种粮农民补贴；对粮油生产大县按照增产幅度、商品粮贡献进行奖励或补贴，提高扩大粮油再生产的能力和积极性。也可设置部分资金集中用于粮油加工、烘干、仓储等流通设施建设。

（3）强化资金规范监管。对省财政厅下达的超级产粮大县、产油大县以及粮（油）生产、增产大市（大县）等奖励资金，都明确要求各地事先必须将资金使用用途报经省财政厅审核同意，使财政监管从事后检查转为事前审核和全程监督，使资金使用更加规范。

（4）强化跟踪问效。要求各地建立健全完善产粮（油）大县奖励资金使用的跟踪问效机制，严格规范资金使用，提高资金使用效益，并按年度将资金的实际使用情况报省财政厅。

［安徽省政协十二届五次会议提案，2022.1］

18 完善种粮大户扶持政策，稳定粮食产能的建议

习近平总书记指出，中国人的饭碗任何时候都要牢牢端在自己手上，我们的饭碗应该主要装中国粮。保障国家粮食安全始终是头等大事。近年来安徽省粮食产量已稳步达到800亿斤，居全国第4位，是6个向外省输出商品粮的省份之一。种粮大户是粮食生产的主力军，种粮大户的发展，既是对粮食生产模式的大胆创新，也是对土地经营机制的大胆探索，既稳定了粮食产量，也促进了农村劳动力转移，推进农业机械化、现代化。据了解，我省2017年50亩以上种粮大户7.79万户，流转土地1 645万亩，占流转耕地面积的48%。我省种粮大户规模逐渐向300～2 000亩集中，形成了适度规模经营。但从当前粮食产业经营状况来看，令人十分担忧，主要表现在：一是粮价不稳，种粮成本高、效益低，种粮积极性下降。随着农资价格上涨，土地承包费高且期限短而不稳，加上气候因素影响，种粮大户慢慢陷入规模大、效益低、增产不增收的尴尬局面，致使部分经济承载能力弱的大户开始减租、退租甚至跑路。二是种粮大户数量多，产业化能力不强。我省种粮大户仍处于成长阶段，数量多、规模小、实力弱。2017年我省5 000亩以上种粮大户只有61户，呈下降趋势；100～300亩和500～1 000亩种粮大户呈上升趋势。这些大户多以种为主，产业链条短，缺乏龙头企业带动。三是政策扶持不够。对新型农业经营主体扶持政策不少，但存在政策分散、系统性和针对性不强或落实不到位等问题。对种粮大户没有专项补贴资金，对辅助用地和信贷资金扶持不够。2016年财政部和农业部出台对粮食适度规模经营的农业支持保护补贴30～230元/亩，我省没有兑现，山东、浙江等地执行到位。四是风险保障机制不健全。种粮大户规模较大，面临的自然风险、市场风险很大，但政策性农业保险远不能满足种粮大户的要求，完全成本保险缺失（今年我省只有1个水稻品种和4个县试点）。巨灾再保险机制不健全。五是基础设施建设滞后。长期投入不足，农田基础设施薄弱，抗灾能力不强。农机装备水平不高，烘干设施分布不合理、仓储设施不足。因此，必须围绕国家粮食安全目标，强化产能建

普济圩农场粮油生产丰收景象

设，确保种粮大户良性发展，实现粮食持续稳定增长。为此提出以下建议。

（1）尽快出台《安徽省关于促进粮油产业稳定发展的意见》。完善我省粮油产业发展扶持政策，加大扶持力度，明确目标任务和政策举措，强化“风向标”“定心丸”作用和鼓励种粮、绿色优质、能力保护的政策导向，切实推动我省藏粮于地、藏粮于技的政策落地。

（2）全面落实扶持政策，加大财政、用地、信贷支持。落实中央《关于全面推开农业“三项补贴”改革工作的通知》精神，支持粮食适度规模经营。系统构建框架完整、衔接有序、措施精准、机制有效的粮食产业政策支持体系，综合采用贷款贴息、先建后补、以奖代补、政府购买服务等方式，帮助种粮大户用于粮食烘干、仓储设施建设和农机补贴等，支持农业信贷担保补贴规模。

（3）完善种粮大户风险保障体系。建立我省农业巨灾再保险制度，完善巨灾再保险预备基金机制。扩大再保险市场主体，引进国外战略投资者。开发多样化金融衍生工具，发行农业巨灾风险债券。进一步扩大粮食生产完全成本保险试点品种和范围，提高保险保费补贴额度。

（4）加强农业基础设施建设。在种植大户承包区域优先安排土地综合整治、农业综合开发、农田水利建设等项目；支持种粮大户建设烘干、仓储、物流等设施，全面提升粮食产能。

［安徽省政协“发展特色高效农业，推进我省乡村振兴”对口协商会口头发言，民进安徽省委参政议政优秀成果二等奖，2019 年］

19 加快构建小型水利工程建管资金投入的新机制

我省现行的小型水利工程建管投入机制主要表现为“民办公助，政府主导，农民主体”，但还存在以下问题。

（1）农民投入严重不足。现在农民普遍不富裕，认识上也存在偏差，认为农田水利建设的责任应该由政府承担，加上投资回报率低，所以不愿意投入。

（2）政府角色缺位或越位。一方面，政府各类项目资金对农民引导作用不明显，角色越位。就是政府在小农水建设上的资金投入处于绝对主导地位，给农民造成“政府项目、与己无关”的错觉，农民自主投资积极性不强。另一方面，各类涉水项目设置交叉，政府管理缺位。省级支持小农水建设项目较多，如农业综合开发、土地整治、“一事一议”奖补、扶贫开发等，建设内容重复，管理部门管理办法不同，存在重复投资。政府对公益性高的小农水设施投入不足，而有的项目为追求“形象工程”，采取了集中投入方式。

（3）小农水建设失去了最基本的投入途径。农村税费改革对规范和减轻农民负担，促进农村经济发展具有重要意义。但从短期看，税改后农村基础设施建设筹集渠道不畅，“一事一议”制度还存在局限性，导致小农水建设失去了最基本的投入来源。

（4）经费来源渠道不畅。一方面向农民收取水费困难，另一方面农田水利建设专项基金、水利规费筹集力度不足。

为此，提出以下建议。

1. 明确各类投资主体责任，制定激励约束机制

（1）合理界定政府与农民的投资责任。省、市政府要制定分类扶持政策，增加财政投入，整合专项资金，建立引导机制。县、镇政府要搞好规划设计，增加投入，开展“一事一议”宣传，加强资金监管。农民要主动投资投劳，动员外出人员出资，执行“一事一议”，成立用水者协会等。

（2）建立引导基层政府投入的激励约束机制。改进省财政转移支付资金分配政策，将转移支付资金额度与各地财政用于“三农”和小型水利设施建管投入水平结合起来，激励县、镇政府加大资金投入。

（3）重塑农民主体地位。政府要扶持引导农民自主投入，主要采取以奖代补、奖补结合等方式。完善“一事一议”制度，规范操作。推进水管单位改革，扶持农民用水者协会。

2. 建立小型水利工程建管投入的财政保障机制

（1）加强农田水利建设专项基金的筹措。省、市、县三级财政要按规定设立专项资金，纳入年度预算。从土地出让收益中计提10%用于农田水利建设。按市、县两级财政不低于省级财政补助标准落实小型水利工程改造提升配套资金。设立管护经费，纳入财政预算，统筹从涉水项目经费中提取1%用于工程管护等。

（2）改进财政转移支付资金分配政策，明确补助标准，完善激励型财政转移支付体系。将各地方安排“三农”资金总量、占财政总支出比重等，作为省财政激励型财政转移支付体系中重要的分配因素，提高市、县投入积极性。省财政项目资金的分配，要与地方政府的投入资金挂钩。建议由专项资金承担的小型水利工程改造项目的补助标准按照：对建筑物工程，财政补助70%，新型农业经营主体承担30%；对土石方工程，财政补助60%，新型农业经营主体承担40%。财政补助由中央、省、县（市、区）三级政府按4∶3∶3比例分别承担。

（3）设立扶持农民用水组织补助资金，推动农民用水者协会快速发展。政府大力支持各村组建农民用水者协会，并赋予水利的建设、管护责任。

（4）整合各类项目资金。从短期来看，在支农资金试点工作成功的基础上，全省推行以县为单位的支农资金整合工作。从长期来看，统一由县级农业部门管理小型水利各类项目资金，重点向公益性小型水利工程建管投入倾斜。

［安徽省政协“全面推进小型水利工程建管机制改革”界别协商会口头发言，2015.11.30］

20 进一步加快安徽种业国际化进程的建议

种子是农业的“芯片”，习近平总书记指出，要下决心把民族种业搞上去，抓紧培育具有自主知识产权的优良品种，从源头上保障国家粮食安全。目前安徽省拥有种子企业236家，国家“育繁推一体化”企业10家，总资产占全省种子行业的48%，年销售量占全省的40%，销售收入占近一半。每年向省内外供种9亿千克，种子销售收入65.26亿元，占全国的8.7%，我省已成长为重要的种子输出省，尤其是部分特色农产品种子在国内市场占有重要地位，如萧县和砀山辣椒制种量占全国的70%，南陵紫云英种子繁殖量占全国的20%。全国10家种业上市公司中安徽占2家。但整体上与国内外相比，还存在较多短板和不足。

（1）种质资源保护力度不大，新品种创新能力不够强。种质资源保护与利用意识薄弱，政策不配套，缺乏长远科学规划，生态环境问题导致仍处在原始分布状态的种质资源，正面临消失的风险。受开发利用不足和保存平台开放程度不够等原因影响，许多农作物选育的新品种普遍存在相似度高、遗传基础狭窄、亲缘关系近等问题，品种的市场贴合度不紧密，难以满足农业高质量发展需求和市场对优质特色化品种的需求。种质创新技术手段单一，品种选育仍以传统育种手段为主，品种选育局限性大，分子辅助育种等生物技术方面研究能力相对薄弱。

（2）种子企业整体实力偏弱，自主创新能力不强。我省种子企业发展较快，数量较多，但大多数企业的经营规模小、水平低，设备差、专业化程度不高，研发投入不足，育种创新能力不强。企业品牌影响力也不够，目前仅有“丰乐”个别品牌是驰名商标，其余种子品牌都是区域品牌，培育度低，影响力小。与跨国种子企业在规模、增长的稳定性、育繁销一体化、获利能力、研发投入等方面还存在很大差距。在产学研结合等方面也有待加强。

（3）种业人才流失严重，学科人才匮乏。农业从业科技人员由于工资待遇低，数量在不断减少。从事种业的科技人员结构不合理，多集中在遗传育种、栽培、农经等专业，种业管理人员数量很少，同时又有大量高层次人才流向省外。

人才激励机制不完善，科研人员知识产权归属、知识价值导向分配等存在争议，限制农业科技人才的活力释放和成长。

（4）市场监管制度不完善，行业管理有待进一步规范。目前，一些小型种子企业由于知识产权意识薄弱，在利益驱动下仍然存在制假贩假及侵犯知识产权等违规行为，市场上存在一品多名、侵权套牌现象，扰乱了种子市场秩序，一些县级种子管理机构由于监督管理技术落后，在行业执法方面处于被动地位，造成市场监管不到位。有的还存在种子质量抽检方法不科学，检测结果存在一定的片面性，如对种子市场抽检多固定在事前选取的某些区域及门市店，致使有的门市店被多次抽检，有的门市店从未被抽检。为此提出如下建议。

1. 促进资源交流，提升资源利用率和良种培育创新能力

一是建立农业种质资源共享平台、协调交流机制和资源利用机制，在保护知识产权的前提下，破除各保护主体的信息壁垒，实现信息互联互通和资源共享融合。推进新品种选育的重大科研联合攻关，促进收集保护的种质资源得到充分推广利用。二是通过知识产权确权交易、强化科企合作交流、创新科研成果收入分配机制等措施，推进科研院所和高校的人才、技术、资源等要素依法向种子企业有序流动，积极开展科研单位与种业企业的联合攻关，以市场为导向针对农业生产中对农作物品种的需求，开展品种选育及配套技术措施研发等工作，不断提升种子企业自主创新能力。三是整合育种资源，引导公益性科研机构逐渐退出商业化育种体系，支持有一定经济基础的大型种子企业与科研院所合作，通过聘请农业技术专家、开展联合攻关等方式，建立有特色、有水平、有经验的科研育种团队，逐步构建出以企业为主体的商业化育种体系。

2. 加大科研投入，优化种业企业发展环境，壮大龙头企业发展

一是鼓励和促进种子企业与农业科研单位和高等院校横向联合，构建集科研、育种、生产、销售于一体的现代化种子产业体系。激发种子企业加大科研投入，发挥高校、科研院所基础研究优势，创制突破性的抗逆、优质、高产的育种新材料。二是建设高标准种子生产基地，推进规模化、机械化制种，制定规模化、标准化、集约化和机械化种子生产基地建设技术标准，以推广全程机械化制种为重点，促进种子生产、烘干、加工、贮藏机械和设备的集成配套。三是鼓励通过联合、重组、兼并等方式，扶持和培育有影响力的种业龙头企业，有计划、有目的地发展和组建一批有优势、有特色的农作物种业集团，提高企业参与国际种业竞争的能力。集中各层次企业间的种质资源、市场资源、科技资源、人才资源，实现行业资源的优化配置，进一步提高市场集中度。四是帮助中小企业走专业化发展道路，“小而全”企业抗风险能力弱、利润率低，不能适应当前的市场竞争形势，行业协会等相关部门可以帮助中小企业找准自身定位，集中有限资源专攻某一小作物，做精做细，打造出自身的专业优势，如专攻小型南瓜种子业务等。

3. 健全人才管理机制，激发科技人才干事创业环境

人才是行业能够发展的关键。一是重视人才培养，提升人才素质，由种业协会等相关部门牵头，不定期组织专业培训，帮助在职科技人员更新知识储备，企业与高校合作，对当下市场的紧缺人才进行对口培养，建立院士合作站、科研工作站，为在职科技人员提供学习交流平台，同时鼓励科研人员下基层，通过基层实践发现问题。二是留住领军人才，对人才类补贴的税费进行适当减免，简化补贴发放程序，保证补贴能够按时足额发放，对有突出贡献的高层次人才试行年薪制，让领军人才享受与自己能力相匹配的薪酬待遇。三是建立科学合理的人才激励机制，学习长三角等先进地区的知识价值导向分配手段，引导种业人才平稳有序地流向种业企业，让安徽种业既能培养人才，又能留住人才。

4. 加强种业市场监管体系建设，完善种子监管长效机制

一是进一步完善市场准入制度，种子管理机构严格审查把关，加强法制监督，杜绝无证企业和个人的生产、经营活动。加大对无证和违法商贩的处罚力度。二是完善种子全程可追溯机制，加大对种子从育种基地到购销环节的全流程管理力度，建立大数据平台，建立种子市场秩序行业评价机制和企业黑名单制度，严厉打击侵犯知识产权和制售假劣行为，营造健康有序的种业市场环境。三是相关部门应结合地方种业发展实际，根据修订后的《中华人民共和国种子法》，及时制定或修改相关配套地方性法规、条例，填补地方制度空白，确保新种子法落实到位。四是强化执法监督，加大处罚力度。政府职能管理部门要严格执行《中华人民共和国种子法》和《中华人民共和国农业技术推广法》，加强事中、事后监管和日常执法，加大处罚力度，提高违法成本，营造良好稳定、公平有序的种业市场环境。

［安徽省政协十二届五次会议提案，2022.1.18］

21 遏制土地流转“非农化”与“非粮化”的政策建议

近年来，我国农村土地流转呈加快之势。截至2014年6月底，全国家庭承包经营耕地流转面积3.8亿亩，占家庭承包耕地总面积的28.8%。我省土地流转更快，到今年年底流转面积就要接近耕地面积的一半。目前不少地方的土地流转以工商资本进入为主，导致流转土地存在严重的“非农化”与“非粮化”风险。如果不加以控制，将会危及国家粮食安全。我国耕地资源稀缺，解决13.6亿人口的吃饭问题，始终是各级政府和人民高度关注的重大问题，严禁擅自改变土地用途，限制“非粮化”、禁止“非农化”十分重要。为此建议加强以下制度建设。

1. 加强法制建设，建立永久性基本农田保护区

我国耕地面积已经降到18.26亿亩，人均1.38亩，只相当于世界平均水平的40%，继续减少一定会危及国家粮食安全乃至社会稳定。为防止“非农化”和“非粮化”倾向，国家应实行最严格的耕地保护和节约用地制度。按照“划定永久基本农田，建立保护补偿机制，确保基本农田总量不减少、用途不改变、质量有提高”的要求，划定永久基本农田，严格保护耕地，不得随意占用；加快经济发展由外延扩张向内涵挖潜、由粗放低效向集约高效转变，促进土地利用方式的创新和土地利用效率的提高，以土地供应的硬约束来促进经济发展方式根本转变。同时要加强基层土地流转监管机构建设，把土地管理和农业部门重新组合，组建新的农业监管和服务机构，监管流转土地的使用方向，确保种粮用途不变。

2. 建立严格的土地流转准入制度和动态监管制度

有关部门要通过规范公开程序，拓展公开渠道，丰富公开内容，进一步完善土地监管、信息服务、政策指导、权利保障等管理制度，推进耕地信息公开。同时，要全面开展土地流转供求登记、信息发布、土地评估、政策咨询、合同管理、技术培训、纠纷调处等服务工作，限制在耕地流转过程中权力滥用行为，防止可能出现的“非农化”和“非粮化”倾向。鼓励和支持工商企业发展现代种养业、农产品加工和社会服务等领域，与农户、合作社建立紧密的利益联结机制，带动农民发展规模经营。

同时，要建立分级审查备案制度和动态监督制度，解决耕地产权主体虚置、流转不畅等问题，严格监控和防止企业在土地经营中“圈地”和套取补贴、随意改变用途等行为。通过土地产权制度改革，建立完善的土地流转机制和企业责任追溯机制；并对违规审批、包庇违法、发现或接到举报违法未及时查处、违法查封扣押、篡改伪造耕地数据、未依法公开政府环境信息的当事人，严格问责相关责任人员。还要加强事后监管，定期对租赁土地企业的农业经营能力、土地用途和风险防范能力等监督检查，及时查处纠正浪费土地资源、改变土地用途等违法违规行为。

3. 建立土地流转风险保障基金和耕地保护基金制度

由政府、企业主、农民按一定比例出资建立土地流转风险保障基金，防范土地流转因单方面毁约给对方造成的损失。逐步探索和建立土地承包经营权“有偿退出、永久转让”制度。对后继无人的农民、在城市有稳定职业和居所的农民，如果其本人愿意，可以有偿退出其土地承包经营权，但转让范围目前应仅限于本集体组织范围内，这样更有利于消除土地“非农化”和“非粮化”现象。

政府还应设置耕地保护基金制度，以提高农民保护耕地的主动性和积极性。耕地保护基金是从新增建设用地有偿使用费、耕占税、土地出让收入中筹集资金，通过财政转移支付方式，主要用于耕地流转担保、农业保险补贴、承担耕地保护责任农户养老保险补贴的专项基金。目前成都市实施的耕地保护基金制度对预防土地“非农化”、提高农民种粮积极性、扭转土地的农业使用和非农使用的效益差异起到了显著作用。我省应该积极借鉴、吸收与创新这种“耕保金”做法。

4. 建立粮食生产经济激励机制和补贴机制

通过合理引导土地流转价格，以降低粮食生产成本，稳定粮食种植面积。进一步加大对粮食直接补贴、良种补贴、农资综合补贴等政策补贴额度，遏制农田撂荒。建议国家结合经济社会发展水平和承受能力稳步提高粮食市场价格，形成农业补贴同粮食生产挂钩机制，加大对规模化粮食生产的政策和资金扶持力度，缩小粮食生产与高效农业的效益差，引导流转耕地优先发展粮食生产，调动和保护好粮食生产的积极性。同时，政府应在粮食种植技术支持方面多提供方便，技术主要包括遗传育种、科学栽培和转基因工程等。我国人口多，资源均分较低，决定了我国粮食生产必须向资源集约型转移，政府务必加大粮食生产技术的推广，提高种粮农民生产技术水平，提高农业科技贡献率。

5. 建立土地撂荒惩罚机制，充分发挥农村集体组织监管作用

考察耕地“非粮化”与“非农化”

调整土地政策，发挥农村集体经济组织在保护18亿亩耕地红线以及治理土地流转“非粮化”中的作用。建立土地撂荒惩罚机制，对农民不愿耕种且拒绝进入市场流转造成土地撂荒的，每年由村集体经济组织按规定征收一定的撂荒费，撂荒超过两年由村集体收回托管。村集体组织要对土地流转过程中的“非农化”和“非粮化”设定一个合理的比例或数据，作为考核的硬指标，从规则制定上确保粮食面积不缩水。

［安徽省政协“耕地暨基本农田‘非粮化’‘非农化’”对口协商会书面发言，民进安徽省委参政议政优秀成果三等奖，2015年］

22 以“三个创新”为引领高标准推进长三角绿色农产品供应基地建设

“十三五”期间安徽省在农产品供应基地建设方面取得长足发展，已建成高标准农田近5亿亩，粮食产量连续3年稳定在800亿斤以上，居全国第4位。全省农民合作社10.5万家，居全国第5位；家庭农场超14万个，居全国第1位；耕地流转面积4 060万亩，流转率达50.4%，比全国高10个百分点；农业科技贡献率达65%以上。但对标长三角地区的市场需求和消费者心理预期，我省农产品供应基地仍存在不少问题。

（1）产业质量不够优。种植业结构不够优化，特色产业少而不精，竞争力不强，农产品规模化、标准化、集约化、品牌化水平偏低。粮经比偏高，全省粮经比4.8∶1，远高于全国的2.3∶1。种植效益不够高，全省耕地亩均产值、劳动生产率仅分别相当于全国的85%和80%。

（2）产业融合度不够深。产业化水平偏低，农产品加工能力不足，产业链条短，附加值低，市场认可度和效益低。特别是缺乏大型龙头企业的带动，超百亿元的企业我省仅4家，河南、山东均有8家，2020年全国农业产业化龙头企业100强企业安徽仅1家。各类农业经营主体间利益联结机制不紧密。

（3）要素支持力度不够大。人才、金融、技术、市场、土地等要素瓶颈尚未根本破解。农村人才匮乏，结构不合理，缺少有效技术支撑，农村金融服务跟不上，设施农业用地备案手续繁杂、周期长等问题依然存在。

为此，“十四五”期间我省要进一步突出“产业、模式、要素”创新，高起点、高质量推进长三角绿色农产品生产加工供应基地建设目标。

1. 突出产业创新，把准农业发展大方向

挖掘我省农业产业潜能，创新调优产业结构，做大做强特色粮油、畜禽、水产品、果蔬、茶叶、林特、中药材等优势特色产业。

（1）锻造特色点。瞄准长三角的市场需求，打造具有竞争优势的农业园区主导产业。重点编制好农业园区产业发展规划，科学布局生产、加工、物流、研发、服务等功能，做到定位清晰，目标明确。

（2）连成特色线。沿我省通往长三角高速公路、铁路等交通线，打造农业结构调整示范带，尤其在沿线一带种植符合沪苏浙市场需求的特色农产品，降低进入长三角的市场成本。

（3）集成特色面。围绕芜湖大米、黄山毛峰、太平猴魁、砀山酥梨、亳州中药材、和县辣椒等特色农产品，实施集中连片规模发展，打造农业特色化、产业化、规模化、集群化，形成“一村一品”“一镇一业”的格局，逐步构建合理的农业区域布局和产业带。

2. 突出模式创新，构建融合发展新体系

坚持“农业＋”发展理念，强化“链群”发展思维，推进产业融合、主体融合、服务融合，逐步构建以农业产业为基础、农业经营主体为抓手、模式创新为动力的发展新体系。

（1）加快新型农业经营主体培育。出台农业激励政策，支持本土龙头企业做大做强，积极培育示范家庭农场、示范农民合作社。

（2）积极探索“生态＋休闲”新模式。持续推进人居环境综合整治，以农村水环境治理、垃圾处理、村容村貌提升等为重点，加快推动农村基础设施提档升级，全面打造绿色优美生态宜居农村环境。

（3）创新设立农业保险新产品。与专业金融保险公司开展合作，在持续推进种植险、养殖险等涉农险种的基础上，重点研发地方特色农产品品质保证保险和新品种制种保险，为标准化农业保驾护航。

3. 突出要素创新，打好服务“三农”组合拳

针对农业产业发展中面临的人才、金融、技术、市场、土地等要素，创新服务供给，全力打好服务现代农业发展组合拳。

（1）强化金融服务。充分发挥我省农业信贷融资担保公司“劝耕贷”在纾解新型农业经营主体“融资难、融资贵”中的作用，鼓励更多金融机构服务乡村产业发展，完善金融支农激励政策。

（2）畅通销售渠道。以推进农产品接轨长三角为重点，充分发挥安徽名优农产品上海农交会的作用，拓宽长三角地区销售渠道。高起点建设一批批发市场、物流企业、物流园区，加强与沪苏浙电商企业、连锁超市等的合作，开展直销连锁配送，共建长三角农产品“物流圈”。

（3）推进技术创新。加快推动以冷冻物流为主的特色农产品生产加工自动化

参加安徽农产品品牌建设政协论坛

程度，推进现代物流技术、供应链管理系统在优质农产品储存、运输过程中的应用，提高配送效率，降低运营成本。扩大低温干燥技术的应用。

（4）重视人才培育。对农村现有人才开展分类、精准培训，培养一批农业职业经理人和技术能人，培育一批特色种养、加工流通、休闲旅游、电子商务等方面的紧缺人才。开辟农民工创业“绿色通道”，吸引能人回乡创业。实施好新乡贤培育计划。发挥各级协会带动作用，加强与国际国内行业知名协会、媒体互动，最大限度地把乡土人才资源转化为融入长三角一体化的新优势。

［安徽省政协“优质农产品基地建设”月度专题协商会书面发言，2021 年］

23 加快农业发展方式转变，积极推进粮食绿色增产

安徽是全国13个粮食主产省份和6个粮食调出省份之一，在保障国家粮食安全中具有重要地位和作用。2015年我省粮食总产达到707.6亿斤，实现历史性的“十二连丰”。但也应看到，在粮食“三量齐增”现象之下，传统农业发展方式的弊端和问题也日益凸显，加快转变农业发展方式，推进绿色增产的任务日趋紧迫。

1. 当前安徽粮食生产面临的主要问题

（1）我省耕地后备资源不足，而中低产田面积约占全省耕地面积的65%。中低产田不仅肥力低，而且农田基础设施较差、配套率低，制约了农业生产发展。

（2）农业生产高投入高产出的旧有发展模式亮起“红灯”，不少农民感慨“地越种越硬、越种越薄，肥越施越多，成本越涨越高”。

（3）粮食生产面临生产成本上升的“地板”以及价格和补贴政策的“天花板”，“两板”效应使粮食收益空间收窄，农业竞争力减弱。

（4）至2014年年底，全省流转土地3 393.1万亩，其中耕地2 541.7万亩，约占全省耕地总面积的41.1%。在新型经营主体带动下，农业经营组织化和规模化水平不断提高，也对粮食生产机械化水平和技术服务提出了更高的要求。

（5）农业种植制度仍不完善，农业气候资源浪费现象依然存在，必须进一步优化作物布局和生产方式，提高资源利用率，挖掘粮食生产潜力。

2. 加快推进粮食绿色增产的建议

（1）加大中低产田改造力度，提高土壤基础地力。一是大规模实施土地整治，规划统筹土地整理复垦开发、农业综合开发等各类建设资金，集中连片推进农村土地整治，实行田、水、路、林综合治理。加快大中型水利骨干工程、病险水库除险加固、大型灌区续建配套和小型水利工程更新改造，解决农田灌溉“最后一公里”问题。二是加强耕地质量保护与提升，突破以秸秆直接还田、秸秆综

合处理等秸秆多元化利用关键技术，优化耕作方式，改善土壤肥力。

（2）集约节约利用肥水资源，促进资源高效利用。一是选择和培育高产优质的作物新品种。配套实地养分管理技术、高效节水灌溉技术，实现低投入条件下作物高产和资源高效利用。二是提高用肥的精准性和利用效率。建立主要土壤类型区作物养分丰缺指标，研制推广系列新型增效复混肥料、缓/控释肥料、水溶性肥料等产品，提高肥料利用效率。三是推进农作物病虫害绿色防控。推广抗逆性强的品种，研发推广低毒低残留农药制剂，优选生物农药，保育天敌昆虫，推行理化诱控等，开展统防统治，实现农药减量控害和粮食安全生产。四是大力发展节水、节肥、节药、节种、节能和环保型机械化技术。

（3）充分利用农业气候资源，挖掘粮食增产新潜力。一是推进“籼改粳”，扩大粳稻生产，改善稻米品质。优化布局沿江双季稻区的双季晚粳稻生产区域、沿淮两岸的中粳稻生产区域、江淮东南地区肥水条件较好的粳稻区域三大优势区域，引进和培育粳稻品种，加强配套技术集成示范，力争到2020年，全省粳稻比例达到40%以上。二是促进作物周年高效生产。开展不同生态区中籼稻（粳稻）—小麦、小麦—玉米周年高产高效生产的适宜品种组合、茬口衔接与适宜播（栽）收临界期、适宜播栽方式、肥水一体化运筹等关键技术研究与示范，充分挖掘周年生产潜力。三是让冬闲田产出新粮食。利用冬闲田发展小（大）麦和马铃薯生产，通过水旱轮作既防控水稻病虫害、改善土壤结构、促进有机质的矿化和更新，又挖掘土壤潜能。

（4）强化农机农艺深度融合，促进粮食生产全程机械化发展。以“建设资源节约、环境友好型农业”的农机化技术为重点，以适度规模经营主体为主要服务对象，加强农机农艺融合，强化主推技术示范，如麦玉连作区的土壤适度深耕、深松、播种、收割及配套机械化技术，稻麦、稻油连作区的工厂化育秧以及杂交水稻机插等机械化技术。推动农机化技术向制种和粮食烘干等产前、产后环节拓展。

（5）发展农业信息技术，实现粮食生产精准管理。“十三五”期间应全方位地推进农业物联网系统建设，健全农业物联网配套设施，推进粮食生产过程智能化、精准化管理。一是加快推进物联网关键技术研究与产业化，加强关键农业传感器与检测设备研发、农业大数据与决策建模研究、粮食生产优化控制系统研究、农机智能装备设计与研制，着力突破物联网基础共性技术。二是将农业物联网技术与遥感相结合，建立粮食作物生长、土壤、环境等综合监测应用系统，实现粮食作物生产全过程的辅助决策。三是依托种植大户、家庭农场等新型农业经营主体，开展物联网技术在粮食生产中的集成应用，实现粮食规模化生产经营管理过程的智能化。

［安徽省政协十一届四次会议书面发言，2016年］

24 遏制农资价格过快上涨，稳定粮食生产积极性的建议

随着各项惠农政策的落实，刺激了农民发展生产的积极性，农业投入增加，农资需求量也相应增加。但由于国内煤炭、电力及天然气供应紧张，造成部分厂家停产，氮肥、磷肥等常用肥料减产，导致货紧价高，带动农资价格过快上涨，已经成为令农民十分担忧的突出问题，不仅加大了农业生产成本，影响种粮积极性，也有可能会导致农产品价格上涨，务必引起高度重视。一是化肥价格上涨严重。当前我省尿素、复合肥等大品种化肥较上年同期涨幅达30%以上，其中尿素涨幅高达80%。二是农膜价格涨幅也较大，同比上涨达16.7%。可能是受年初寒潮来袭造成农膜需求增加的影响，外加国际原油价格走高对化工品市场的提振支撑作用。三是农药价格走势平稳。部分品种及除草剂价格略有上涨。四是种子价格部分上涨。常规水稻和大豆种子，价格同比分别上涨了8%和20%，其他作物种子、杂交水稻种子价格基本平稳。为稳定粮食生产、保护农民利益，提出如下建议。

（1）严格落实农资市场价格监测与分析预警工作。落实市场价格监测报告制度，加强价格监测，及时了解化肥、农药等农资市场价格与供求变化，为保供稳价提供信息保障。同时，准确解读农资市场价格形势，分析研判未来生产供给预期，及时发现苗头性、倾向性、趋势性问题，严防新冠病毒感染疫情防控期间的价格异常及哄抬价格、串通涨价、囤积居奇等行为。发生突发事件迅速提示预警，并第一时间上报，提出调控预案，及时稳定农资市场秩序，确保春耕备耕生产不受影响。

（2）积极做好信息发布工作。充分利用新媒体途径，多渠道、立体化及时准确发布生产资料市场价格信息，减少信息不对称对农户农资消费带来的不利影响。同时，加强舆情监测与农资相关价格政策宣传，进一步提高国家涉农惠民政策的群众了解度；广泛营造舆论氛围，激发农户种植积极性。

做稳定农资价格上涨的建议发言

（3）大力加强农资市场调研。认真开展农资市场调查巡视工作，加大化肥、农药、种子等产品价格监测巡视力度，深入生产和市场一线，及时了解和反映农资市场动态情况，防范市场价格异常波动。

（4）全力确保农资物流渠道畅通。面对新一轮新冠病毒感染疫情防控形势，在紧抓疫情防控的同时，要确保农资运输渠道畅通，使农业生产所需的种子、化肥、农药等各类农资顺利到达田间地头，满足生产用种、用肥、用药需求；同时制定相应应急预案，为开辟特殊时期生产资料“绿色通道”做好准备，有序推进春耕备耕。

（5）加大新型高效肥料推广力度，推动农业高质量发展。重点落实有机肥替代化肥扶持政策，大力推广测土配方施肥和病虫害绿色综合防控技术，深入实施高剧毒农药替代计划，创新推广生物防治技术，不断扩大节水农业规模，实现农业可持续、高质量发展目标。

［安徽省政协十二届五次会议提案，2022.3］

第二篇

农民增收

25 亟须完善规模农业经营主体风险防范机制

为贯彻落实中共中央、国务院《关于加快构建政策体系培育新型农业经营主体的意见》，不久前，安徽省出台了具体实施意见，强调要加快培育新型农业经营主体，扶持带动小农户发展，提升小农户的生产经营组织化程度，为落实乡村振兴战略注入了新的活力。目前，全省家庭农场达 7.7 万个，农业产业化联合体 1 429 个，农业生产性服务组织 3 万多个，规模化经营程度越来越高，到 2020 年，全省适度规模经营比重达 50%。这种点多面广、影响较大的新型农业经营主体，整体来看，绝大多数还处于成长的关键期，面临着能力素质较弱、风险保障不足和防范意识不强等问题。存在的风险主要有如下 4 点。

（1）规模控制风险。规模化经营主体生产的产品较为单一，受保鲜期时限、市场供求关系等影响，发展规模适中则有利可盈，反之则风险加大。一些经营主体没有把握好市场导向，盲目扩大规模，容易造成产品积压滞销，导致资金链断裂，生产经营困难。

（2）项目选择风险。规模化经营主体虽有活力和潜力，但是起点较低，往往缺乏科学规划和人才支撑，与市场对接经验不足，对市场信息跟踪不到位，盲目跟风投资产业项目。如近年来出现滞销的莲藕、菊花等农产品，在市场紧俏时，“一窝蜂”式大规模发展，产出的产品雷同，市场供大于求，导致降价滞销，经营亏损。

（3）规划布局风险。新型经营主体遍布广大乡村，在规划布局上，一些经营主体选择的地理位置处在河、湖、山坡附近，多属自然灾害高发区，而农业抗御自然灾害能力脆弱，遇到恶劣气候，极易受到毁灭性损失。

（4）自然灾害风险。我国是自然灾害发生率最高的国家之一，自然灾害对于农业生产的危害巨大，主要有干旱、涝灾、冻害、病虫害等灾害，发生强度大、范围广与频率高，严重影响经营主体的收入和生产积极性。

为促进我省规模化经营主体持续健康发展，有效防范市场等各方面的风险，加快构建科学完善的市场风险防范机制十分重要，提出以下建议。

（1）建立规模扩张风险防范机制。政府要加大土地监管力度，发挥市场在土地流转中的决定性作用，明确农户的主体地位，加强对土地流转的引导、规范、监管和服务，使农村土地流转健康有序发展，切实控制土地流转风险。同时，省、市、县利用已报备的新型农业经营主体，按种、养、加、销等类别定期公布其生产品种、规模、销售、区域分布等相关信息，能使他们及时了解掌握同类主体的生产经营、市场行情动态，让经营业主在扩大生产规模时减少盲目性，规避盲目扩大规模的风险。

（2）建立项目选择风险防范机制。引导规模经营主体对接区域性和全国性农业电子商务平台，着力将移动互联网、物联网、大数据信息分析与经营主体深度融合，让经营主体业主在项目选择上做到人无我有、人有我精的差异化、特色化发展，规避产业雷同，不因项目选择不当而陷入困境，降低投资产业项目的风险。

（3）建立自然灾害风险防范机制。各地要指导新型农业经营主体在生产布局上做好产业规划，特别是在项目选址上要对当地的水文、地质等环境进行科学评估，防止因选址不当造成损失。同时，在技术上要指导新型农业经营主体制定防范自然灾害的应急预案。特别要做好雨、雪、风暴等气象预警工作，便于提前防范自然灾害，最大限度降低因灾造成的损失。

（4）完善农业保险赔付的政策机制。目前，我省政策性农业保险扩大试点的品种主要有水稻、小麦、玉米、油菜、棉花、大豆、能繁母猪和奶牛，而茶叶、蔬菜、生猪、家禽、水产品等品种没有纳入政策性保险品种。而且将新型农业经营主体视为普通农户，未将土地流转费用计入成本（三大粮食作物“大灾险”除外），发生严重灾害后得到的最高保险赔付金还不足支付土地租金，对于规模化经营主体来说起不到抗风险作用。因此，建议保险机构对新型农业经营主体要单独投保，单独理赔，简化理赔程序，缩短理赔周期，扩大投保范围，提高赔付金额。

［安徽省政协十二届一次会议提案，民进安徽省委参政议政优秀成果三等奖，2018 年］

26 大力培育多元化服务组织，推进农业高质量发展

2015 年安徽省出台《关于加快构建新型农业社会化服务体系的意见》，并积极创建农业社会化服务示范县、示范乡镇和示范主体，推进了全省农业社会化服务体系建设。目前，全省家庭农场达 7.7 万个，农业产业化联合体 1 429 个，农业生产性服务组织 3 万多个。但是，随着农业生产经营的专业化、组织化程度的不断提高，农业社会化服务组织的多元化发展仍不能满足现代农业高质量发展的广泛需求。基层公益性服务机构不健全、服务能力不足；农村集体经济组织发展动力不足，资产积累能力下降，服务功能衰减；农民合作社、龙头企业、专业服务公司、种养大户等各类经营性服务组织面临政策扶持不够、利润空间狭窄、服务市场不规范的情况；多数服务组织仍处于发展初期，规模较小，服务领域狭窄，缺少为新时期农民提供技术、加工、储运、信息、金融、保险等综合服务内容等问题，造成我省农业社会化服务体系仍不够健全。为加快培育适应现代农业高质量发展的多元化服务组织体系，提出如下建议。

（1）健全基层公益性农业服务机构。加强基层乡镇农技推广、动植物疫病防控、农产品质量监管等公共服务机构建设，加大财政投入力度，完善服务场所、检验检测设备、综合服务设施，围绕其职能定位，合理设置岗位，完善人事制度，实施骨干人才培养、人员知识更新、定向培养等农技人员培训培养计划。落实农技人员包村联户制度。逐步完善村级农业服务站点建设。

（2）加快发展农业行业性服务组织。鼓励拥有经营网络的供销、邮政等系统在农村设立专业性农业服务公司、服务组织和经营网点，支持开展农业托管服务、专项服务、连锁配送服务，形成系列化配套服务体系，为农民提供质优价廉的种子、化肥、农药等农资配送服务。

（3）积极发展农业专业化服务组织。财政部门安排专项资金，支持引导病虫

害防治、农机、秸秆综合利用、水利等农业专业化服务组织健康发展。采取政府订购、定向委托、奖励补助、招投标等方式，引导经营性服务组织参与公益性服务，为农业生产提供植保、机耕、播种、收割、灌溉等专业化服务。对符合条件的经营性服务业务免征营业税。重点培育一批服务功能齐全、经济实力较强、运行管理规范、具有自主服务品牌的专业化服务企业。例如壮大一批农机服务组织，从以耕种收环节为主向专业化植保、秸秆处理、产地烘干等农业生产全过程服务；培育一批秸秆收储运社会化服务组织，促进秸秆资源循环利用。支持现有生产性农业企业发展农业服务业，鼓励和引导社会资本投资农产品流通、农技服务、农资供应和农产品加工等领域。

（4）提高农民专业合作社发展水平。鼓励围绕果品、蔬菜、粮油、茶叶、畜牧、水产、中药材等主导产业和特色产业发展壮大农民专业合作社。以土地流转为纽带，培养农民专业合作社成长环境，聚集农民组织化生产要素，扩大单体规模，提高发展质量和小农户的入社率。落实农民专业合作社奖励和税收减免政策，促进农业发展的引导性资金优先支持示范社建设。支持农民专业合作社扩大服务范围和领域，提供农产品销售、加工、运输、贮藏和农资购买等服务。

（5）充分发挥好龙头企业服务作用。落实奖励和贷款贴息政策，支持龙头企业依托特色优势产业集群发展、组建大型企业集团，采取保底收购、股份分红、利润返还等方式密切与农户的利益联结。鼓励龙头企业采取“公司＋基地＋农户”等模式，开展农资供应、农机作业、技术指导、疫病防治等各类服务。支持龙头企业按照“风险共担、利益共享”原则，与专业大户、家庭农场、农民合作社结成利益共同体，提供产前、产中、产后一体化服务。支持农垦、农机、农资、种子等大型涉农企业发挥主渠道优势，延伸涉农服务产业链，重点发展全要素、全过程、全产业链的现代农业服务业，成为集农资批发零售、仓储物流配送、连锁经营、生产基地于一体的集团化服务企业。

（6）鼓励其他社会组织服务现代农业发展。支持农业高等院校、科研院所建设农业综合服务示范基地，开展农业技术推广服务。鼓励社会组织拓展为农服务功能，开展培训、科技指导、市场信息收集、政策法规宣传、业内主体信用评定等服务。建立委托和购买机制，推动政府将适宜行业协会承担的服务职能逐步转移给行业协会。积极培育会计审计、资产评估、政策法律咨询、产品质量检测等涉农中介服务组织，服务我省现代农业高质量发展。

［安徽省政协十二届一次会议提案，专题协商会书面发言，民进安徽省委参政议政优秀成果三等奖，2018 年］

27 多措并举，促进种粮大户持续增收

中国有接近全球1/5的人口，却只有占世界总耕地不到10%的耕地，保障粮食安全始终是中国的头等大事。党的十九大报告提出，确保国家粮食安全，把中国人的饭碗牢牢端在自己手中。种粮大户是实现国家粮食安全的主力军，起到了良好的示范和引领作用，是普通农户们学习和模仿的对象，为粮食安全发挥了不可替代的作用。在各种政策引导下，我省种粮大户发展迅速。2017年全省50亩以上种粮大户7.79万户，同比增加5 978户，增长率为8.31%，流转面积1 644.9万亩，同比增长8.97%。其中1 000亩以上的种粮大户1 961户，流转面积342.2万亩，占种粮大户流转总面积的20.8%。我省种粮大户的规模逐渐向300～2 000亩集中，形成了适度规模经营。但从当前种粮大户的生产经营状况来看，还十分堪忧。近年来，随着种粮成本的持续上升，粮食最低保护价下调，受市场不稳定以及气候等因素影响，种粮大户慢慢陷入规模大、效益低，增产不增收的尴尬局面，导致部分经济承载能力弱的种粮大户开始出现减租、退租甚至跑路的现象，应引起高度重视。

目前，我省种粮大户主要存在以下问题：一是数量多而不强，缺乏“领头羊”。我省种粮大户仍处于成长阶段，规模小、实力弱，大部分以种为主，缺乏加工环节，产业链条短，带动能力弱。二是对种粮大户扶持力度不大，存在政策分散、系统性不够、针对性不强或政策落实不到位等问题。对新型农业经营主体的扶持仅限于农民专业合作社，扶持资金分散在农业、发改、财政、科技、农机、供销社等多个部门，且扶持资金少。对种粮大户等其他新型农业经营主体，没有专门的扶持资金。与欧美等发达国家和地区相比，我国农业补贴占农民收入比重还很低。欧美国家和地区达40%，我们直接补贴只占到农民收入的3%左右。三是农业基础设施建设滞后。长期以来由于投入不足，农田基础设施相对薄弱，抗灾能力不强。农机装备水平不高，缺乏大型综合农机具，特别是烘干、仓储设施不足问题比较突出或分布不合

理。由于基础设施投入成本高，靠种粮大户自身投入存在较大难度。四是对种粮大户的风险保障不足。种粮大户规模比较大，面临的自然风险、市场风险和质量安全风险也更大。目前政策性农业保险的保障范围与水平远不能满足种粮大户的要求。因此，为了保障国家粮食安全，必须多措并举，综合施策，确保种粮大户稳定增收。简单地说就是让种粮大户多种粮、多挣钱。为此，提出以下建议。

（1）全面落实扶持政策，在财政、用地、信贷等方面加大支持力度。厘清关系，构建一个框架完整、相互衔接、措施精准、机制有效的种粮大户政策支持体系，鼓励走绿色农业、生态农业、循环农业模式，确保粮食生产高质量发展。综合采用贷款贴息、先建后补、以奖代补、政府购买服务、定向委托等方式，帮助种粮大户用于粮食烘干、仓储设施建设和品牌培育等，申请并获得专利、“三品一标”认证，以及农机具购置补贴、配套辅助设施建设等。支持对种粮大户的农业信贷担保余额不得低于总担保规模的70%。同时，加快我省已试点成功的各项惠农政策落地，提标扩面，扩大效果，如农业大灾保险、互助保险政策等。

（2）加快培育粮食产业化联合体，发展专用品牌粮食。粮食产业化联合体是以“农业企业为龙头、家庭农场为基础、农民合作社为纽带”的一体化粮食生产经营组织形式，由农业企业牵头，下联若干个种粮农民专业合作社及种粮大户，采取“农业企业＋合作社＋种粮大户”的运行模式，建立紧密型的利益联结机制，从根本上解决种粮大户的技术、信息、市场、资金、农机服务等问题，提高生产收入。发展专用品牌粮食要立足“消费导向”，以推广专用品种、优化品质

在鲜食玉米增效示范基地

结构为切入点，以节本增效为着力点，以一二三产业融合为落脚点，提高种粮大户的粮食质量和效率，通过延伸产业链条，有效掌控粮食生产各环节的主动权，实现种粮收益最大化。

（3）完善种粮大户风险保障体系建设。对种粮大户给予购买农业保险的政策性保费补贴，并把农业“四大补贴”新增资金重点向种粮大户倾斜。像宿州市凡是参加粮食产业化联合体的种粮大户在农业政策性保险方面给予较大的保费补贴，如小麦、玉米在原保额 270 元、250 元基础上分别提高到 500 元、400 元，提标部分的保费由市、县两级财政给予 70% 的补贴，大大提高了种粮积极性，也降低了种粮风险。同时，要积极推广和加快实施我省商业性农业补充保险政策，进一步提高粮食生产的保障水平，保障国家粮食安全。

（4）加强农业基础设施建设。在种植大户承包区域优先安排土地综合整治、农业综合开发、农田水利工程建设等项目，实施好田、水、路、林综合改造，支持种粮大户烘干、仓储、物流等相关基础设施建设，全面提升种粮大户粮食产能。此外，及时提供种粮大户小额贷款，解决其生产与发展资金短缺问题，针对性开展技术培训与指导，从而保障农民增产增收。

［安徽省政协十二届二次会议提案，民进安徽省委参政议政优秀成果三等奖，2018 年］

28 加快构建新型农业社会化服务体系

目前，我国农业发展方式正逐步由粗放型向集约型转变。农业生产经营的专业化、组织化程度不断提高，农业社会化服务组织和形式多元化发展，但仍不能满足现代农业的广泛需求。主要原因：一是基层公共服务机构能力不足。农村集体经济组织发展动力不足，资产积累能力下降，服务功能衰减。农民专业合作、龙头企业、专业服务公司、种养大户等各类经营性服务组织面临政策扶持不够、利润空间狭窄、服务市场不规范等问题。二是服务内容过于简单。多数服务组织功能单一，往往只注重产前、产中服务，对农产品保鲜、储运、加工、销售以及农业金融、保险等产后服务仍然不足。三是生产要素配置不合理。农村劳动力转移直接导致土地利用效率降低，生产成本提高，农业基础设施建设缓慢，农民培训难度加大。土地细碎化经营，阻碍适度规模经营和现代农业发展。四是难以形成合力。政府公共部门的社会化服务职能条块分割，技术、信息、物资、供销等服务都是沿着各自的系统与领域发生联系。各类服务主体之间缺乏统一组织协调、联动与配合，严重影响服务的整体效益。因此，必须加快构建新型农业社会化服务体系，提出以下建议。

（1）加强顶层设计，实现制度创新。在生产经营服务方面，重点创新服务组织，健全农村集体经济组织，规范发展农民专业合作社，扶持产业化龙头企业。在金融服务方面，重点创新金融制度，支持合作社开展信用合作，拓展农业信贷担保，扩大政策性农业保险。积极推进小额信贷公司、村镇银行、农村资金互助社等发展，逐步建立由政策性金融、商业性金融、民间金融组成的功能齐全、分工合理的农村金融体系。在公共监管服务方面，重点健全农业公共监管服务机构，强化农村集体资产管理服务，完善农业社会化服务协调机制。建立和完善农产品质量监管、检测与标准三大体系。推进农村信息服务实现内容多样化、渠道多样化、手段现代化。

小麦产业链延伸提升效益

（2）加大政策扶持，强化服务队伍。加强乡镇农业公共服务能力建设，逐步建立村级服务站点，提高人员素质。加大供销合作社改革支持力度，扶持农民专业合作社发展，允许合作社开展信用合作，满足资金借贷需求。扶持壮大龙头企业，培育知名品牌，优化龙头企业与农户的利益联结方式。鼓励农业专业服务公司发展，扶持农民创业，规范农民经纪人队伍。加快农业科技成果转化，促进产学研、农科教结合，支持高等学校、科研院所同农民专业合作社、龙头企业、农户开展多种形式技术合作。

（3）培育服务市场，规范服务行为。一要开拓农村市场，推进农村流通现代化，加快农业生产资料连锁经营网络建设。二要健全农产品市场体系，完善农业信息收集和发布制度，加快形成流通成本低、运行效率高的农产品营销网络。健全覆盖生产、流通、消费的农产品信息网络，完善储备调运制度。加强质量安全追溯体系建设，落实索证索票和购销台账制度。三要加强农用生产资料价格监测、农产品价格监管，保持市场价格基本稳定，保障农用生产资料供应。整顿和规范农村市场秩序，严厉惩治坑农害农行为。

［安徽省政协十一届四次会议书面发言、提案，2017 年］

29 科学构建农业龙头企业与小农户利益联结机制

龙头企业与农户之间的利益联结机制是保证产业链条持续延伸的关键，是农业产业化有效运营的核心。截至2019年年底，全省共有各类农业产业化龙头企业16 091家，农业产业化联合体1 941家。其中，国家重点龙头企业62家，居全国第10位，省级999家，居全国第8位，年销售额超100亿元的4家。全省规模以上农产品加工企业4 938家，超亿元的2 812家，居全国第9位；超10亿元以上65家，超50亿元以上3家，超百亿元的2家。全省农产品加工产值超1万多亿元，带动农户户均年增收7 000元，实现了历史性突破。骨干龙头企业的引领、带动作用显著加强，利益联结机制不断完善，全省“龙头企业＋合作社＋农户”联结形式已占50%以上，紧密或半紧密利益联结形式占90%以上，初步形成了龙头企业与农户之间的利益共同体。但新形势下仍面临不少问题。一是合作双方地位不平等。农民主体地位还很脆弱。有些龙头企业在和农户签订合同时，讨价论价，侵犯农户利益。当然有时也存在农户缺乏合同意识，伤害了龙头企业的感情。二是中介组织作用没有充分发挥。目前作为第三方中介组织仅充当媒介，由于中介运行费用对企业的依赖性，致使中介机构并不完全代表小农户利益，限制其功能发挥。三是合作层次低，利益联结关系松散。龙头企业与农户合作大多基于获得稳定优质原料供应。签订合同仅局限于原料生产阶段，农户很难参与后续加工、流通环节。利益联结关系是一种松散的联合体，农民与企业共担风险意愿不强。四是市场环境有待优化。目前相关政策、法规尚不健全，无法真正实现产业一体化发展。五是利益联结机制不够完善。龙头企业与农户缺乏约束机制，保障机制不健全。对违约方缺乏有效制衡，惩罚措施或惩罚力度不够。同时，双方利益分配机制也不合理，存在政府过度调节现象，扭曲了要素和产品的正常市场价格，干扰利益分配机制的市场化形成。为尽快形成“利益共享、风险共担”利益联结机制，建议如下。

（1）企业应尊重农户的市场主体地位。农户与龙头企业作为独立的利益主体，应在自立、自愿、自治的基础上对接合作，并建立相互平等的利益关系，享有充分的合法权益。

（2）发挥中介组织桥梁与纽带作用。中介组织在农户、龙头企业及市场之间搭建桥梁和纽带，协调利益关系。中介组织应建立健全内部管理机制，构建信息化网络体系，及时为龙头企业和农户提供准确、全面的市场信息服务。

（3）增强龙头企业利益创造能力。龙头企业应加强自身经营体制和机制创新，增强自身利益创造能力，提高市场竞争力；同时强化与农户合作，加快成果转化和推广。企业要采取多种形式，把技术送到千家万户，由农户转化为更多优质农产品，为企业提供可靠的生产原料。

（4）更新利益观念，树立多赢理念。龙头企业和农户要转变传统观念，摒弃短期利益行为，秉承合作共赢理念。龙头企业要积极与农户建立利益对接机制，为农户提供信息技术服务，帮助农户优化产品结构，提高产品质量；农户要有长远眼光，把自己看作龙头企业的“第一车间”。同时，龙头企业和农户要树立法律意识和诚信意识，严格履行双方合同规定，信守承诺，保障双方形成长期稳定的利益对接机制。

（5）建立合约制度体系。企业和农户合作应明确责权利，规范并约束各方行为，建立紧密对接关系。相互各方应签订合同，明确购销行为，形成自我履约机制，避免道德风险行为产生。

（6）完善利益对接机制，创建利益共同体。签订购销合同应完善条款、堵塞漏洞，明确责权利，规范合同样本。发展订单农业，建立龙头企业与农户之间的稳定机制，龙头企业应着眼于长远，与农户共享收益，真正实现“利益共享、风险共担”，切实保护农户与龙头企业合法利益，发挥好企业对农户的带动作用。

［安徽省政协“做大做强龙头企业，助推乡村产业振兴”月度协商会书面发言，民进安徽省委参政议政优秀成果三等奖，2021 年］

30 关于扩大我国种粮农民农资综合直补范围的建议

2008年中央一号文件提出，要继续加大对种粮农民的农资综合直补力度，进一步促进粮食生产和农民增收。经国务院批准，今年中央财政在去年276亿元补贴规模的基础上，新增206亿元农资综合直补资金，比上年增长75%，加上从粮食风险基金中预计列支的151亿元粮食直补资金，2008年对种粮农民的两项直接补贴资金规模达到633亿元，全国平均每亩补贴达到41元，有效地缓解了农资价格变动对农民种粮增支的影响，促进了粮食生产和农民增收。但是，我国的油料生产和供应也十分紧张，国内食用油消费的外向依存度已经达到60%以上，这对我国食用油的安全产生重要影响，近年来国家也相继出台了振兴油料产业计划，但由于生产资料价格的大幅度上涨，对油料生产和经济效益产生了非常不利的影响。如果国家对农资综合直补的范围仍然局限于种植粮食的农民，势必影响农民的种油积极性，对油料生产造成不利影响，特别是在传统油菜产区，很多农民为了得到政府的农资综合直补资金，本来不适宜种植小麦的区域也改种了小麦，导致油菜面积持续下降，安徽省就是一个明显例子，从正常年份的1 500万亩油菜面积，减少到2007年的929.7万亩。全国油菜面积也从1.1亿亩减少到9 000多万亩，以致对我国油料产业和油脂供应产生了不良后果。

因此，建议国家从2009年起，扩大农资综合直补资金的补贴范围，由原来的种粮农民扩大到种粮油农民。同时，要加大补贴力度，提高补贴标准，减少由于农资涨价给粮油生产带来的风险，提高农民种植收益。

[安徽省政协十一届二次会议提案，2009年]

第三篇

农业科技

31 产学研合作打造“两强一增”农业现代化示范区

“两强一增”行动计划是安徽省“十四五”时期推动农业高质量发展的“加速器”，是推动由农业大省向农业强省转变的“遥控器”，是农业发展实现与沪苏浙从“跟跑”到“并跑”的“启动器”。近年来安徽农业科技支撑效应明显提升，2021年农业科技贡献率达65.5%，但比江苏省低6个百分点，比上海市低16个百分点。2021年安徽省主要农作物综合机械化率达82%，与江苏省、上海市相比仍有较大差距。农业机械适应性不够，农业机械研发、推广和应用不足，智能化绿色化机械研发制造水平较低，农机农艺农信融合程度不够。这显然与安徽省作为粮食主产省的地位不相吻合，与安徽省肩负的主要农产品保产稳供的任务不相契合。

建设现代农业示范区，是党中央、国务院作出的战略部署。2021年全国首批创建100个国家级农业现代化示范区，我省繁昌区、阜南县、天长市入选；2022年再有当涂县、黄山区和肥西县入选。全国每年创建的100个国家级示范区中均有3家国有农场入选。安徽省现有各类大型国有农场多家，耕地面积上百万亩，如普济圩农场、白湖农场、皖河农场等，其耕地面积大、基础设施好、农机装备全、管理机制灵活，具备发展国家级农业现代化示范区的优势和潜质。例如铜陵普济圩农场现有土地20万亩，其中耕地8.37万亩，交通便利，拥有国家级稻渔种养示范区、绿色食品、有机食品基地5万亩，有“金迈”牌优质米、“枫瑶”牌虾稻米等自主产品和品牌，发展基础良好，但仍存在规划水平低，产业、品种、品质结构不合理，科技支撑力度不强，农产品加工能力弱，三产融合不深以及辐射带动效应不好等短板问题，与农业现代化的要求存在较大差距。应优选基础条件好、地方配合力度大的国有农场，开展产学研合作，提升科技含量，集中力量打造成我省“两强一增”农业现代化示范基地，为升级国家级农业现代化示范区奠定基础。为此提出以下建议。

（1）顶层设计，科学编制产业规划。将示范区规划纳入当地经济社会发展总体规划，合理优化产业布局。统筹布局示范区生产、加工、物流、社会化服务、科普展示与旅游观光等功能板块，形成产业结构优化、特色鲜明和功能完备的农业现代化示范区。

（2）因地制宜，选准主导优势产业。产业选择应立足于基础好、有特色的主导产业，并优化品种、品质与产品结构，如稻渔综合种养产业、优质稻米产业、种子产业等，打造自主品牌，提高科技含量。充分利用好的地方特色产品，如虾稻米、小龙虾等，做成在全省乃至全国影响力大、品牌知名度高、市场竞争力强的特色产业，带动周边农户增收致富。

（3）大力推进农产品加工业，实现原料就地转化增值。通过开展“双招双引”，围绕特色优势产业，精准招商、定向落地。在已招商“金迈米业加工”工程建设的基础上，进一步加大其他特色产业的精深加工产品和企业的招商力度，如小龙虾、糯米加工产业等，形成本地原料就地加工转化增值，促进示范区农产品加工业高质量发展。

（4）延长农业全产业链，推动一二三产业融合发展。结合自身优势和核心竞争力，构建种养结合，集生产、加工、收储、物流、销售于一体的全产业链，拓展农业新功能、发展融合新业态，推动产业链、供应链、价值链重构与升级，将示范区打造成一产高质发展、二产提质增效、三产农旅结合的产业相互渗透、交叉重组的融合发展区。

（5）培育壮大优势特色农产品品牌，提升市场竞争力。加强绿色食品、有机农产品和地理标志农产品认证与管理。发挥长三角绿色农产品生产加工供应基地优势，推进新“三品一标”建设，强化产品质量安全监管，提升农产品质量和效益，构建农业品牌体系，重点培育影响力大、辐射带动范围广、竞争力强的优质虾稻米、小龙虾等特色鲜明的农产品品牌，加大宣传力度，助力区域乡村全面振兴。

［安徽省政协十三届一次会议提案，2023.1.11］

32 关于加快推进安徽省现代农业产业技术体系建设的建议

我国依靠自己的力量稳定解决了13亿多人口的吃饭问题，油料、蔬菜、水果、肉类、禽蛋和水产品等产量连续多年稳居世界第一，农业科技发挥了重要的支撑作用。然而，科技发展与产业需求仍有不小差距，我国科技对农业贡献率约为51%，而发达国家和地区在70%以上；我国农业科技成果转化率只有30%～40%，而发达国家已达80%以上。要保持我国农业持续增产，适应现代农业发展的需要，必须对现有农业科技体制进行改革创新。2007年年底，农业部、财政部共同启动了50个国家现代农业产业技术体系建设，为农业发展方式优化升级提供了科技支撑。这一体系是以农产品为单元，以产业为主线，在不打破管理体制的前提下，实行各级各类科技资源的整合和科技人员的大联合、大协作，围绕重点任务研发、前瞻性研究、基础性工作和应急性任务，开展联合攻关。现代农业产业技术体系的建设，在合理配置科技资源，提高资金使用效益，促进我国粮食的持续增产和农民增收等方面发挥了积极作用。2009年1月12日国家产业技术体系建设大会召开后，各地加快了省级体系的建设步伐，目前已有20多个省区市成立了地方创新团队，并落实了科研经费。其中云南省建设的现代农业产业技术体系取得了显著成效，被评为2010年云南省十大科技进展。2012年的中央一号文件《关于加快推进农业科技创新持续增强农产品供给保障能力的若干意见》中，具体强调了“依靠科技创新驱动，引领支撑现代农业建设”，特别提出要“大力推进现代农业产业技术体系建设，完善以产业需求为导向、以农产品为单元、以产业链为主线、以综合试验站为基点的新型农业科技资源组合模式，及时发现和解决生产中的技术难题，充分发挥技术创新、试验示范、辐射带动的积极作用”。这使现代农业产业技术体系的建设明确了方向，对其提出了具体目标和要求。

安徽省为贯彻落实中央有关文件精神，推进产学研一体建设，于2011年启动了首批16个现代农业产业技术体系建设，制定了《安徽省现代农业产业技术体系建设实施方案》和《安徽省现代农业产业技术体系专家管理办法》，通过公开遴选和竞争择优，确定了16位产业技术体系首席专家，并分别牵头制定了“十二五”产业技术发展规划，组建了产业技术创新团队。建设依托我省科技资源，通过机制创新、政策保障、资金扶持和市场引导，构筑服务需要、灵活高效和勇破难关的地方现代农业产业技术体系，解决生产实际问题。以应用性研究为主体，着力解决当前生产急需的技术性难题。以构筑技术创新链为主攻方向，重点围绕各产业的产前、产中、产后的产业链，有效建立起从产地到餐桌、从生产到消费、从研发到市场各环节紧密衔接的技术支撑。通过财政支持，集中优势科技力量，开展共性技术和关键技术研究、集成、试验、示范，系统开展产业技术发展规划和产业经济政策研究，开展技术示范、推广和技术服务等，为推动我省农产品生产跨上新台阶发挥积极作用。由于现代农业产业技术体系是一个创新性的系统工程，需要不断探索完善机制，丰富建设内涵，创新管理制度。目前我省产业体系在建设初期还存在以下急需解决的问题。

（1）重视程度不够。我省现代农业产业技术体系自成立一年多以来，目前还没有以省政府名义召开全省产业体系启动大会，只是各个产业体系召开各自的启动会，组织开展各自体系内工作，外界对我省产业体系建设工作了解甚少。省现代农业产业技术体系建设领导小组也很少组织会议了解体系建设的实施进展情况、存在困难和问题等，导致体系间交流少，不利于各体系的平衡发展。

（2）宣传不够，缺少统一的信息交流和展示平台。目前，我省产业体系只是简单地建立起来了，每个产业产生的效果可能只在本体系内有所了解，其他行业、部门可能很少知道，没有发挥体系应有的作用。云南、四川等省信息共享平台建成后发挥了很大的作用，值得借鉴。

（3）资金支持匮乏。我省首批建设16个产业体系，按照《安徽省现代农业产业技术体系建设实施方案》计划到2010年要建成30个产业体系，目标没有实现，主要可能是资金问题、存量资金有限、其他资金筹措不到位，导致体系运行十分困难，特别是到了综合试验站层次却没有示范推广经费支持。而岗位专家的研发经费也少得可怜，还没有渠道保障。这无法与其他省份把体系建设这项工作纳入政府预算而且支持力度大相比。例如云南省2009年安排财政专项资金2 700万元，专门用于8个现代农业产业技术体系的建设，水稻产业就得到475万元。而我省2010年仅投入800万元财政资金用于16个产业体系的建设，每个体系只有50万元的经费支持，真可谓杯水车薪。

（4）制度不健全。按照《安徽省现代农业产业技术体系建设实施方案》的要求，建设体系绩效考评制度，对照考评指标，通过监督评估组对每个产业进行不定期考核。但目前这项制度没有建成，对体系的考评难以进行。2009年云南省就出台了现代农业产业技术体系建设项目绩效评价工作方案和考核指标体系，考核做到明确、具体。且我省资金使用和管理也缺少制度约束。

为了扎实推进我省现代农业产业技术体系建设工作，促进我省农业持续增产和农民增收，使我省现代产业技术体系发挥更大的作用，特提以下5点建议。

（1）提高认识，加强宣传。希望各级领导进一步提高对现代农业产业技术体系在现代农业发展新阶段地位的认识。要充分认识到现代农业产业技术体系在实现农业科技创新和成果示范推广、确保国家粮食安全以及实现农民持续增收等方面发挥着越来越重要的作用。

（2）增加财政投入。建议省政府参照农业部及兄弟省份的办法，将现代农业产业技术体系建设列入“十二五”规划，建立项目经费预算制度，每年投入3 000万～5 000万元专项建设经费，集中全省农业科技资源，解决农业产业技术问题，引领农业产业发展。加强项目资金管理，确保财政资金产生最大科技成效，坚决杜绝挪用、浪费项目资金。

（3）建立健全各项制度。要逐步建立健全岗位专家聘任与考评制度、成果管理制度和资金管理制度，特别是要尽快制定并出台我省现代农业产业技术体系的绩效评价工作方案和考评指标体系。通过科学考评，不断推进我省现代农业产业技术体系建设健康发展。

（4）加强科学管理，提高服务水平。体系办公室要加强协调管理，提高体系建设总体效能，要组织对各产业年度计划的审查与指导，建立体系建设交流平台，加强信息交流，强化体系建设成果的示范推广，组织观摩、培训，完善年度目标考核工作，建立奖惩制度，形成能进能出、动态管理的良好格局。特别要加强专项资金管理，严格按照财政部、农业部联合出台的《现代农业产业技术体系建设专项资金管理试行办法》执行，实行专款专用。

（5）建设依托单位要提供必要的条件保障和工作支持。建设依托单位应出台相关文件，支持首席专家和岗位专家开展工作。解决首席专家团队建设的实际困难，对他们科研工作给予帮助，如增加实验室面积和设备、增加研究生的招生名额、为首席专家配备助手，以及在体系建设中投入时间计入工作量等，使他们有更多的精力投入到体系建设中，解决生产中的问题，为产业发展做出更大贡献。

［安徽省政协十届四次会议提案，安徽省政协十届五次会议被评为优秀提案，获时任安徽省省长李斌批示，2012年］

33 加强现代农业产业体系建设，发挥科技创新驱动引领作用

2017年中央一号文件明确提出“要强化科技创新驱动，引领现代农业加快发展”，“要加强农业科技研发，整合科技创新资源，完善国家农业科技创新体系和现代农业产业技术体系”。受体制的影响，我国农业科技活动与其在农产品生产流通领域推广应用联系还不够紧密，农民发展生产面临的难题往往缺乏科技支撑，农业科技成果虽然很多，往往又不能解决农民的现实难题，科技成果应用率只有40%，不到发达国家的一半。很多优良品种和高性能农业机械还需要从国外引进。为了破解农业科技与产业发展结合不紧密的机制问题，农业部和财政部率先于2007年年底先后启动了50个国家现代农业产业技术体系建设。我省于2010年组建首批16个现代农业产业技术体系，以农产品为单元，以产业为主线，着力解决生产急需的技术性难题，以构筑技术创新链为主攻方向，重点围绕产前、产中、产后，有效建立从产地到餐桌、从生产到消费、从研发到市场各环节紧密衔接的技术支撑。通过技术资源大联合、大协作，打造出产学研推企社良好互动平台，建立了课题来源于生产、成果应用于实践、效益让经营主体共享的良性互动机制；通过开展共性技术和关键技术研发、集成、示范推广，为产业发展提供了强大科技支撑，促进了产业优化升级，助力精准扶贫，带动农民增收。2016年省体系进行调整，整合和优化形成15个体系，突出了农业机械化、农业信息化和环境保护三个关键环节，纵横交错，相互融合，这在全国又是一大创举。通过一轮实践，取得了一些成绩，在去年总结会议上得到了省财政厅领导很好的评价——“小资金、大作为”。由于现代农业产业技术体系是一个创新性系统工程，每个产业涉及的岗位专家、试验站站长及其团队成员30多人。因此，体系在运行中难免遇到诸多困难和问题，主要表现在四个“不够”。一是领导重视不够。自2010年启动2轮以来，没有召开一次全体岗位专家和试验站站长

参加的启动大会。在历年的省委一号文件上也没有提及现代农业产业技术体系建设。二是资金支持不够。“十二五”时期省财政一共投入3 000多万元，只相当于山东、湖北等省一年的投入经费（如山东省从2010年开始省财政每年拿出3 000万元持续投入，岗位专家每人30万元；中央财政将国家体系经费从2017年开始增加至每年16亿元，岗位专家每人70万元），我省岗位专家每年研发经费少得不足1万元。三是制度完善不够。如资金到位晚，使用时间短，科技成果创新激励机制不健全等。四是技术研发与产业发展关联度不够。由于经费少，部分体系岗位专家积极性不高，技术研发水平跟不上产业发展要求，实用性不强，不符合绿色发展要求。为此提出以下建议。

（1）领导要重视。建议遵循中央一号文件做法，将省现代农业产业技术体系建设列入省委一号文件。切实发挥好现代农业产业技术体系建设领导小组的作用，定期召开工作会议，扩大社会影响。

（2）加大财政投入，完善资金管理制度。建议参照农业部及兄弟省份的办法，将体系建设经费纳入年度预算，每年投入专项经费由目前的1 200万元，增加到3 000万～5 000万元，即每个产业200万～300万元，每位岗位专家10万元以上，用于创新成果研发与示范推广。同时完善资金分配、划拨和使用管理制度，方便使用，有效监管。

（3）完善农业科技创新激励机制。深入推进我省科技成果权益改革试点，加快科技成果转化收益、科技人员兼职取酬制度的落实，赋予科研主体足够的自主权，让科技人员潜心研究。以创新考核评价和经费使用管理为突破口，加快推进农业科技管理体制改革，最大限度调动科技人员创新创业积极性。改进和完善成果鉴定制度，扩大基层农技推广机构特设岗位计划试点等，为加快我省农业科技成果研发和转化营造良好外部环境，有力推动我省农业供给侧结构性改革。

［安徽省政协十一届五次会议联组会议口头发言，2017.1.31］

34 发挥科技创新引领作用，助推农业高质量发展

2017年中央一号文件明确指出，我国农业要紧紧围绕市场需求变化，以增加农民收入为主要目标，以提高农业供给质量为主攻方向，以体制改革和机制创新为根本途径，优化农业三大体系，促进农业农村发展由过度依赖资源消耗、主要满足量的需求，向追求绿色生态可持续、更加注重满足质的需求转变。文件强调要"强化科技创新驱动，引领现代农业加快发展"。由于我国农业资源禀赋差，提高农业竞争力只有依靠科技创新。但受体制机制约束，农业的科技活动与其在农产品生产流通领域应用联系还不够紧密，农民生产面临的难题往往缺乏科技支撑，农业科技成果虽然很多，但往往不能解决农民的现实难题，成果转化率不高。很多优良品种和高性能机械还需要从国外引进。发挥科技创新在推进农业高质量发展中的作用，必须深化农业科技体制改革，充分调动科技工作者积极性，以创新发展理念为指导，务实重行，聚焦聚力以下4个方面重点工作。

（1）围绕现代农业发展新要求，聚焦聚力农业科技研发创新。以农业高质量发展为主线，市场为导向，优化调整农业科技研发方向与重点。利用安徽地貌类型多样的自然条件和长三角区位优势，整合农业科技资源，优化科技力量布局，推进国际合作与交流，瞄准制约瓶颈突破关键技术和产业需要集成实用技术，通过研发应用先进技术改变生产要素及其使用方式，提高土地产出率、劳动生产率和资源利用率。加快推进国家农业高新技术产业示范区、国家农业科技园区、省农业科技园区"一区两园"建设，充分发挥创新高地优势，强化我省现代农业产业技术体系建设，集聚各类要素资源，努力打造一批农业创新驱动发展先行区、农业供给侧结构性改革试验区和农业高新技术产业集聚区。形成一区（园）一主题，依靠科技创新，着力解决我省农业发展的突出问题，形成可复制、可推广的模式，提升农业可持续发展水平，推进农业高质量发展。

（2）围绕促进农村新业态发展，聚焦聚力"三产融合"。随着信息技术的发展，"互联网+"催生各种农业新业态，产业边界日渐模糊甚至消失。以科技创

新引领一二三产业融合的现代农业不再笼统地划归为第一产业。农村三产融合带动了资源、要素、技术和市场需求在农村地区整合、优化和重组，通过技术创新、商业模式创新创造出许多新业态，形成新的经济增长点，促进农民多渠道增收。科技创新为农村新业态产生和发展提供了核心源动力。完善返乡农民工创新创业支持政策，以农村科技创业创新为切入点，培养和发展返乡农民工、大学生村官、青年农场主和科技特派员等成为农村三产融合的主体，通过新技术和新产品推广延长农业产业链。

（3）围绕促进科技成果转化，聚焦聚力农业政产学研推有机结合。鼓励“一区两园”主动加强与国内外重点科研院所、高校和知名企业战略合作，联合攻关促进产业转型升级的关键技术，让更多创新要素、创新成果进入“一区两园”。鼓励国家（重点）实验室、国家工程（技术）研究中心、国家技术创新中心、高校新农村发展研究院等各类创新平台在“一区两园”开展应用示范。大力推广农业高效种养模式、先进适用技术和优质品种，培育“互联网＋成果转化”机制和新型农技推广模式，提高农业科技成果转化应用水平。加强我省农业政产学研推协作联盟建设，推进院（校）市、院（校）县、院（校）企深度科技合作。构建以基层农技推广机构为主导、科研院校推广为支撑、农业社会化服务组织广泛参与的新型农技推广服务模式，加快成果应用步伐。

（4）围绕深化“放管服”改革，聚焦聚力完善农业科技创新激励机制。进一步深化“放管服”改革，加快科技成果转化收益、科技人员兼职取酬等制度落实，赋予科研主体足够的自主权，让科技人员潜心研究。通过“后补助”等方式支持农业科技创新。深入推进科研成果权益改革试点。以创新考核评价和经费使用管理为突破口，加快推进农业科技管理体制改革，最大限度调动科技人员创新创业积极性。建立健全农业科研与高校技术开发、推广与生产应用相结合的管理机制，根据市场需求调整农业科研院所与高校科研结构、专业设置、人才配置，形成有技术、有活力、有特色的新型农业科技创新机制。改进和完善农业科技成果鉴定、基层农技人员职称评审制度等。

［安徽省政协十二届二次会议提案，2019 年］

35 强化龙头企业科技创新，提升产业核心竞争力

龙头企业作为农业产业化主体，其核心竞争力在于科技创新。“十三五”期间，安徽省农业产业化在技术升级、产品结构、产业布局、发展方式等方面实现全面转型，企业不断发展壮大，科技创新能力明显增强。目前999家省级以上龙头企业中农业高新技术企业占9%。安徽省组建农业工程技术中心20多家，也率先于2010年组建16个省现代农业产业技术体系，构筑起农业产业创新链，着力解决农业生产急需的技术性难题，农业科技贡献率达64%，涌现出一批像丰原等示范效应的科技型企业。农产品加工产值超亿元规模企业数量居全国第9位，农产品加工产值与农业总产值之比达2.2∶1。科技创新已成为农业产业化转型升级的重要支撑力量。但相对于新形势、新任务的要求，我省农业龙头企业科技创新水平还很不适应现代农业发展要求。

一是企业技术创新主体意识不强，内生动力不足。企业作为科技创新的主体，没有认识到创新是核心竞争力和持久发展的动力，只注重短期效益。技术创新主要依赖于政府，缺乏主动性。二是科技经费投入少，发展后劲不足。我国农业科研投资强度0.77%，远低于全国科研投资强度1.7%，安徽低于全国平均水平，我省农业企业基本属无自主创新能力，在同行业中竞争力不强。三是企业科技人才紧缺，创新能力弱。我省绝大多数农业企业科技人员比例不足24%，高职称高学历人员更少，人才流失率高。企业原创性成果少，“十三五”期间我省农业科技进步一等奖15项，企业主持仅1项；农业成果转化率不足50%，远低于发达国家的80%；企业单独设立研发机构不足40%，研发投入仅占销售收入的2.5%，只维持生存，远低于发达国家具有竞争力的4%～6%水平；农产品知名品牌少，2019年第五届“中国农产品百强标志性品牌”安徽只占3个。农业农村部发布的300个具有代表性特色农产品区域公用品牌我省仅有10个。四是农业创新体系建设滞后。我省农业产业技术体系投入不足，产业后端人才少，导致产业链技术不配套，农产品加工、储运、保鲜等成果缺乏。产学研合作不够紧

密，缺乏有效分工协作机制，成果转化效率低。为全面提升我省农业龙头企业市场竞争力，提出如下建议。

（1）强化企业创新的主体责任。加强技术创新政策宣传和培训，克服企业依赖思想，引导企业主动承担科技创新的主体责任。建立健全企业技术创新体制机制，促进技术、人才、科研设备等创新要素资源向企业集聚。同时激发企业科技创新的投资热情，逐渐形成自我投入、自我研发、自我发展机制。

（2）加大科技创新投入，完善产业技术体系队伍。落实我省《全面建成小康社会补短板工作领导小组关于引导全社会加大研发投入的意见》精神。首先要加大政府投入。建立投入增长长效机制，提高农业科技创新投入在全省的份额，支持产业技术体系补全产业后端人才，扶持农业高新技术企业。其次加大企业研发投入。建立企业科技投入长效机制，省重点龙头企业应按照不低于当年销售收入的3%～5%提取专项经费，用于人才引进、科技研发等。最后拓宽多元化投资渠道。企业要积极承担科技项目，并借助外来技术和资金参与科技创新。

（3）加强专业人才的引进和培养。强化企业人才竞争意识和忧患意识，建立科学的人才评价机制和激励机制，坚持以能力和业绩为导向，合理制定科技研发、经营管理和生产技能等人才绩效考评体系。引荐高校专业教师挂职龙头企业开展合作研究并给予奖励。推进人才强企工作，实施人才“双千”计划，对引进技术、管理人才和企业家参加学习给予补助。

（4）完善企业科技创新和产学研合作机制。完善产学研合作机制，支持企业自主或与高校、科研院所合作建立研发机构和科技示范基地，加快成果转化。建立以需求和应用为导向的立项机制以及注重成果质量和社会经济效应的考评体系。出台激励企业成果转化的财政、税收、信贷等优惠政策。

［在安徽省政协“做大做强龙头企业，助推乡村产业振兴”月度协商会上，代表民进安徽省委做“强化龙头企业科技创新，提升产业核心竞争力”口头发言，2020.9.25］

36 全力做好在地农作物技术指导生产自救的建议

2020年入梅以来，安徽省持续出现强降雨，南北地区先后遭到暴雨或大暴雨的侵袭而导致洪涝灾害发生，大片农作物被淹。减轻洪涝灾害损失，加强洪水过后农业生产自救工作意义重大，为此，提出以下建议。

（1）在地粮油作物应对措施。视情况对受淹稻田突击排出田间积水，防范渍害发生。排水后及时冲洗叶片泥浆，补施肥料。对淹水深、时间长的稻田，进行叶面喷施，并适时施肥，促进群体平稳发展。恢复生长后的水稻，叶、茎易受病虫为害，要抓好病虫害防治。

（2）蔬菜应对措施。对未受淹或受淹时间较短的蔬菜及时用药预防病害。进行根外追肥，防止或减轻植株早衰。对已绝收的蔬菜田块，清除田间枯枝烂果，并翻耕进行土壤消毒。

（3）棉花应对措施。棉株没顶被淹3天，属严重受涝，需改种；除严重受涝棉田，退水前主茎表皮呈褐色或顶心茎叶糜烂的，退水后棉株倒伏、茎秆枯死的棉田也必须改种；其他棉田灾后需尽快排水，解除渍害，尽量缩短棉田泡水时间和降低棉株受淹部位，适时追肥，推迟打顶，防病治虫，后期仍可取得较高产量。

（4）改种补种措施。因地制宜、宜种即种，稳定粮食作物面积，多种优质品种，提高复种指数。对受灾较重的晚稻田，灾后要及时补改种早熟玉米、大豆、蔬菜等作物。积极做好种子储备和调运工作，指导农民科学选种、合理用种。

［安徽省政协十二届三次会议社情民意信息，民进安徽省委社情民意信息优秀成果三等奖，2021年］

37 进一步完善农业科技创新体系的建议

安徽省是农业大省，也是粮食大省，2022 年，安徽省粮食产量 820.02 亿斤，跃升至全国第 4 位，粮食生产实现“十九连丰”，以占全国 4.3% 的耕地，生产了全国 6% 的粮食。但农业结构性矛盾仍然突出，丰产不丰收问题严重，冬闲田面积呈增加态势。因此，在新形势下保证国家粮食安全，“藏粮于技”不能停留在口头上。2022 年，我国农业科技进步贡献率已从 2016 年的 56% 上升到 62.4%，农业科技为粮食持续增产提供了强大支撑。因此，必须高度重视和依靠科技创新，加快构建支撑我省现代农业发展的科技创新体系，推进农业供给侧结构性改革，促进农业转型升级，农民持续增收。但目前在农业科技创新方面，仍存在体制机制不健全、创新动力不足、创新团队立项投入少、科技装备落后、人才匮乏等现实问题。为此，提出以下建议。

（1）进一步完善我省农业科技创新体制机制，激发创新活力。建议由省委、省政府负责同志牵头，省直相关部门和科研院所、高等院校参加，成立安徽省现代农业科技创新协调领导机构，统筹制定有关政策和创新规划编制，协调各部门工作，调动全社会参与农业科技创新的积极性。同时，发挥农业产业化龙头企业和新型经营主体在农业科技创新中的主体作用。制定切实有效的扶持政策，例如粮食烘干设备、秸秆还田和打捆机械等购买的补贴比例不能降低；适当增加粮食简易仓储设施建设的用地指标等。同时，鼓励农业经营主体和龙头企业积极参与各类农业科技创新计划，与科研院所、高等院校共建实验室、研发中心、中试基地等。另外，要创新农业科技立项管理制度，改革现有的项目评定、论证中“圈子专家”的局限，吸纳农技推广人员、农业企业、新型经营主体负责人参与。建立引导农业科研服务生产的考核评价机制，做到“课题来源于生产，成果应用于实践”，切实解决农业生产的关键问题，对科技创新人员的职称评定要增加科技成果转化和为农服务实效的考核比重。

（2）加大农业科技创新的财政投入，确保公益性科研机构有稳定的成果产出。要像重视工业创新一样重视农业科技创新，大幅度增加农业科研投入。各级财政尤其是省级财政每年对农业科技创新投入增幅要高于财政经常性收入增幅。进一步加强我省现代农业产业技术体系建设，参照国家及兄弟省份的做法，由省财政每年出资不低于3 000万元，每个产业200万元，每位岗位专家10万元标准，用于我省现代农业产业技术体系创新成果研发和体系运作。继续完善政府对农业的支持体系建设和农业生产的风险防范、防灾减灾机制，加大政策性农业保险覆盖范围，提高保险的赔付力度等。

（3）加强农业科技创新人才体系建设，保证农业科技事业发展后续有人。鼓励农业企业、科研院所、高等院校与新型农业经营主体联合成立各类农业产业科技创新战略联盟。多形式、多途径引进各类学科带头人，实施农业高端人才引进计划，在科研经费支撑、科研平台搭建、子女入学等方面给以特殊待遇。实施涉农专业大学生减免学费或免费入学、定向就业，以及家庭农场主的培育计划等政策。积极扶持实施“青年农场主”创业计划，利用安徽农业大学等高等院校创建的“现代农场主班”招生培养模式，培养大量未来青年农场主后备人才。给予企业引进人才特殊优惠，支持农业科技人员与企业开展科研合作，在一定期限内，科研人员在企业全职工作，研究经费由企业承担，人事关系保留在原单位，经济利益合理分成。进一步扩大基层农技推广机构特设岗位计划的试点等。为我省现代农业继续蓬勃发展奠定强大的人才保障。

［安徽省政协十二届五次会议提案，2022.1.8］

38 农业现代化的根本出路在于科技

科技创新始终是“三农”工作的重点和发展现代农业的根本支撑。农业科技是确保国家粮食安全的基础支撑，是突破资源约束的必然选择，是加快现代农业发展的决定力量。安徽省是农业大省，省委省政府始终把“三农”工作作为全党工作的“重中之重”，高度重视“三农”工作和农业科技。今后继续围绕全省粮食总产稳定在800亿斤以上、农民人均可支配收入增长10%以上的总目标，进一步加强技术创新和推广应用，促进技术集成，从产业需求和农民需要出发，走产学研一条龙、农科教相结合的现代农业高质量发展道路。充分利用我省资源和生态优势，以工业理念、市场规律、统筹方式、协调办法高质量发展现代农业，实现农业大省向农业强省跨越，着力构建高效农业示范基地、农产品加工龙头企业和农业科技园区带动科技创新的现代农业发展三大平台。

（1）构建产业基地带动平台。把基地作为科技应用的重要平台，优化农产品结构和农业区域布局，大力发展优势特色农业，广泛开展技术指导、技术示范推广、人才培训等服务，使主导产业技术水平明显提高，综合生产能力显著增强。通过产业培育，带动全省农业主导产业快速发展，在全省形成一批特色鲜明、规模适度、品牌影响力和产业凝聚力强、效益显著的优势农业产业集群。

（2）构建龙头企业带动平台。把农业产业化龙头企业作为农业科技创新的重要平台，鼓励农业企业加强科技创新，促进加工转化升值，企业加工增值能力不断提高，核心竞争力不断增强。2019年全省省级以上龙头企业999家，其中高新技术企业占10%，出口创汇达41亿美元，年销售额超100亿元企业4家，创建国家现代农业产业园5个。我省农业龙头企业投入技术改造、研发资金逐年增加，近半企业单独设立研发机构，研发投入逐步缩小了与发达地区的差距。

（3）构建园区带动平台。把农业科技园区作为农业科技成果推广的重要平台，2018年出台了《安徽省现代农业科技示范园区管理办法》，启动建设2批共27个省级农业科技园区，4批共80个省级现代农业示范区、10个省级现代农业产业园。通过这些科技示范基地和农业园区建设，引导技术、人才、项目、资金等要素向园区和基地聚集，充分发挥农业科技示范转化、农业高新技术企业孵化和技术培训等功能，在推动科技成果转化和培育科技型龙头企业、培养新型农民等方面取得了新成效，推进了农业高质量发展。同时要打造以下五大板块，实现跨越式发展。

①打造长三角绿色农产品生产加工供应基地。今年刚认定第一批 131 家省级长三角绿色农产品生产加工供应基地。支持各地将高标准农田建设、农产品仓储保鲜冷链物流设施、农业产业园等涉农项目集中向长三角绿色农产品生产加工供应基地倾斜，建成更多的绿色农产品生产加工基地，加快推动我省农业快速融入长三角一体化高质量发展。

②建设一批现代农业科技示范园区。截至 2018 年，我省已建设 15 个国家农业科技园区和 1 个国家级安徽皖江现代农业科技示范区，数量居全国第一，为建设现代农业强省打下扎实基础。

③发展有机农业品牌。有机农业是现代农业的重要形态，充分利用山清水秀、生态环境优良、交通便利以及农业资源丰富等优势，把发展有机农业作为建设现代农业强省的突破口，制定有机农业发展支持政策。结合发展休闲农业、乡村旅游，打造安徽有机农业品牌，让品尝安徽有机大餐成为来皖游客必不可少的旅游项目，让安徽有机农业品牌尽快走进北上广和全国各地。

④壮大农业龙头企业。深化提升农产品加工“五个一批”工程，重点打造百大周谷堆、三只松鼠、安徽丰原、现代牧业、恰恰食品、同福集团等 100 个特色龙头企业。加快企业特别是皖北企业的股改上市步伐，力争国家级以上规模农业企业发展到 80 家，省级以上龙头企业 1 200 家，年销售收入 100 亿元以上龙头企业达 10 家。

⑤培育优势特色产业。按照高产、优质、高效、生态、安全的要求，优化农产品结构和农业区域布局，大力发展优势特色农业，重点打造优质粮油、水果、蔬菜、茶叶、畜牧、禽业、水产、中药材以及林特产品等特色产业，在全省形成一批特色鲜明、规模适度、品牌影响力和产业凝聚力较强的优势特色农业产业群。努力做到一县一支柱、一乡一精品、各地有看点、各行有亮点，不断提高农产品市场竞争力，提升产业发展水平。

［安徽省政协十二届四次会议提案，专题会议口头发言，2021 年］

39 关于加强农业科技支撑体系建设确保粮食安全的建议

农业是安天下的战略产业，粮食是不可替代的战略物资。粮食安全问题，是关系到社会稳定的头等大事，也是构建社会主义和谐社会，实现全面建设小康社会目标的重要基础。我国2003年初修改的新《中华人民共和国农业法》已经将确保国家“粮食安全问题”写入了法律。多年以来，安徽省高度重视粮食生产，把全省粮食稳定增长，确保国家粮食安全工作放在农业工作的重要位置。但是我们也要清醒地看到我省粮食生产存在的问题，尤其在农业科技支撑体系方面还存在不少问题。

1. 安徽省粮食生产的现状

中华人民共和国成立以来，安徽省粮食生产得到了迅速发展。作为国家重要的粮食核心产区和6个粮食调出省份之一，我省粮油品种齐全，盛产稻谷、小麦、油菜、大豆、玉米等。2007年我省粮食总产2 901万吨，创历史最好水平，对全国粮食增量贡献率达到19%；调出省外粮食910万吨，居全国前列，为全国粮食总量平衡，保障国家粮食安全做出了重大贡献。

随着国家政策扶持和种粮效益提升，调动了农民种粮积极性，稳定了粮食生产，我省粮食播种面积将呈现有限增加态势。从2005年起全省取消了农业税，国家对种粮农户实行粮食直补、良种补贴、农机补贴，大大激发了农民的种粮热情。随着粮食生产科技水平的提高，小麦、水稻、玉米、大豆优质品种的种植面积不断扩大，单产提升，粮食综合生产能力稳步提高。特别是省政府启动“水稻产业提升行动”“小麦高产攻关”和“玉米振兴计划”等三大行动，对提升我省粮食综合生产能力，确保全省粮食稳产高产提供了技术保障。但是，与周边省份如江苏和浙江相比，我省粮食单产水平仍然较低，新品种选育与推广速度还较慢，科技对粮食增产的贡献率仍然不高。

2. 粮食生产面临的科技问题

尽管我省粮食生产取得了令人瞩目的成就，对我国粮食安全发挥了重要作用。但必须看到，我省是农业大省，还不是农业强省，我省农业增产潜力还很大，农业生产面临的问题还很多，特别在科技投入方面，我省要加大投入力度，全面构建支撑我省粮食产业大发展的农业科技保障体系。

粮食安全的根本出路在科技，科技进步是发展粮食生产的决定性力量。依靠科技支撑粮食发展，目前还存在以下问题。

（1）提高粮食综合生产能力的科学研究缺乏系统性和稳定性，农业科研工作特别是农业应用基础性研究缺少稳定的资金项目支持，产前、产中、产后的集成配套技术研究不够，研究成果的适用性较差。

（2）受种种原因影响，许多农业科研人员深入农业生产一线不够，“为论文而科研、为职称而科研、为经费而科研”的现象没有得到有效解决，成果评价考核办法体现农业科研的特点不够，从而造成农业科技成果真正能够解决农村实际问题的较少。

（3）基层农业技术推广部门体制不顺、经费保障不足。长期以来，农技推广体系公益性职能定位不明确，主体力量分散，管理体制不顺；从事公益性农技推广工作的经费长期保障不足，目前乡镇农技推广机构中财政全额拨款的占 66%；乡镇推广机构 20% 以上没有固定的办公场所，60% 以上没有专用电话，80% 没有计算机，90% 没有交通工具，91% 没有试验示范基地。再加上人员素质不高、推广运行机制不活等，严重影响了职能的发挥，从而造成农业科技对粮食增产的贡献率较低。

（4）农业技术推广人员的素质不适应现代农业发展需求，基层推广队伍长期得不到补充，知识陈旧，推广工作没有形成合力，机制不活。

（5）农民的科技普及和素质提高问题。提高农民素质是提升农业综合生产能力的根本举措。目前我省农村有知识、有文化的青壮年农民大量进城就业，农村缺乏有思想、有技能、敢创新的示范带动人才，影响了新技术、新成果在农村的推广应用。

（6）农业社会化服务组织不健全、供给不足。目前我国村级集体经济组织不健全，主体地位不明确，经济实力薄弱，一部分乡村集体有名无实，长期处于瘫痪状态；农民专业合作组织发展势头很好，但还没有形成气候；农业教育和科研单位、农业企业覆盖面狭窄；国家农业专业技术服务部门作为主导力量功能弱化；供销、粮食、信用企业长期亏损，服务质量和效益较差。目前为农业提供服务的主体还是基层农业技术推广部门，占农村技术服务供给的 42.2%，村级组织提供的服务占 36.3%，农民专业合作组织、农业企业、农业科研单位和教育单位，分别占 2.4%、2.8% 和 3.8%。说明目前农村各类服务组织发育还不充分。而且，我国农业社会化服务供给不足，服务渠道较少、供给不足突出表现在：一是农户获得各种服务的渠道比较单一，主要依靠自己解决生产经营中的各种问题。据调查，农户在粮食生产经营各环节所需要的服务中，65% 以上是靠自己解决。二是农业服务内容单一，多数地区目前的农业服务主要集中在统一提供良种和统一灌溉等有限的几个项目上，满足不了农民在生产过程各个环节中对社会服务的多种需要。据调查，目前农户所需生产信息的 80.3% 和资金服务的 68%，要靠从亲朋好友、邻居中获得。

3. 对策与建议

（1）大力推进科技进步，不断提高粮食综合生产能力。我国人口增长、耕地减少、水资源减少的趋势在短期内不可逆转。因此，从全国粮食生产长远考虑，科技是解决粮食问题的根本出路，是稳定粮食生产能力的根本性措施。要围绕粮食优质高产、节本增效、抗旱节水、防灾减灾、加工转化等方面，开展研究与开发，为提高粮食综合生产能力提供科技支撑。

（2）增加对农业及农业科技的投入。按照《中华人民共和国农业法》的规定，认真落实“国家财政每年对农业总投入的增长幅度应当高于财政经常性收入的增长幅度”。科技在农业中的作用是不可估量的，历史证明，每一次解决农业的突出问题，农业每过一次坎都是靠科技的力量。然而，我省在农业科研方面长期投入不足，导致基础设施陈旧、技术设备落后。因此，必须贯彻落实“科技三项费要向农业科技倾斜，其占三项费的比例，省级不低于 40%”的规定。

（3）从立项上解决科技服务生产问题。要立足粮食生产发展需求，以粮食产业技术体系为主线，按产品和环节梳理提出解决每个技术难题的研究课题，完善科研的立项导向，推动科研与生产相结合。

（3）从成果评价上引导科技人员深入生产一线。根据农业科研的特点，将解决农业生产实际问题作为重要评价标准，从职称、工资、福利等方面制定有效措施，鼓励科技人员真正把论文写在江淮大地上。

（4）加强和完善推广服务体系和机制。实施农技人员知识更新工程，解决基层农技人员知识老化问题；加大农村实用人才的培养力度，基层农业部门每年拿出一定数量的岗位，招聘农科大学生，或者给予一定指标鼓励农业高等院校免除大学生学费，定向培养，毕业后充实基层农技队伍，保证推广队伍不断档；设立全国粮食生产技术推广专项经费，明确技术推广任务和考核指标，从根本上探索推广保障机制；以地市为单位，建立农业行政、科研、推广队伍联动的工作机制，明确地区农科所在主导品种、主推技术选择、试验、示范的职责，切实解决各地品种多而杂的问题。

（5）增加农业技术推广经费。建立农技推广事业经费投入的保障机制和稳定增长机制，实行省、市、县三级财政按比例共同负担，列入财政预算，提高基层农技人员待遇，改善工作条件，确保农技推广服务各项工作的开展。

（6）加强对农民的技术培训，提高科技种粮水平。农民是社会主义新农村建设的主体，也是农业科技成果在农村转化为生产力的载体。要通过多种形式、多渠道加强先进农业技术的培训，培养新型农民，提高科技种粮水平，促进粮食生产的发展，确保粮食有效供给。首先培训对象要突出重点。采用技物结合的办法，加大对科技示范户的培养力度。其次培训机制要市场化。政府主要是筹措培训资金，建立培训渠道和场所，加强培训监管。具体的培训工作采取招投标方式，鼓励各类教育培训和技术推广机构通过竞争择优承担任务。再次培训后要授予资格，并在政策上鼓励。例如可享有贷款优惠、政府农业补贴优惠、创业优惠等。最后要形成培训管理体系。建立农民培训长效机制，使农民有需求时就有供给，能够及时获得培训。

（7）提高我省农业社会化服务水平。积极培育和发展农技、植保、农机等专业服务组织，鼓励农村经济合作开展承租、代管、代耕等各项服务，推进以机耕、机播、机收、烘干等机械化作业为主的农机大户和农机专业组织发展。大力促进农业产业化经营和农民专业合作组织的发展。要进一步加大法律保护、政府扶持、政策支持的力度，使之成为农业社会化服务的重要承担载体。

［安徽省政协十届二次会议提案材料，2009 年］

40 沿淮行蓄洪区防灾减灾技术保障体系建立研究

淮河流域行蓄洪区是淮河防洪体系的重要组成部分，同时又是200多万人民群众的生产生活基地，在历年的淮河流域防洪减灾中起着决定性的作用。目前，淮河流域共有行蓄洪区28处，面积为3 903平方千米，蓄洪容量149亿立方米。安徽是淮河行蓄洪区最为集中的省份，现有行蓄洪区21处，涉及安徽省阜阳市、六安市、淮南市、蚌埠市、滁州市、合肥市和宿州市共7个地市21个县（市、区）。行蓄洪区总面积3 060.1平方千米，耕地261.22万亩，区内人口131.58万人，行蓄洪区内农业总产值32.83亿元，工业总产值11.66亿元，国内生产总值（GDP）45亿元，农民人均纯收入仅为1 500元左右。安徽省淮河行蓄洪区面积、耕地和人口分别约占淮河流域行蓄洪区总数的50%、42%和49%。

在历次洪水中，我省沿淮行蓄洪区为削减淮河干流洪峰，减少下泄流量起到了重要作用。1950—2007年，共有29个洪水年份，累计188次运用了沿淮行蓄洪区行洪或蓄洪。其中1950年、1954年、1956年、1968年、1975年、1982年和1991年，每年都有12个以上行蓄洪区运用；2003年大洪水期间，启用了2个蓄洪区和7个行洪区，共蓄滞洪水16亿立方米，淹没面积794平方千米，淹没耕地约4.7万公顷；2007年淮河大洪水期间，我省先后启用了9个行蓄洪区，淹没耕地面积50.9万亩。行蓄洪区的运用有效地缓解了淮河干流中游的洪水压力，为战胜淮河洪水做出了巨大贡献，但行蓄洪区的人民也遭受了巨大损失。

由于行蓄洪区启用标准普遍较低，区内群众安全居住问题还没有得到很好解决，生产、生活不稳定，经济发展十分缓慢，部分群众温饱问题尚未解决。为解决这些问题，多年来，政府对行蓄洪区进行了行洪区调整、移民迁建、改善行蓄洪区排灌条件和行蓄洪区安全建设，取得了显著成效，但离全面建设小康社会的要求还有相当差距。

行蓄洪区作为一个特殊区域，其运用、防洪与发展等问题在新形势下已越来越突出。在全面建设小康社会的大背景下，有必要站在更高的起点来思考行蓄洪区的运用与发展问题，即根本的出发点要体现以人为本的原则，遵循人与自然和谐相处的理念，从战略高度重新审视行蓄洪区的布局与建设，行蓄洪区既能具有行洪蓄洪的功能，又能实现经济的可持续发展。

我国科学工作者在防灾减灾研究方面取得了丰硕成果，极大提升了我国灾害管理科学研究水平。郁家成等指出沿淮地区是我国重要的农业生产基地，该地区所处的地理位置和农业生态环境决定了农业生产对气候条件的依赖性，在揭示沿淮地区无汛期蔬菜大棚光能资源和热量资源特征的基础上分析了光热资源高效开发利用的途径。鲁峰等根据行蓄洪区的自然生态发展规律，结合行蓄洪区频繁受灾、经济落后及社会经济发展的现实，提出充分利用工程和非工程措施，辩证地防洪用洪，做到既解决洪水出路，又为群众创造出一个良好的生存与发展环境。徐迎春等回顾了淮河行蓄洪区的形成与变更，分析了行蓄洪区运用方式的变化及安全建设经过，指出不同时期的社会经济发展对行蓄洪区治理的不同要求，提出应从战略高度重新审视蓄滞洪区的布局与建设，在研究行蓄洪区的运用与建设问题时，要体现以人为本的原则。郁家成等在阐述水涝灾害对沿淮地区社会经济发展影响和无汛期大棚高效种养意义的基础上，着重分析了本地区无汛期塑料大棚小气候效应，并提出了沿淮地区无汛期大棚种植、大棚养殖和大棚混合种养的3类高效种养模式，为该地区农业避灾和社会经济进步提供思路和技术。何琦等分析了淮河行蓄洪区经济发展滞后，基础设施较差；人口增长过快，老龄化严重；资源分配不均；产业结构调整面临较多困难等情况。王家先针对行蓄洪区建设与管理中存在的问题，提出要建立管理法规、调整安全建设的规划思路、研究适应性经济产业政策、鼓励人口外迁及建立稳定投入机制。刘福田通过分析安徽省淮河行蓄洪区的建设与管理现状认为，目前这一区域已成为安徽省乃至淮河流域洪水风险最大、经济最落后的地区之一，要从构建和谐社会、统筹区域协调发展的战略高度来对淮河行蓄洪区进行治理。虽然这些学者对沿淮行蓄洪区的建设规划和社会经济发展问题给予高度的关注，但研究主要局限在对现象的描述和相关问题的提出。而以产业优化为中心、以科技支撑为手段、以防灾减灾为目的来分析沿淮行蓄洪区的社会经济发展问题、防灾减灾技术体系的构建，理论与实践相结合的相关研究仍亟待加强。

鉴此，建议我省科技部门加快对以下研究领域和内容进行立项，开展科学研究，以提高我省沿淮行蓄洪区防灾减灾能力。

（1）开展安徽沿淮行蓄洪区资源禀赋及产业现状的调查与分析研究。通过立项形式，支持对我省沿淮的4个蓄洪区（蒙洼、城西湖、城东湖、瓦埠湖）和17个行洪区（南润段、邱家湖、姜家湖、寿西湖、董峰湖、六坊堤、石姚段、荆山湖、茨荆段、小相香浮段、方邱湖、花园湖、潘村洼、临北段、汤渔湖、洛河洼、唐垛湖）进行详细的调查研究，收集资料。内容包括：土地存量、水资源、劳动力、资本存量、人力资本、科技状况、一二三产业的产值和结构等。以调查资料为主要依据，运用资源禀赋系数进行测算沿淮行蓄洪区土地资源、水资源、劳动力、资本存量、人力资本、科技状况等各种资源相对丰富程度，进而对该区的资源禀赋和产业发展情况进行客观评价，为该区域产业优化目标的研究和决策提供必要的准备和基础工作。

（2）开展沿淮行蓄洪区洪灾发生规律及其对产业发展影响研究。通过立项形式开展研究，分析和探讨沿淮行蓄洪区洪水灾害发生的规律及其对当地产业发展的影响，对防灾减灾与实现可持续发展具有重要的现实意义。内容包括：沿淮行蓄洪区历年发生洪涝灾害次数考察、时序分布考察和空间范围研究；淮河流域气候特征与灾害、淮河流域水系特征与灾害、淮河流域地形条件与灾害、淮河流域土壤特征与灾害、淮河流域灾害、淮河流域生态环境等发生机理研究；安徽沿淮行蓄洪区灾情评估指标体系构建与灾害等级划分；以及洪涝灾害对当地产业尤其是农业产业发展的影响等。

（3）开展沿淮行蓄洪区防灾减灾的产业优化目标与模式的研究。通过立项，对我省沿淮行蓄洪区进行详细的调研和定性与定量分析，科学论证行蓄洪区的防灾减灾、产业优化的主要目标：第一，避灾增收；第二，区域内资源高效综合利用与环境保护；第三，实现行蓄洪区域经济社会生态可持续发展。因此，围绕这些目标，开展适应沿淮行蓄洪区特定功能的农业技术模式的研究十分重要。

首先，要对沿淮行蓄洪区域特定的生态环境、景观结构、洪涝灾害类型和特征以及发生发展规律等因素进行综合分析，按照生态经济学原理，研究提出发展以高水行洪、低水种养为基本特征的行蓄洪区“避洪农业”设计和以耐涝农业生产为主要内容的减灾生态农业的发展思路、模式选择和技术支撑，积极运用各类避洪农业和耐涝农业生产技术，推动沿淮行蓄洪区农业结构调整，显著减轻洪灾出现对行蓄洪区农业生产的危害，达到避灾趋利、有效利用区域资源的目的。

其次，研究如何根据其区域特点积极发展湿地产业群，妥善处理好行蓄洪区防灾减灾、资源开发利用与环境保护之间的关系，包括：探讨农田高效种植模式、农林间（混）作模式、水体养殖模式、种养加一体化模式等湿地农业综合开发模式在沿淮行蓄洪区发展的适应性及其前景；组织开展湿地农业发展的关键技术及其应用性研究；主导产业的选择与培育；行蓄洪区环境恢复与确保食物安全和湿地观光农业研究等。从而提出沿淮行蓄洪区农业防灾减灾的优化模式和避灾减灾技术措施，为我省沿淮行蓄洪区洪灾风险控制、避灾减灾和区域经济可持续发展提供科学依据。

（4）开展我省沿淮行蓄洪区产业优化的科技支撑体系研究。通过立项，开展我省沿淮行蓄洪区产业优化的科技支撑体系研究，主要研究内容如下。

①沿淮行蓄洪区产业优化的科技需求研究。通过调研，确定淮河行蓄洪区的科技需求状况。

②科技支撑政策研究。对淮河行蓄洪区已有的区域发展政策和科技措施的运行效果进行客观评价，以此为基础，并针对产业优化和发展的具体目标，提出相应的对策和改进措施，包括新兴产业的培育、科技投入、科技平台、项目安排、资源优化与科技相关配套政策等。

③产业优化的关键和共性技术研究。在充分调研的基础上，结合农民增收，农业发展、区域发展的目标，通过调研和专家会谈等方法，提出其产业优化的关键和共性技术，研究产业共性技术供给的组织体系，探讨政府、科研院所、企业在产业共性技术供给过程中的作用。

④企业创新能力研究。在优化科技资源、不断提高当地企业自主创新的基础上，以项目促进产业的发展，不断吸引区域外的技术力量，以公共投入为引导，广泛拓展融资渠道，培育新兴产业中主要存在的问题和相应的措施；通过对该区企业已有技术创新能力（包括研究人员、科技投入、科技平台等方面）的调查，研究提出企业提高创新能力的途径，并通过企业创新能力的增强，利用产业链的带动作用，充分带动当地农民致富，促进农业的发展。

⑤技术创新和服务创新的协调发展研究。通过对行蓄洪区技术创新和服务创新的研究，提出其存在的主要问题和协调发展的措施；研究逐步建立起服务主体多元化、服务内容多样化、服务对象多层次化的农业科技服务体系，与农业科技创新体系相互结合，形成行蓄洪区的科技支撑体系的可行性和途径；根据行蓄洪区产业优化的需求，探索建立基地的类型和途径，包括建立高等院校、科研院所和企业的研发基地，研究选择不同区域、不同产业发展水平的科技示范村、乡镇、县、科技园区，市级以上的科技项目区作为成果转化和技术推广基地的特点和发展趋势；研究如何从中介组织（如农民技术协会）、龙头企业、科技平台、科技项目等途径来提高农民素质等，以强化沿淮行蓄洪区的科技支撑。

［安徽省政协十届一次会议调研报告，2008 年］

41 关于充实乡镇农业技术人员的建议

自2000年税费改革以后，乡镇农口站所统一改为农林站，履行原有的农技服务、农机管理、林业、乡镇企业等职能。每站配备1名专干，负责原有站所的所有事务。尤其是农业税取消后，乡镇政府逐步过渡为服务型政府。通过这几年工作运转情况来看，问题已逐渐暴露，最主要的是老百姓在农业生产、产业引导等方面迫切需要专业的人才为他们服务。理由如下：

（1）专业人员甚少，有些乡镇的农技专干甚至不懂农业生产，仅仅是保留了一个岗位，更不用说为农民做指导。

（2）服务单一，懂得一点农业知识，但局限于传统的稻谷、棉花打虫施药的指导，农业技术推广和产业引导已成为一片空白。

解决办法如下：

（1）向社会公开招聘农业技术专业人员充实到基层，实行聘用制，充实农业技术人员队伍。

（2）有关部门每年对现有的农技专干和乡镇有关工作人员不定期组织专业培训，提高技术水平和服务质量。

（3）制定切实可行的奖励机制，提高农技人员的工作积极性。

［安徽省政协十届一次会议社情民意信息，2007年］

参政议政履职能力建设获奖

第四篇

农业教育

42 教育、科技、人才“三位一体”协同提升高校创新能力

党的二十大报告提出：“教育、科技、人才是全面建设社会主义现代化国家的基础性、战略性支撑。必须坚持科技是第一生产力、人才是第一资源、创新是第一动力。”近十年，安徽在许多领域取得的重大成就，离不开科技、人才和创新。全球首个量子通信城域网、世界首颗量子卫星“墨子号”、全超导托卡马克装置运行刷新世界纪录、首次破解中国种茶树全基因组密码……安徽区域创新能力连续10年位居全国第一方阵（排名第8）。只要实施好科教兴皖、人才强皖、创新驱动发展战略，就能开辟发展新领域新赛道，塑造安徽发展新动能新优势。

安徽是人口大省，也是科教大省，历来重视教育、珍惜人才。据统计，目前安徽60岁及以上人口占比18.79%，高于全国平均水平，老龄人口比重上升。未来伴随人口老龄化加剧，制造强省、创新驱动战略深入，创新型人才需求更加迫切。制约我省电子芯片、人工智能、农作物种业等领域“卡脖子”技术亟待破解；教育改革有待深化，人才创新能力还需加快提升。因此，我们要紧扣创新驱动，大力实施科技强省、人才强省战略，构建高质量育人体系，深化体制机制改革，推动高校创新能力进一步提高，助力国家科技自立自强。为此提出以下建议。

（1）坚持教育优先发展，提升人才自主培养能力，发挥教育在科技和人才事业发展中的基础性作用。百年大计，教育为本。一要充分认识教育在科教兴皖中的根基作用。科技强省的根本靠人才，人才培养归根到底靠教育。发展科技本身就是高校的重要功能，“双一流”大学更是承担科技创新、突破“卡脖子”技术的重要职能。二要全面发挥教育在人才培养和知识传播中的条件作用。全面提高教育质量，推动纵向教育体系建立协同育人机制，尤其要加强高等教育与基础教育多方联系，增进了解，使教育链与拔尖创新人才的成长链有机衔接，增强高端人才选拔和培养的针对性、有效性，为科技创新提供强大资源。三要坚持党对教

育的全面领导，深入贯彻党的教育方针，落实立德树人根本任务，培养一代又一代拥护中国共产党领导、担当民族复兴大任的时代新人。

（2）坚持科技自立自强，围绕"卡脖子"技术攻关，发挥科技在赋能教育和人才培育中的动力源作用。科技创新，国之利器。一要充分认识科技是推动社会进步和提高国家地区竞争力的核心。随着新一轮全球科技革命和产业变革的加速推进，我们比历史上任何时期都更需要强大科技力量。二要充分领会科技来源于教育转化和人才创造，有了教育和人才力量的注入，才能在"卡脖子"技术上开展有组织研发和原创性攻关。例如我省主动变革科研范式，开展"揭榜挂帅"，解决制约我省高新技术产业和战略性新兴产业发展面临的关键核心技术难题，取得初步成效。三要充分发挥国家重点实验室的科技力量作用，提升我省科技硬实力。第一，聚焦国家战略需求打造国家重点实验室，瞄准前沿基础研究，加快突破关键核心技术。依托优势学科资源，构建国家大平台，促进传统产业转型升级和高质量发展。例如安徽农业大学茶学国家重点实验室和作物抗逆育种与减灾国家地方联合工程实验室，在推动我省茶学和现代种业创新发展方面发挥了重要作用。第二，面向世界科技前沿，提升源头创新能力。发挥大平台的基础研发优势，强化自主创新和核心技术攻关，持续凝练释放跨学科优势，彰显科技自立自强的责任担当。第三，立足安徽、服务全国、走向世界，加快世界一流学科建设步伐，担当服务地方经济社会高质量发展重要使命，促进学科链、科技链、创新链与产业链深度耦合，推动科研成果有效转化为生产力，助推产业高质量发展，为全面建成社会主义现代化强国贡献安徽科技力量。

（3）坚持人才引领驱动，做好育才引智用人，发挥人才在教育和科技事业进步中的主体性支撑作用。千秋伟业，人才为基。深入实施人才强省战略，坚持尊重劳动、尊重知识、尊重人才、尊重创造，完善人才战略布局，尊重人才成长规律和科研活动规律，努力培育一批具有国际水平的战略科技人才、科技领军人才、创新团队。同时，面向世界吸引、汇聚一流人才共谋科技创新，形成具有全球竞争力的开放创新生态，聚天下英才而用之，加快建设世界重要人才中心和科技创新策源地。坚持把人才资源开发放在科技创新最优先位置，构建科学规范、开放包容的人才发展治理体系，形成具有国际竞争力的创新型科技人才制度优势。高度重视青年人才培养，探索符合科技人才成长规律的全链条培养体系，不断深化"放管服"改革，持续为人才减负松绑，营造良好的人才发展生态环境，让更多创新创造活力竞相迸发。

［安徽省政协十三届一次会议提案，2023.1.11］

43 关于选聘大学生村官应向农科院校专业倾斜的建议

选聘大学生到农村工作是改善农村干部队伍结构、提高农村干部整体素质的重要途径，是加强基层组织建设、充实各级领导班子后备力量的迫切需要，更是促进农村经济发展、加快新农村建设的客观要求。从2008年开始，按照中央统一部署，由省委组织部、省选聘办统一招考了3批共2 488名大学生村官，分布到全省基层农村工作。目前，这些大学生村官只有少数能扎根基层干事，安心基层创业，做新农村建设的引路人和带头人。大部分大学生村官任期满后选择离开农村，去城市发展。据对我省黄山、滁州、阜阳三市大学生村官的调查发现：60%的人选择期满后报考公务员或事业单位；12%的人选择继续做“村官”，选择在农村创业的人占比10%。也就是说大学生最后能够留在农村发展的占比只有20%左右。可是，目前农村最大的问题就是农民文化素质低，缺乏懂技术、会经营的致富带头人。而农科院校大学生由于没有好的待遇和扶持政策吸引，都不愿意到农村施展才华。大学生村官是国家制定的一项好的政策措施，在一定程度上能够吸引一部分大学生到农村就业，从而带动农村经济发展。但在选聘条件和程序上需要改进。不仅要考虑大学生自身的素质和能力，更应考虑农村、农民和农业的实际需要，要选拔一批真正能够“下得去、留得住、干得好、有奔头、懂技术、受欢迎”的大学生到农村去，帮助农民致富奔小康。可是，在实际操作中，由于选拔制度的制约，目前选拔的不少大学生村官并不符合农村实际需要，也不符合大学生自身的愿望。归纳起来主要问题有：第一，思想上没有“扎根”。大学生选择到农村担任“村官”的原因较多，有相当一部分是出于就业的考虑。“村官”只是一种就业途径，而不是追求的事业。他们在担任一段时间“村官”后，会通过考公务员、考研、提拔等途径，尽快脱离农村。第二，专业与需求不对口，个人价值得不到体现。目前的大学生村官中，涉农专业学生很少，大学所学知识实用价值不高，派上用场的少之又少，再加之思想意识、工作方法、文化观念、价值取向与农村干部群众不一致，满腔的热血和抱负无从施展，存在着“专业知识运用难、工作局面打开难、个人价值体现难”等问题。第三，不适应农村工作、生活环境。尽管我省在大学生村官方面出台了一些待遇政策，但目前我国农村生活质量差，环境落后，工作条件差，交通不发达，严重影响不少大学生扎根农村的决心，特别是来自城市和非农院校、专业的大学生。第四，知识结构水平高，农村实践工作水平差。大部分学生尤其是理工科和城市出身的大学生，对农村、农业、农民知之甚少，遇到工作无从下手，甚至容易与农民群众产生隔阂，工作很难开展。

因此，鉴于目前大学生村官存在的上述问题，建议我省今后选聘大学生村官时，应多倾向于从农科院校和农科专业的大学生中选拔，加大农林类专业学生的选拔力度和比例，提高他们在基层工作的实用性。其理由如下。

（1）农科院校的大学生掌握农村急需的现代农业技术与管理知识，他们在农村大有用武之地，具有广阔的发展空间。同时，也能带领农民走科学致富之路。

（2）目前农科院校的大学生绝大部分是来自农村的，他们能够适应农村生活环境，能吃苦耐劳，不怕脏、不怕累，对农村和农民有一定的感情，他们了解“三农”，能同农民群众打成一片。

（3）为农村输送大量科技人才，解决农村长期缺乏技术人才的矛盾。通过培养懂农业技术的大学生村官，吸引他们回到农村长期发展，不仅能够补充和稳定农村人才队伍，带动农村科技发展，也能加快农村致富奔小康的步伐。

（4）这是解决农村大学生就业出路的一条重要途径。在农村，教育投资对农民来说是沉重的负担，培养一名大学生四年需要花费 43 000 ～ 48 000 元。因此，很多农村家庭不得不倾其所有去供孩子读书，并且把自己的养老都交给毕业后的孩子。所以，农村大学生期望从社会中求得一份比较稳定的职业来收回教育投资。国家通过选拔他们回到农村发展，也体现国家对农村贫困大学生的重视。

（5）农科院校学生专业对口，培养模式也符合农村发展需要。在新农村建设的浪潮中，很多农村大学生已经开始把就业方向从城市转向农村，希望在农村建功立业，希望用自己的力量为家乡或者其他农村地区贡献力量。但是，当代非农院校大学生培养模式却扼杀了他们的积极性，人才培养主要是面向城市中的企业、国家机关和研究机构，而专门针对新农村建设的专业则很少，只有农林类院校所设置的专业相对具有一定的针对性，符合农村经济社会发展的需要。

因此，为了发挥农科大学生所学知识的作用，也解决他们的就业压力，同时也为了提高农村科技普及率，促进农村经济的发展，合理选好大学生村官，作为现代农业致富带头人十分重要，也十分必要。为此建议：一是要改变现有的选拔

安徽农业大学皖中综合试验站

制度，加大大学生村官从农科院校的选拔比例，注意选拔专业对口的大学生到农村中去实践，真正发挥他们的作用；二是大学生村官主要从来自农村、家庭困难的大学生中选拔；三是大学生村官必须掌握扎实的“三农”方面的知识和技术，具备吃苦耐劳和奉献“三农”的精神；四要适当提高大学生村官的待遇，改善生活和工作环境，对特别优秀的大学生村官进行破格提拔重用；五要探索大学生村官创业扶持的一系列长效的政策措施。

［全国政协十一届四次会议、安徽省政协十届三次会议提案，安徽省政协《社情民意》2010 年 195 期，得到中组部肯定性答复，2010 年］

44 启动农科大学生免费培养，促进安徽美好乡村建设

当前和今后一个时期，是推进安徽省科学技术发展、加快全面转型的关键时期，省委、省政府已作出建设美好乡村的重大决策。于2012年9月10日发出了《中共安徽省委安徽省人民政府关于全面推进美好乡村建设的决定》，明确了实现"生态宜居村庄美、兴业富民生活美、文明和谐乡风美"美好乡村建设的目标。这个目标不仅是简单的村庄建设、环境整治和农田整理，更是需要同步推进乡村产业和社会管理，促进农民增收致富，加快建设资源节约型、环境友好型乡村，努力打造宜居宜业宜游的农民幸福生活美好家园。美好乡村建设这项艰巨任务主要依靠基层的干部队伍来具体组织和实施。这支队伍水平高低和能力强弱直接影响美好乡村建设目标的实现。但目前我省农村基层干部整体素质不高，文化程度、技术水平不高和工作能力不强，尤其是农业技术人员队伍人少、断层现象严重。另外，培养的大学毕业生都不愿意回到农村去，造成我国农村人才严重亏缺。自2008年我省启动了大学生村官培养政策以来，给农村干部队伍注入了新鲜力量，但还不够，特别是农业技术人才仍严重不足。因此，国家在5年前就实施了免费师范生培养计划，近年来又实施了农村免费医学生培养计划。从2010年我省开始在高等医学院校实行农村订单定向医学生免费培养计划，3年来共招收近千名免费医学生，为农村乡镇卫生院培养大量卫生专业技术人才提供了保障。

其实，农村更多需要的是有技术、会经营、懂管理的农业科技人才，但目前最缺这类人才。随着耕地面积的减少，对粮食等农产品的需求在增加，保障粮食等主要农产品持续增加只有依靠科技创新，提高单产。而农业科技创新和成果推广离不开农技人员，这些人来自农业大学的培养，来自农科大学生。但由于我国行业、学科就业和收入差异越来越大，直接导致农科院校招生困难，农科人才培养数量大大减少，而且部分人毕业后也不愿意从事农业技术工作，危及我国的

农业农村发展和粮食安全。因此，必须加大对农业院校的投入，对涉农学生提供免费培养、定向就业。由于农科专业的大学生很多来自农民家庭，免除农科专业大学生学费，有很多好处：一是能减轻农村家庭负担，调动高中毕业生报考农科院校、学习农业科学的积极性，缓解招生压力；二是有利于解除农科大学生的后顾之忧，提高学习积极性；三是有效解决基层农业人才缺失和大学生下不去、留不住的就业结构性矛盾。因此，希望借鉴免费师范生和农村医学人才培养模式等做法，实行农科大学生免费培养、定向就业，保证每年有一部分大学生回流到农村工作，为农村发展做贡献。2012 年浙江省就开始了这方面的尝试，由浙江省农业厅、教育厅等部门共同发布《关于开展定向培养基层农技人员试点工作的通知》，明确当年各县（市、区）定向培养乡镇农技人员本科招生计划数量，全省招生总数 200 多名。我省是农业大省，实行免费培养农科大学生政策，对保障我国粮食安全具有重要的现实意义和长远的历史意义。为此，提出以下政策建议。

（1）我省首先尝试制定农科大学生免费培养、定向就业的招生政策。借鉴有关省区市以及免费师范生、免费医学生的做法，将免费农科生在校期间的学费（包括住宿费和生活费），按省教育厅、省财政厅关于就读省内本科院校农学类专业和高职（高专）种养技术专业的本省户籍学生免交学费政策，所需经费由省级财政负担。定向培养生按期毕业后，应当回到当地农业技术推广机构工作，且工作期限不得少于 5 年。定向培养生可享受在校学生同等奖、助、贷学金政策等，使得一部分农村生源、家庭贫困又立志为农业服务的学子有学上、免费上，让他们能够专心学习先进农业科学技术，将来更好地为农业发展奉献智慧与力量。

（2）逐步实行无条件免费培养农科大学生。建议报考农业院校的所有大学生免交学费、生活费。要无条件免除学费，而不是与毕业后去向挂钩。可以借鉴近几年新疆等地实行的师范类学生全面免费培养的相关政策。因为农业院校的贫困生比例高达 40% ～ 50%，且贫困面大，程度也比较深。农业院校是农业科研的主力军、培养高层次农业人才的主渠道，但历史包袱沉重、科研成果公益性强、贫困大学生比例高，国家应加大对农业高校的投入，逐步实行免除农科大学生学费的政策，体现了党和国家对农业和对农业教育的重视。其实，全省在校农科专业大学生就 1 万多人，一个人一年的学费 3 000 多元，这样每年大概需要 3 000 万元。而我省财政收入去年增加了 569 亿元，拿出一个很小的零头就能解决问题。

（3）制定详细的免费培养和招生就业计划。借鉴 2007 年《教育部直属师范大学师范生免费教育实施办法》的做法，制定《安徽省涉农专业大学生免费教育实施办法（试行）》。各市县每年需向省教育厅申报人才需求计划，加强宣传，并在提前批次进行招生。招生后学生与当地农业部门签订就业协议，对服务期间做

做农业院校定向招生农学类大学生建议的发言

出明确规定。如果免费农科类毕业生未按协议到农村基层工作的，应按规定退还已享受的免费教育费用并缴纳违约金。省人社厅负责履约管理，并建立免费农科类毕业生的诚信档案。确有特殊原因不能履行协议的，需报经省人社厅批准。计划方案要做到明确、细致、全面、合理、科学。

［安徽省政协十一届一次会议提案，2013.1.17，2013 年民进安徽省委优秀社情民意信息二等奖］

45 关于后疫情时代大学生的心理健康教育的建议

2020年以来的新冠病毒感染疫情不仅给各行各业带来了巨大损失，也使人们的心理产生了负面影响和创伤，可能会出现焦虑、紧张、抑郁、危机等多种心理问题。随着疫情管控措施的放开，后疫情时代，全面有效地掌握大学生的心理健康状况，并及时加以干预防护，尤为重要。目前大学生产生的心理困扰和障碍主要有：一是生活秩序被打破。大学生对3年疫情影响失去正常学习秩序感到困扰，虽然有网课介入，但效果差强人意，部分学生家庭受疫情影响，经济得不到保障，家庭关系不和谐，毕业计划改变等突发状况，都引发学生焦虑和心理困扰。二是对公共安全的担忧。随着国内疫情管控措施的放开和病毒的快速传播，影响正常的生产生活。疫情使身体健康安全存在诸多不确定因素，使人对未来充满恐慌。后疫情时代大学生最担心的就是学校安全防范措施的可靠性。三是对情绪健康的影响。人的情绪容易受新媒体影响，加大替代性创伤概率的复发，一些有过心理疾病、情绪暴躁的敏感人群，很容易被勾起不好的回忆，有一些对目前生活不太满意，都会造成严重的心理问题。四是对职业前景的担忧。后疫情时代对于临近毕业的大学生，能否在社会经济受损情况下找到合适的工作已成为未知，就业难度增加，考研学生也面临很多问题。同时疫情影响了互动交流，经济发展滞后导致的一系列问题，让大学生对各行各业以及自己未来的职业生涯而感到担忧，对就业感到迷茫。为此提出以下建议。

（1）疏导情绪，释放压力。加强对大学生心理健康的宣传讲解，教会学生自我心理评估，正确疏导和排解情绪，掌握心理调适技能，如呼吸放松训练法、肌肉放松法、倾诉法等，释放压力，避免出现过激心理，保持积极健康情绪。同时要提高学生对自我情绪的认识，通过咨询寻求排解，加强自助和求助意识。

（2）评估筛查，找出对象。通过一对一和心理中心集中排查，利用网络问卷掌握学生心理状态，对大学生心理进行排查、评估筛查，准确找出心理问题对象。同时要加强对之前在学习、经济和心理方面有困难的学生的了解，对学生的综合情况有更准确的评估。

（3）分层分级，为生服务。在得到评估筛查结果后，将心理服务体系分为三级。第一级以全体学生为服务对象，主要以班级、宿舍为单元，开展网络宣传、讲座。第二级主要面对心理有困扰的人群，通过心理咨询服务以及将这些心理有困扰的人群集中在一起进行辅导，适时干预。第三级主要针对一些心理困扰比较严重的或者有过激心理的学生，家校联合，形成合力，为促进学生的心理健康共同努力。

（4）线上线下，携手并进。加大网络心理防疫宣传，通过微信、QQ、微博和有关的心理健康教育网站等进行推广，编印《后疫情时代心理调适手册》等，让学生收获更多的心理健康知识。同时，以班级和社团为基础，发挥高校学生心理协会和学生干部的职能，做好线上和线下结合，以共同建设心理防疫为目的，通过征稿、绘画、班会等多种方式来提高学生的参与度。

（5）齐心协力，做好预防。充分利用校内一切资源为学生的心理健康教育开启绿色通道，加强安全防护，为学生营造一个健康和谐的校园环境。使学生明确就业方向，减小就业压力，缓解学生对现实生活的焦虑，获得一个乐观向上、情绪稳定的生活态度。家长在面对学生心理健康教育时，要给予正确的指导，实现家校联合，齐心协力做好预防心理工作，正确面对子女心理困惑，为学生早日摆脱心理困扰提供帮助。为了及时有效地预防干预，可以让更加专业的精神专业医院介入，进行诊断咨询。高校应加强对学生心理的普查，全面了解学生心理健康状况，通过举办就业指导讲座、心理咨询等方式，帮助他们树立正确的思想观念和自我认识，明确目标，提高学习兴趣，更快地回归学习中。

［安徽省政协十三届一次会议提案，2023.1.11］

46 抓好乡村人才队伍建设是实施乡村振兴的重要保障

实施乡村振兴战略是新时代解决我国“三农”问题的重大战略举措。实施乡村振兴战略，人才是基础。因为乡村振兴的实施需要乡村人才来实施，乡村人才素质的高低、能力的强弱、态度的积极与否直接关系到乡村振兴战略的效果。我们要把加强乡村人才队伍建设作为重要抓手，建设一支懂农业、爱农村、爱农民的“三农”工作队伍，同时要把新时代的新型农民培养作为乡村振兴战略实现的最终落脚点。

（1）加强乡村党员干部队伍建设，培养振兴乡村的“领头雁”。乡村是我们党执政大厦的地基，乡村干部是这个地基中的钢筋，位子不高但责任很大。这句话，深刻阐述了乡村干部在我国农村经济发展和社会建设中的重要作用和重大责任。一方面，要加强村组干部建设，特别是村级党组织主要负责人的培养和选拔。要严格按照“一好双强”要求，探索选优配强村党组织书记的途径和办法，注重从致富能手、新型农业经营主体负责人、优秀退伍军人等群体中培养选拔村党组织书记，把擅长经营、精于管理、能够带领群众致富的复合型人才选拔进村级班子，充分发挥其示范引领作用。另一方面，要加强对驻村干部、大学生村官、乡村技术员等人员的培养和管理，充分发挥他们的优势和特长。要把农村党员干部培养成实用人才，把实用人才中的优秀分子培养成党员干部，使党员干部既成为推动乡村振兴的“土专家”，又成为带领群众致富的“领头雁”。

（2）充分调动和发挥乡村人才在乡村振兴中的作用。要调动农村经济能人、大学生、退伍军人等乡村人才参与乡村振兴战略。作为乡村人才，他们身上具有一般农民所不具有的特殊品质和能力，这种品质和能力使他们有可能成为农村有号召力和影响力的人，甚至成为村民中的核心人物，因此要充分发挥他们在乡村振兴中的独特作用。一要强化这类人才的教育培训，提高农村实用人才致富能力。建立农村实用人才培训基地或“农民夜校”，以培养农村实用人才为主。进一步与农业科技院校建立合作关系，定期邀请专家教授到田间地头传授农业知识、指导农业生产。组织农村实用人才赴先进地区参观学习，进一步开阔视野、拓展思路、提升本领。二要强化机制创新，激发农村实用人才创业活力。要科学管理农村实用人才，分类建立农村实用人才信息库，进行统一管理，并进行分类指导。对“带动型”致富带头人，把他们作为党员发展和村级后备干部重点培养对象，引导他们通过选举进入村“两委”班子，为农村发展出力献策。对“技能型”致富带头人，鼓励他们做大做强现有产业，带领群众共同致富。要推行优秀农村实用人才奖励机制，对带动能力强、致富能力强、表现突出的优秀农村实用人才，给予适当的物质和精神奖励，充分激发人才的主动性和创造性。

（3）培育新时代的新型农民。农民是农村建设的真正实践者和受益者，农民科技文化素质的高低直接关系到农村经济社会的发展，并最终决定乡村振兴的成败。因此必须大力培养有文化、懂技术、会经营的新型农民，提高农民的思想道德素质、科技文化水平和生产技能；同时，应通过多种手段提升农民的文化水平和民主意识，调动他们参与乡村振兴的积极性，在参与中培养农民的参与意识和合作精神，使其成为名副其实的乡村振兴主体。要加强农村实用技术人才、经营人才、管理人才培养力度，发挥示范带动作用，培育一大批有文化、懂技术、会经营、能创新的新型职业农民队伍。

［安徽省政协十二届一次会议社情民意信息，2018.1.20］

47 加快家庭农场主培养与培训的建议

2013年中央一号文件首次提出要扶持家庭农场的发展，培育新型农业经营主体。在中央政策指导下，各省区市纷纷出台激励政策，推动家庭农场发展，涌现出一批像安徽郎溪、上海松江、浙江宁波、湖北武汉等具有现代农业特征的不同类型的家庭农场。2014年中央一号文件进一步强调要加大对新型职业农民和新型农业经营主体领办人的教育培训力度。安徽省也相继出台了推进家庭农场发展，构建现代农业经营体系的新政策。但由于我省家庭农场起步晚、发展慢，农场主的综合素质不高，加之缺乏配套的政策和具体实施办法的支持，导致家庭农场发展滞后，是制约我省现代农业发展的瓶颈。归纳起来，还存在以下问题。

（1）家庭农场主的数量较少。目前，全省家庭农场达7.7万个，农业产业化联合体1 429个，农业生产性服务组织3万多个。其中95%以上的家庭农场是在近5年内登记注册的，存在“大跃进”式登记现象，其基础不牢，质量不高。

（2）家庭农场主的结构不合理。目前，我省家庭农场经营者的年龄以中老年为主，青壮年较少，年龄结构不合理。而且家庭农场主的文化层次以初中及以下为主，文化程度普遍不高。大多数农场主以普通农民和村干部为主，真正的新型职业农民数量还较少。

（3）家庭农场主的综合素质不高。现代化家庭农场主不是一般农民能够胜任的，需要有一定的专业知识、管理经验以及熟悉有关法律法规知识，应具有较高的综合素质。而目前我省农村很多地方都面临“农无传人”的风险，素质较好的农村劳动力纷纷转向城市或非农产业就业，农村经营者的文化素质、技术素质、商品意识、市场意识和经营管理水平等普遍不高，经营的质量管理、成本核算与控制都很薄弱。经营管理形式仍以家长式为主。因此，要培养一个合格的农场主，不仅仅是一个称呼的改变，更重要的是能力的提升。为此提出以下建议。

①落实好我省支持家庭农场发展的有关政策，出台具体的农场主培育的扶持办法。建立健全家庭农场主的培育机制，制定培育措施和办法，加大资金投入，提高家庭农场主的综合素质。

②制定家庭农场主的培育计划。加强农业行业与高等院校合作，对家庭农场主的培育进行科学定位，制定切实可行的培育计划，采取学历学位和非学历等多种方式的培训方式。加强师资队伍、课程体系、组织形式、实践场所、考核与认证以及保障措施等建设。注重实施“青年农场主”创业计划，加强对青年农民的职业技能、农业创业和实用技术的普及性培训。利用安徽农业大学等高等院校创建的“青年农场主班”招生培养模式，大量培养我省未来农业的青年农场主人才，为我省家庭农场的蓬勃发展奠定基础。

③加强现代农业技术与经营管理知识的培训，提升家庭农场主文化素质和职业技能。整合培训资金，依托培训机构开展农业新知识、新技术培训，让家庭农场主真正成为一名现代新型职业农民，既通晓农业生产各个环节的技术，又能管理好家庭农场。重点要培养家庭农场主的产品意识、竞争意识和品牌意识，转变经营思路。必须由政府统一组织，逐步安排有一定规模的农场主到农业院校系统接受培训，以提高农场主的综合素质，培训结束给农场主颁发资质认证证书。

农场主生产技术培训

④按照现代农业要求，制定我省家庭农场主的资格认证办法，建立农场主持证上岗制度，制定家庭农场主与农业项目、政策扶持挂钩的奖励补助办法。完善我省绿色证书制度和新型职业农民培训制度。实施家庭农场主职业资格证书制度，对培训、考核合格者发放中、高级证书，使家庭农场主持证上岗，提高其生产、经营管理水平。

⑤在高等院校开设“家庭农场管理专业”，培养农场主后继人才。通过人才培养，一方面解决农场主技术落后，无法适应现代农业发展的现状；另一方面也培养了大批有素质、有能力的新一代农场主接班人，解决将来“谁来种地”的问题。建议我省参照江苏省的做法，由省政府与农业大学共建安徽农村发展学院，旨在培养新型“家庭农场主”。采取与地方政府联合培养，由地方政府宣传组织应届高中毕业生，对有意向在当地农村基层就业、品学兼优的学生，结合当地农村企事业单位需要，签订定向培养协议。地方政府资助部分学费，考生正常参加高考，享受国家高考录取优惠。在课程设置上，增加培养方案的灵活性，允许学生多选一些跟地方农村产业特色相关及学生就业意向相关的课程，注重学生实践技能的培养。

⑥参照大学生村官的优惠政策，加强家庭农场主接班人的培养。鼓励和支持大学生，特别是农业院校的大学生，以及部分返乡青年农民工、市场经纪人等到农村、回家乡，兴办家庭农场，成为新型家庭农场主。同时，建立农村青年农民家庭农场见习机制，选拔优秀农村青年到家庭农场见习，提高农村青年从事农业生产的热情与兴趣。

［安徽省政协十一届三次会议提案，2015 年］

48 加大家庭农场主培育力度，确保国家粮食安全

家庭农场是在传统农业逐渐向现代农业转化的大背景下出现的新型农业经营主体，以家庭为单位的经营方式，将农户与市场紧密联系起来，调动了农民的生产积极性，为农民更好地参与市场竞争、增加收入、促进农村发展提供了有力支撑。家庭农场是自负盈亏的企业化经营主体，其商品化生产的目的和利润最大化的目标促使农场主及其家庭成员不遗余力地设法提高劳动生产率，节约成本，增加产出，这无形中有利于推动农业生产效率的全面提高，有利于更好更快地实现农业现代化。我省相继出台了推进家庭农场发展，构建现代农业经营体系的一系列新政策。但由于我省家庭农场起步较晚、发展较慢，农场主的综合素质较低，科学管理水平不高；家庭农场规模小，基础设施薄弱；过量使用化肥农药和操作不当，粮食生产质量安全得不到保障；社会化服务体系不健全等突出问题，制约现代农业的快速发展。主要问题有如下几方面。

（1）家庭农场主的综合素质较低，科学管理水平不高。新时期的家庭农场主基本上是普通农户转变而来的，如今越来越多的“农二代”放弃了父辈从事的工作，选择进城务工，而留守农业继承经营耕地的农场主年龄偏大，只把家庭农场作为谋生的手段，不能将其作为事业来经营。另外，我国农民受教育程度相对较低，科学文化水平普遍不高，技能教育、职业技术培训相对较少，无法全面把握农业发展动态、农产品市场行情以及先进的农业科技成果。再加上部分家庭农场主思想观念落后，发展意识跟不上形势，致富能力不强，对于现代管理缺乏足够认识，科学管理效率不高，缺乏掌控全局的预测能力。这些严重阻碍了家庭农场效率的发挥和可持续发展。

（2）家庭农场规模小，基础设施薄弱。在通常的情况下，从事粮食种植为主的，土地租期 5 年以上，经营面积 50 亩以上即可申请家庭农场。我省现存的种粮家庭农场 172 户中，200 亩以上的规模种植大户仅占 20%。由于农户对未来土地预期收入不确定，不愿签订长期土地流转合同，所以家庭农场的土地承包期

较短，承包没有连续性且以零散地块为主，土地难以集中连片，机械化耕种不方便。这样致使家庭农场主缺乏投入建设和扩大再生产的热情，无法制定家庭农场远期发展规划及具体的管理办法，发展工作略显粗放和随意。而且导致家庭农场难以参与小型农田水利建设与高标准农田建设，难以建成生产技术先进、经营规模适度、生态环境可持续的现代农业。

（3）过量使用化肥农药和操作不当，粮食生产质量安全得不到保障。粮食生产质量安全重视度不够，粮食同质化的特点导致粮食种植市场上的激烈竞争，生产者只是价格的接受者，因此农民要提高收入，就必须提高同质粮食的产量。但由于病虫害较多，农场主为了增加粮食种植收入，就会过量使用化肥和农药以增加粮食产量和粮食的品相，严重影响了粮食质量安全。再加上粮食种植收获后必须进行及时摊开晾晒，否则会发霉变质，为了节约成本大部分农场主没有专门的烘干设备和晒场，由于粮食收获量大，只能将粮食摊晒在公路两旁。在公路上晾晒粮食，过往汽车排放的尾气和公路上的沥青也会造成粮食污染。这样随着家庭农场的规模化生产，粮食晾晒问题也成为制约粮食安全生产的重要瓶颈。为此提出以下建议。

①大力培养懂科学、会经营、善管理的现代化家庭农场主。家庭农场主作为决策者，其战略眼光和决策能力决定了家庭农场的运作效率和发展方向。提倡和引导家庭农场主参加中高等职业教育，提高自身学习能力，把握农业发展动态，分析解读市场，体会现代农业管理的理论。依托农经站、农技站，通过科技特派员推广农技服务，学习先进的农业技术，提高家庭农场生产效率。通过考察交流学习、定期参与为家庭农场主提供的最新农业成果的培训、现场会，理论与实践相结合，培养家庭农场主的持续发展眼光和前瞻决策能力。鼓励乡村本土能人、外出农民工、优秀大中专毕业生以及科技人员创办家庭农场，投身农民职业，选择发展农业作为终身事业。培养一批有文化、懂技术、会管理、敢创新的新型家庭农场主。

②加大基础设施建设，促进规模化经营、机械化生产，实现规模经济效益。出台专项扶持政策，支持家庭农场自建或联合建设集中仓储、烘干、晾晒、保鲜库、冷链运输、农机棚库等农业设施。加大对家庭农场农机具购置和水利设施配套等方面的扶持力度。扶持家庭农场主参与高标准农田建设和通田到地末级灌溉渠道及其管护。健全土地流转服务体系，为流转双方提供便捷服务，引导农户自愿开展土地流转或承包地互利互换。鼓励家庭农场经营者稳定土地流转关系，形成适度的土地经营规模，以加快建设基础设施完备、土地集中连片、生产过程机械化、旱涝保收的家庭农场。

③合理施用化肥农药，提高利用率，提高粮食安全生产水平。合理施用化肥

农场主的技术培训

农药，完善化肥农药监控体系，提高农药残留检测技术，建立绿色生态补偿激励机制。加大绿色无污染化肥研发及推广力度，推进畜禽排泄物的资源化利用，大力实施秸秆还田和绿肥轮作。开展测土配方和统配统施化肥，保证土壤养分供应平衡。推广病虫害绿色防控产品和技术，利用生物技术来控制病虫害，进行专业化的统防统治。试行粮食生产达标合格证制度，保障我国粮食生产质量安全，促进现代农业发展提质增效，促使农业可持续发展。

④完善社会化服务，降低生产成本，提高粮食产量。农技农机机构要把家庭农场作为重要的服务对象，积极提供技术、信息等服务。引导和鼓励各类农业社会化服务组织面向家庭农场，开展代耕代种代收、病虫害统防统治、肥料统配统施、贮藏保鲜等经营性社会化服务，解决好规模经营增机具、增设施、增技术等带来的成本上升问题，加快打通农业服务“最后一公里”。积极推行合作式、订单式、托管式服务模式，为家庭农场专心经营、做大规模创造条件。同时，要注重加强对社会化服务行为的监管，坚持自愿原则，保障农民的自主选择权，不得强行服务或超标准、超范围收费。

[安徽省政协十二届四次会议提案，2021年]

49 亟待正确引导农科大学生理性炒股的建议

2005 年下半年开始，中国的股票市场出现了有史以来最大一轮牛市行情。上证指数从 900 多点一直上涨到 2007 年的 6 000 多点，涨幅之大引发了中国社会“全民炒股”的热情。从那时候起，我国就出现了不少大学生股民，从而引起社会各界对大学生群体炒股行为的关注。随后股市快速进入低迷阶段，热情减退。时隔 10 年的 2014 年下半年，又开始了第二轮股市上涨，上证指数由 1 600 点上涨到目前的接近 5 000 点，而且还在继续火热，再次吸引了大批当代大学生开户进入股市。据 6 月 4 日《新华每日电讯》一份调查显示，目前我国有 31% 的大学生在炒股，其中 26% 的炒股学生投入了 5 万元以上。当然国外大学生也炒股，但相对较为理性。例如，美国大学生进入股市比较常见，但不会整天泡在股市，而是通过买基金等方式来学习理财。更重要的是，美国大学生都是利用自己假期打工所赚的钱炒股，有一定的风险意识。而我国大学生炒股资金都来自父母，自然“很少有人考虑亏损”。

“炒股”不同于一般的社会实践，具有很高的风险性。对在校大学生，特别是非经济类专业大学生来说，炒股存在许多不利因素。一是没有看盘和分析时间。大学阶段课程一般都较为紧张，没有多余时间，特别是在开市的时候看盘。为了炒股，一些大学生连作息规律都搞乱了，有的甚至上课都看盘，完全不听课，严重影响学业。二是缺乏股市知识，对股市运行规律不能科学预判，赔钱多、赚钱少。许多大学生认为“炒股主要还是靠消息，更像是在赌博”。三是缺乏理性。只知道自己投入的钱不会亏，相信国家不会让股民亏，很少有人考虑亏损，这是一种很不成熟的体现，是误判。有 51% 的同学直言不讳自己炒股的目的“就是想趁牛市捞一笔”。 四是缺乏资金和良好心态。大学生自身没有经济收入，日常生活开支多是靠家里的生活费，不具备炒股的经济条件，对炒股带来的心理压力也没有充分的准备，一旦失败将很难承受打击。

在我国，大学生炒股已成为一种不可逆转的风潮，政府、高校、社会、家长应该通过科学的引导和教育，帮助大学生在炒股中不断成长和成才。为此提出以下建议。

（1）从观念上引导学生，帮助学生树立正确的理财观，让学生明确大学期间炒股的目的旨在锻炼能力，不巨额投资，不负债炒股，且不能以学业为代价、无理性地去炒股。

（2）从专业角度给予学生相关指导，培训相关课程，提高投资知识和风险意识。如聘请专业投资人、专家学者等开设讲座，让学生能够运用自己的所学进行分析判断，在股市中进退有度，成为一个理性的投资者。据悉，美国政府规定每年 4 月是“青少年理财教育月”，在这个时期，包括银行在内的各家金融机构会派人员到全国各地学校进行理财教育。

（3）在具体操作上，可以引导学生先从“零风险”的模拟交易开始，或者投入较少的资金量进行实战，以积累经验。同时，要随时关注国家宏观经济政策的变化和财经新闻，了解公司营业状况和变化等。

（4）加强对炒股大学生的管理，一旦发现大学生因为炒股而出现意外，就要及时进行阻止。对此，教育部门要正确引导。首先，要统计和了解有多少学生在炒股；其次，对他们进行分类指导，对一些心理承受能力差的大学生，要进行适当的心理辅导，必要时劝其离开股市，对一些丢掉学业的大学生则要约谈；最后，要密切关注学生炒股动态，以寝室为单位，组成互助组，互相关心，相互探讨，以减少炒股风险，增加收益。

［安徽省政协十一届三次会议社情民意信息，民进安徽省委优秀社情民意信息三等奖，2015 年］

50 现代农业急需构建农科教融合的人才培养新模式

我国是一个农业大国，农业是国民经济的基础，是安天下、稳民心的战略产业。发展现代农业关键在于人才，尤其是一大批掌握先进技术、精通管理、文化素养高、服务“三农”的拔尖创新创业人才。农业高校作为行业特色型大学，担负着为行业提供技术、人才和智力支持的重任。当前，我国农业高校人才培养体制和培养模式与社会对高素质创新创业人才的需求还有诸多不相匹配的地方，高校和行业联系与合作不够是问题的关键。因此，探索农业高校、科研院所、行业联合培养农科人才的有效模式是当前一项紧迫而重要的任务。

很久以前，农业高校具有与行业共生发展的传统。20 世纪 50 年代，院校调整时期出现了由行业管理的农、林、水、地、矿、油等行业高校，这些高校由主管部门办学，服务所属行业。农业高校归属农业部管理和办学，长期以来直接面向行业培养专门人才，提供急需的科技成果，解决重要的技术问题，在服务行业过程中，形成了综合性大学无法比拟的农科学科和专业人才培养优势。有了农科大学人才培养与行业的直接对接，科学研究依托于行业，社会服务面向行业，学科专业发展也根植于行业，才有了今天农科大学发展的特色。在 21 世纪初的高校更名潮中，部属 6 所和地方的农林高校，除西南农业大学（与西南师范大学组建西南大学）外，均未改名，可见，农业高校的行业特色之鲜明，在建设中国特色社会主义进程中发挥着不可替代的作用。

到 20 世纪 90 年代后期，农业高校与综合性大学的交流加强，办学视野不断扩展，学科专业迅速发展，招生数量大幅度增加，各个农业院校都从单科性大学迅速发展成多科性综合大学。部属重点农业院校改变了隶属关系，从而失去了农业主管部门优势资源的支持，地方农业院校一贯与地方农业主管部门脱节，导致高校本科人才培养工作面临诸多新问题和困难：在机制上，高校和行业均缺乏参与积极性，二者缺乏正式的沟通和合作渠道；在培养模式上，高校不够重视学生实践能力的培养，行业为高校提供资源支持不足；在供需关系中，二者在人才观、价值观和教育观等方面存在分歧，行业人事制度不健全、产业化程度不够，缺乏吸引力，而高校科研应用性成果较少，学生不愿到农业基层，实践动手能力较差，等等。这些问题已经引起了高校、行业及相应主管部门的高度重视。为此提出以下建议。

（1）政府要积极支持和引导农业高校与行业密切结合，共同制定人才培养方案。作为行业特色型大学，农业高校与现代农业紧密结合是其区别于其他大学的本质特征。作为应用性和专业性很强的学科专业，农科人才培养方案必须由行业和高校共同制定，而且主要由行业提出；作为办学成本和办学条件要求都很高的专业，农科人才培养需要行业提供实践条件支持；从毕业生就业角度看，农科人才培养需要发达的产业和完善的产业体系予以支撑；从教育评价角度看，人才培养质量也应该由高校和教育主管部门以外的第三方评价，而第三方主体即为行业；而从行业的角度讲，行业是高等教育的最大受益者之一，应主动承担起部分育人职责。因此，农业高校要始终服务国家战略需求，瞄准农业科技发展的前沿和农业产业经济人才需求，与行业联合培养人才，才能完成农业高校作为行业特色型大学存在的历史使命，才能促进农业科技与现代农业大发展，才能促进农业高校的持续发展。

（2）建立政府主导、学校主体、行业部门参与、社会各界支持的行业特色大学发展新机制。一是进一步明确高水平农业大学人才培养的行业责任。农业是农业大学存在和发展的基础。联系农业、服务农业是农业大学的使命。一所高水平农业大学应坚持育人为本，发挥自身独特的优势，始终服务国家战略需求，扎根“三农”，面向现代农业，联合行业，不断创新人才培养模式，通过不断培养一大批具有强烈社会责任感的研究型、复合型和应用型拔尖创新人才，为现代农业及相关产业发展持续提供人才资源、技术支撑，成为解决“三农”问题的思想库，引领现代农业发展。二是强化双边责任，组建校企联盟。在新的形势下，农业大学要与行业建立持久、稳定的沟通和联系机制，需要从个体的、分散的、临时的校企合作转向团体的、集中的、稳定的校企合作联盟。作为行业企业，行业资源应积极服务于人才培养，并将行业企业的优质资源向高校开放，为高校提供部分先进仪器设备，与高校共建实习基地等，主动接受学生见习、实习，弥补高校师资、实验和实习条件的不足。高校应进一步完善实践教学体系。增加实践教学环节学分，提升教师队伍实践教学能力，将一线生产实践作为研究型、复合型、应用型等各类人才培养的必需环节，做到踏实“立地”。主动邀请行业企业深度参与人才培养全过程，成立各专业人才培养工作理事会，行业企业代表参与制定人才培养方案，解决合作中遇到的问题。实施一线锻炼制度提升青年教师实践教学能力，聘请一批生产一线的技术人员、企业家兼职教师，讲授实验、实习课程，并担任学生校外指导教师等，开设企业经营管理、企业文化、创业基础等课程，开设企业家论坛、农技论坛等，扩充学校教学资源。

（3）加大国家政策支持与扶持力度。构建农业大学人才培养与行业的关系，需要多部门合作与政策支持。首先，高校主管部门与行业主管部门在更大范围进行深度合作，是建立与经济社会及行业发展相适应的人才和技术供需体系，提升农业大学人才培养质量的重要保证。教育部门应积极主动争取农业部门的政策、经费以及资源支持和指导；农业部门应主动参与制定农科和涉农专业人才培养标准，参与农业高等教育规划与重大改革决策，参与讨论人才培养中的重大问题，支持和指导农业大学人才培养工作。其次，促进各部门的联合，为农科大学生实践能力培养创设良好平台。农业作为艰苦行业和弱势产业，需要从国家层面，统筹工商行政管理、税务、人力资源和社会保障、财政、农业、教育等部门，制定政策，共同支持和扶持涉农行业人才培养工作。增加农科专业教育经费安排，采取免税、立项建设等形式支持行业企业为高校提供实习场所和条件，鼓励企业设立教育基金、产学研基金；完善现行公务员招考制度，为农科和涉农学生服务基层提供平台；进一步完善鼓励农科学生服务基层的政策和政策实施范围，参照“免费师范生”，实施“免费农科生”政策等。

［被民进中央采纳，获民进安徽省委优秀社情民意信息三等奖，2014 年］

51 进一步加强农业人才培养政策支持，助力乡村振兴

实施乡村振兴，人才是基础和保障。安徽省一直高度重视农业人才的培养工作，并和高校一起不断探索行之有效的政策措施。近年来，取得了一定成绩，但我省还需要进一步探索政府机构、农业高校、科研院所、行业之间的合作机制，深化农科人才培养模式改革。

为此，提出以下建议。

（1）要积极主动加强与政府职能部门及产业机构之间的沟通与合作，争取政策、项目和经费等方面的支持，建立教育、科研、推广紧密衔接、良性互动、共同发展的长效机制，推进高等农林教育更好地为现代农业和区域经济社会发展服务。

（2）要积极探索建立服务“三农”新模式。引导高等农林院校紧密围绕区域创新发展和新农村建设实际需求，以新农村发展研究院建设为契机，转变服务方式，逐步建立面向农村基层的服务基地和信息化服务平台，构建以大学为依托、农科教相结合的综合服务新模式。主动承担农村实用人才培训工作，积极开展基层农林业技术推广人才知识更新和新型职业农民培训。加强农村区域规划、农业经济政策、生态环境保护等方面的研究工作，为各级政府提供咨询、决策服务。

（3）要强化涉农专业招生和就业政策支持。吸引优质生源报考农科专业。适度增加相关具有推免资格的涉农高校推荐免试硕士研究生名额和研究生招生计划。适度增加高等职业院校涉农专业学生对口升学比例。拓宽高等农林院校毕业生基层就业渠道，支持地方政府提供就业岗位，开展订单定向培养。在“大学生志愿服务西部计划”中优先选调涉农专业毕业生。加大国家励志奖学金和助学金对高等学校涉农专业学生倾斜力度，吸引更多的高素质人才。

［安徽省政协十二届二次会议社情民意信息，民进安徽省委社情民意信息成果三等奖，2019 年］

第五篇

农村生态环境

52 牢固树立底线思维，筑牢安徽生态屏障

生态安全是国家安全的重要组成部分，不仅关系到人民群众幸福安康，更直接关系到经济社会可持续发展，事关国家兴衰和民族存亡。安徽省位于中东部地区，自然环境基础较好，是长江流域重要的水源涵养地和国家重要的生态屏障，生态地位特殊，生态安全保障责任重大。安徽省深入贯彻习近平总书记关于长江经济带发展“共抓大保护、不搞大开发”重要指示精神，及时废止《安徽省长江岸线资源开发利用管理办法》，落实“1515”岸线分级管控和七项举措，把打造美丽长江（安徽）经济带作为生态文明建设“一号工程”。全省生态环境领域重大风险总体可控，环境质量安全得到有效提升。

但从全省来看，生态环境安全仍面临严峻挑战。一是生态环境风险不容忽视。巢湖“水华”发生风险持续存在。部分水源地保护区还存在违章建筑、码头等，备用水源地建设相对滞后，一些城市应急供水能力不足，农村饮用水水源点多面广。长江、淮河流域安徽段岸线、自然保护区的违法违规侵占依然存在。二是环境质量持续改善仍面临较大压力。2018 年我省细颗粒物（PM2.5）年均浓度为 49 微克 / 米 ^{3}，全省空气质量优良天数占比达 71%，14 个未达标城市 PM2.5 年均浓度为 51 微克 / 米 ^{3}，超二级标准 0.46 倍。空气质量整体水平不高。全省地表水国家考核断面水质优良比例 75.2%，劣Ⅴ类断面比例 1.9%，全省监测 136 条河流、37 座湖泊水库总体水质状况为轻度污染。巢湖流域中度污染，呈轻度富营养化。部分耕地土壤污染较重。三是工业布局和产业结构不合理引发的环境污染问题依然突出。过去分散布局的化工企业和化工园区呈无序发展，重污染企业给城区生态环境带来较大影响，尽管近几年加大了整改力度，但历史遗留问题短期内难以彻底解决。2019 年第三产业占比仍低于全国平均水平 3.1 个百分点，一些影响环境质量改善的制约因素一时难以消除。

为进一步提升我省生态安全和环境保护质量，提出以下建议。

（1）坚决打好污染防治攻坚战。重点推进工业企业大气污染、“散乱污”企

业、柴油货车污染整治。加快重点污染河流、湖泊治理，强化集中式饮用水水源保护、城市污水处理提质增效、城市黑臭水体治理等措施，突出巢湖综合治理和入湖河流污染治理。强化土壤污染和固废管控治理及未利用土地保护。

（2）持续推进长江大保护。深入推进沿江化工企业“关改搬转”、非法码头整治、入河排污口整改提升。加快推进长江两岸造林绿化、港口船舶污染物处置设施建设。开展山水林田湖草生态保护修复工程试点。强化“三大一强”专项攻坚行动，全面落实《长江安徽段生态环境大保护大治理大修复强化生态优先绿色发展理念落实专项攻坚行动方案》。科学划定“三道生态防线”，把握“三个重点”，实现水更清、岸更绿、产业优。

（3）着力防范化解生态环境领域重大风险。开展防范化解我省生态环境领域重大风险方案编制，成立安徽省防范化解生态环境领域重大风险工作指挥部，建立工作机制。有效防范化解巢湖“水华”风险，强化监测预警。加强重点流域污染源管控，持续推进重点流域危险化学品运输环节监控。建立从“源头到龙头”的全过程饮用水安全保障体系。加大自然保护区违法违规问题整治力度，强化遥感监测应用。

（4）完善生态环境安全长效机制。进一步深化“放管服”改革，持续推进简政放权，强化事中事后监管。健全企业环境守信激励与失信惩戒机制。健全省内横向生态补偿机制和生态环境保护奖励机制。建立健全生态环境安全防控协同机制，加强生态环境安全防控信息交流与共享，防范生态环境安全风险转移转化、叠加升级。

（5）加大生态环境监管力度，构建生态环境综合治理体系。推动落实生态环境保护“党政同责、一岗双责”。严厉打击非法排污、篡改或伪造环境监测数据、未批先建等环境违法行为。推进重点污染源自动监控设备“安装、联网、运维监管”三个全覆盖，加快实现对污染源的有效、精准、科学监管。健全条块结合、权责明晰、各司其职、保障有力、权威高效的生态环境管理体系。

［在安徽省政协人口资源环境发展态势会上口头发言，2020.6.30］

53 以农产品质量安全县的创建为抓手，全面推行农药集中配送制度

近年来，为推动农业绿色高质量发展，各地相继出台了农药废弃包装物回收处置和农药经营管理体系改革，2009年初，北京、上海、浙江等地先后开展农药包装废弃物回收处置试点；2011年，江苏张家港、常熟、太仓相继实施农药集中配送政策，2013年已形成市级全覆盖。安徽省黄山市从2015年开始在全省率先推行农药集中配送，按照“政府采购、统一配送、信息化管理、零差价销售、财政补贴”原则，选定有资质、有实力的农药配送主体，采用直营、加盟等连锁经营方式，在乡（镇）、村设立配送网点，实行统一采购、配送、标识、价格、管理、包装物回收处置、财政补贴“七统一”模式，实现县、乡（镇）、村农药配送与技术服务全覆盖，取得了很好效果。截至2017年年底，黄山市农药集中配送累计配送农药836吨、粘虫板161万张、杀虫灯502台，配送额4 100万元，占农药市场销售额的60%以上，农药使用量较常年减少15%左右，建设配送网点455个，集中配送体系基本建成，有效减少和控制了农药面源污染，保证了农产品质量安全。但从全省范围看，农药流通与使用基本处于自发状态，主要存在以下问题。

（1）农药经营市场比较混乱。一是超范围经营仍然部分存在。有许多社会资本投入的种子、化肥经营店的经营户同时也经销农药。二是无证经营者也少量存在。三是随着土地流转和规模化经营的发展，种植大户快速增加，有部分外来大户不按技术要求用药，而自带农药并在大户之间相互交流，协作购药，农药使用不规范。四是县（市、区）之间存在相互竞争、厂方直销等问题。

（2）农药使用技术到位率不高，用药成本高。一般小农户普遍存在不规范超量使用、重复使用农药等现象，不仅增加了生产成本，降低了收益，还会使大量农药残留在农产品中，造成安全隐患。一些异地种粮大户不懂得农药使用技术，

存在乱用药现象，或者从其他渠道选购便宜农药，擅自增加用药的数量及次数，造成很大危害。

（3）农村生态环境受到污染。农户由于在使用农药时没有按照要求操作，对农药的认识不足，农药瓶及还留有少量农药的瓶子、袋子随意丢弃，引起的药害和农药残留问题事故数量明显上升，农村生态环境也受到了污染。

因此，正值全省加快推进农产品质量安全县创建之际，各市县应以此为契机，加强对农药流通与使用的规范管理，全面推行农药集中配送制度。为此提出以下建议。

（1）制定全省农药集中配送实施办法。在全省范围内，实施基本农药集中配送零差率销售是减轻农民负担，增加农民收入，确保我省农产品质量安全，保护农村生态环境的重要举措。建议由省政府牵头，组织省供销联社、省农业农村厅、省财政、省市场监管局进行调研，结合我省实际，制定《安徽省基本农药集中配送与销售实施办法》，依法对农药采购、配送、销售、监管、使用、储藏等作出明确的规定。

（2）实行基本农药一体化经营。总结黄山市做法，借鉴江苏经验，以各县（市、区）为单位，建立“有进有出”销售网点动态管理模式，实施基本农药统一采购、统一配送、统一标识、统一价格、统一管理、统一处置、统一补贴。形成以各县（市、区）供销合作联社主管，农业农村部局联合市场监督管理局监管，供销系统农资公司经营的农资经营网络体系，构建合理、规范、有序的农药配送体系。农业农村部门在每年春、夏、秋播前提出当季农药采购品种和数量，制定准入标准，在生产季节前由政府采购中心进行招标，对因病虫发生变化调整新增的农药品种由农业农村部门及时通报供销社、监察部门，实行临时议标采购，确保配送农药价格统一。由农资配送中心将采购的农药及时配送到基层农资企业经销。除农户自行就近到村级农资点购买外，对农业规模经营量大、实行统防统治的村，由村统一到基层农资企业领取，发放到户。

（3）实施基本农药零差率销售。为减少用药成本，减轻农民负担，在实行统一招标的基础上实行零差率销售，即按招标价销售给农户，提高与其他非正规途径进入市场的低价、劣质农药的竞争力，使其没有市场，从而自动退出市场。建议采取先试行后推广，分步实施，先解决安全隐患较大的农药。如目前用于蔬菜类的农药使用基本上以个体为主，普遍存在多、杂、乱现象，可由农业农村部门遴选出蔬菜农药贴补品种，报相关部门审批，进入招标等程序后统一配送。在取得经验及财力许可下扩大零差率范围，逐步实施零差率销售。

（4）建立财政补贴机制。县（市、区）政府应对实行零差率销售的农药配送点进行财政补贴，以高效低毒农药和生物农药为重点，以扶持专业化统防统治组织为形式实施补贴。对种粮大户、家庭农场、专业合作社要签订承诺书，并依据履行承诺状况进行补贴。建议省政府对农药零差率销售和废弃物回收采取专项财政补助，如网点硬件建设补贴按照每个 2 000 元；农药销售补贴标准按照销售额的 20%；废弃农药包装物回收也定量补贴。

合肥农交会种子等生产资料展示

（5）加大农产品质量安全宣传培训和执法力度。要利用各种新闻媒体进行农产品质量安全的宣传，让广大农户认识到使用高毒高残农药的危害及农产品农残超标的后果，自觉地使用高效低毒的优良药种，保障人民的身体健康和社会的和谐稳定。要加强技术培训，提高农民对农药应用技术水平。同时，要加大行政执法力度。对屡次违反农药集中配送规章制度、擅自改变用药配方、私自采购合格农药的配送站点，要监督查处，直至取消配送资格。对因私自销售剧毒农药造成重大经济损害或人身损害的，要依法追究法律责任。

［安徽省政协十二届二次会议提案，2018.12.18］

54 关于加大防治农村环境污染力度的建议

近年来，农村环境污染和生态破坏日益严重，农村生态环境的总体状况不容乐观。一是随着城市的不断扩大，城市环境负担转嫁到农村。例如城市将污染工业转移到农村，一些本该淘汰的落后工业在农村找到了低成本、无监管的发展空间。大量的城市生活垃圾被拉到农村填埋，就连城市的移栽绿化也是以农村（特别是山区）的成年大树的减少为代价。二是部分乡镇“五小”企业，由于生产工艺落后造成了严重的污染。污染性的工业未给村镇和广大农民带来繁荣和实惠，所得到的财政收入还不足以进行环境治理，所创造的就业机会是以农业和其他农副业的萎缩为代价的。三是农业生产中化肥、农药的过度使用和禽畜粪便的直接排放导致乡村水质、土质的恶化。农业生产自然条件的恶化使农产品质量普遍难以提高，造成了无公害食品生产基地没有适宜发展的土地，只好专门挑选土地进行环境综合治理。四是农村居民生活垃圾产量增大，却没有相应的垃圾清理条件。乱倒乱堆垃圾和其他污染物，导致有些地方的村子像个大垃圾场，村前屋后、沟渠河塘、田边地头、道路两旁到处堆放着腐烂的、正在腐烂的、永不腐烂的各种垃圾，影响农民的生活环境和身体健康。

农村环境污染防治工作与全面建设小康社会的目标密切相关。它不仅有利于改善农村生态环境，也是实现可持续发展的重要组成部分。为此提出以下建议。

（1）用“绿色 GDP”考核干部。要把农村环境污染防治工作作为考核干部实绩的内容之一，制定相应的激励和奖惩制度，要在尚未形成大面积环境污染之前就应加强管理落实责任制，明确农村环境污染防治工作的监测考评标准，以正面教育与有序管理相结合的方式推动农村环境污染防治工作的开展，以使 GDP 增长与环境保护和谐发展，促进农业的可持续稳定增长。

（2）建议省政府启动农村环境污染防治示范工程，整体推进农村环境污染防治工作。即畜禽养殖业及农业农村废弃物综合利用示范工程、有机食品发展基地示范工程和农村环境综合整治村镇示范点等，通过典型示范指导我省农村环境保

皖南现代农村环境优美

护工作，进一步改善我省农村生态环境，推进我省农村环境保护工作和社会经济的发展，完成生态安徽的整体目标。

（3）发动乡镇的党政领导和广大农民群众开展以创造良好的人居环境、良好的投资环境及为人民群众办实事为目的的环境优美乡镇活动。以“环境基础设施建设、饮用水及其水源地保护、农村能源建设、生活污水及垃圾处理、农业有机废物处置、村容镇貌建设”等为创建内容，广泛地发动广大农民参与，进行更多形式的创新，在一些基础较好的地区率先形成农村环境综合整治的合力，在乡镇一级普遍开展环境质量监测和保护工作，促使各乡镇把农村和农业面源污染防治提到议事日程，尽快形成农村环境保护工作的新局面。

（4）通过创建活动提高乡镇的整体生态文明水平。可以通过“环境知识进家庭”“建设生态村”等活动，引导乡镇居民增强保护环境的意识，促使农民更新观念，从源头整治农村环境污染。

［安徽省政协九届三次会议提案，2005 年］

55 优化巢湖流域种植结构，有效降低农业面源污染

巢湖是我国第五大淡水湖，随着流域内社会经济发展和人口的快速增长，主要污染物排放量已超过了水环境的承载能力，水质严重恶化，生态功能退化。到20世纪90年代，巢湖流域湖泊富营养化加剧，出现全湖水质超V类的严重状况。“十一五”期间虽然采取了多种治理措施，但水体总氮、总磷等指标仍居高不下，2012年多次暴发蓝藻水华，蓝藻面积达60平方千米，占全湖总面积的8%。通过“零点治理”等行动后，工业点源污染得到有效控制，但巢湖水污染没有明显好转，根据欧美发达国家经验，农业面源污染可能是主要推手。

造成农业面源污染日趋严重的主要原因有：一是农业生产中化肥农药用量过大，施肥结构不合理，使用技术落后，流失严重。巢湖流域化肥用量是发达国家上限的5倍，亩折合纯氮、纯磷达20.67千克和6.67千克，农药达3.29千克，氮肥利用率30%～35%，磷肥10%～20%，钾肥35%～50%，农药利用率不足30%。用后农药瓶和袋丢弃沟渠边、池塘旁污染水体。二是畜禽粪便缺乏低排放养殖污染控制技术，露天堆放，流失量大。三是人畜生活废水直接排放，人粪尿无害化处理率低，生活垃圾无序堆放，污染生产生活环境。四是秸秆利用率低，随意堆放路边河边，腐烂后流入河道，污染水体。这些都是巢湖流域面源污染加重的重要原因。为了控制巢湖流域水质污染进一步恶化，减少农业面源污染至关重要，应采取以下综合管理措施。

1. 建立健全防控农业面源污染的行政法规

鉴于目前我国尚无控制农业面源污染的规范与法规，需要借鉴发达国家经验，建立控制肥料质量、畜禽养殖饲料质量管理体系及其质量标准体系，以及监测体系和施肥技术体系。制定施肥管理、饲养排放等行政法规，实现肥料资源总量控制和地区间合理配置，形成农业污染物的合理处置模式。

2. 实行环保补偿或奖励的经济调控措施

鼓励农民减少氮肥、增加绿肥和有机肥的使用，激励农民从事与此有关的综合经营项目。对于为环保做贡献的行为或遭受的农业损失给予一定的经济补偿，以吸引更多的人参与农业面源污染的控制行动。

3. 优化巢湖流域农作物种植结构和方式

巢湖流域传统种植模式是稻麦轮作和稻油轮作，可以效仿太湖流域，引入豆科绿肥，既可降低旱季施氮量，又可补充稻季氮素。太湖流域宜兴连续 8 年定位试验结果表明，与稻麦轮作农户常规施肥模式相比，稻 – 紫云英、稻 – 黑麦草和稻 – 休闲轮作下水稻无氮区产量可达最高产量的 75% ～ 85%，稻季只补施 33% 氮肥就能获得与农户施肥模式相同的产量。径流总氮损失可减少 18% ～ 45%；由于冬季不施氮肥，冬季径流总氮损失减少 70% ～ 90%。适当发展稻 – 油模式，冬季油菜不施肥，春季油菜作为观花旅游和菜薹用，盛花期翻耕作为绿肥。建议在南淝河流域奖励推行优化的耕作制度，改变化肥投入方式，提高养分利用率，实现农田低污染种植和控制养分流失模式。

4. 推广科学节肥节药技术

（1）推广测土配方施肥技术。就是根据作物需肥规律、土壤供肥特性与肥料效应，统筹考虑氮磷钾三要素以及微量元素的供应，使土壤养分供应能全面满足作物的需求，从而提高肥料利用率，减少氮磷养分损失。

（2）采用化肥替代技术。即采用环境友好型肥料替代部分化学肥料。一是有机肥配施技术。有机肥能改良土壤，增强土壤保水保肥能力，减少氮磷流失风险。以含一定氮磷养分的有机肥料来替代部分化肥，达到减少化肥用量。二是缓控肥施用技术。缓控肥主要有缓释肥料、控释肥料和控失肥三种。缓释肥料是指肥料成分中主要营养元素缓释。控释肥料是指根据作物生长发育需要，肥料中主要营养元素适时地以可给态的形式释放出来供作物吸收利用，一般通过包膜技术实现。控失肥是采用专业技术，添加助剂溶解后形成的网状结构能“网捕”或“定植”养分分子在植株根系周围，供植物吸收，达到控制养分迁移、流失的目的，未被作物吸收的养分可供下季作物继续利用。三是生物肥料施用技术。如固氮类生物肥料，可适当减少化肥施用量，且因其所固定的氮素直接贮存在体内，对环境污染机会小。施用生物肥料在一定程度上还能改善土壤理化性质和土体结构，提高养分有效性。

（3）推广绿色防控技术。实施农药“零增长”行动，采取绿色防控技术和专业化统防统治先进的飞防器械，减少农药使用量，提高农药利用率和防效。

5. 采用科学合理的施肥方式

改变传统施肥方式。一是做到适时施肥。作物生长对养分需求有两个重要时期，即营养临界期和营养最大效率期，该时期施肥效果显著。如水稻在幼苗期和拔节到抽穗期施肥最合理。二是改进施肥方式。通过机械进行氮肥深施，减少化肥流失。或采用水肥耦合技术，以水调肥，有效调节养分转化与释放，提高养分利用率。

6. 开展秸秆综合利用

（1）秸秆还田。把不宜直接用作饲料的水稻等秸秆直接还田或堆积腐熟后施入土壤，经过一段时间的腐解作用，可以转化成有机质和速效养分。既改善土壤理化性状，又可供应一定的钾等养分。目前应解决秸秆还田过程中产生的机械作业费用，需要政府加大补贴有利于更好地完成。

（2）秸秆饲料化。用玉米、大豆、棉花等秸秆粉碎加工而成的纤维饲料，是反刍动物的主要饲料。在南淝河流域利用玉米秸秆加工成牛的主要饲料。玉米秸秆含有30%以上碳水化合物、2%～4%蛋白质和0.5%～1%脂肪，既可青贮，也可直接饲喂。就食草动物而言，2千克玉米秸秆增重净能相当于1千克玉米籽粒，特别是经青贮、黄贮、氨化及糖化等处理后，利用率更高，效益更可观。

（3）秸秆基料化利用。秸秆富含食用菌所必需的糖分、蛋白质、氨基酸等营养物质，以秸秆为原料生产食用菌，不仅能提高食用菌产量、品质，而且其培养基使用后还可用作优质有机肥还田。一般秸秆粉碎后可占食用菌栽培料的75%～85%。秸秆袋料栽培食用菌，是目前利用秸秆生产平菇、香菇、金针菇、鸡腿菇的常用方法，投资少、见效快，深受农民欢迎。

7. 推进养殖污染防治

统筹考虑环境承载能力及畜禽养殖污染防治要求，科学规划布局畜禽养殖。推行标准化规模养殖，配套建设处理利用设施，改进设施养殖工艺，完善技术装备条件，鼓励和支持散养密集区实行畜禽粪污分户收集、集中处理。

［安徽省政协十二届二次会议提案，2018.11.29］

56 政府通过购买服务解决秸秆禁烧问题的建议

随着全民环境保护意识的增强，秸秆禁烧已受到全社会的广泛关注，每年夏收季节，各级政府及环保部门都要投入大量时间和精力，但受种种原因影响，效果不尽如人意。就其原因主要有：一是秸秆作为烧料的利用方式发生了变化。随着农村经济的发展和农民生活水平的提高，作为传统燃料的秸秆正在被液化气、煤炭、电等取代，秸秆成为农民种田的“负担”。二是农民对焚烧秸秆的危害性认识不足。由于农民文化素质不高，环保意识薄弱，认识上存在误区，不少群众认为秸秆灰可以增大土壤肥力。事实上秸秆焚烧不仅污染环境，还使本来含有的氮磷钾和其他微量元素等因焚烧而丧失殆尽。另外，焚烧秸秆的高温还杀死了土壤中的微生物，破坏土壤结构，加速土壤板结、加速墒情的损失。三是秸秆留在田间影响播种和出苗，不利于农作物生长。四是秸秆回收利用不畅。秸秆处理方式费时费事，不仅要归拢，还要打捆、装车、运输，成本高、效益低，烧掉是最省钱省力的做法。加上目前农机数量少，加装粉碎还田装置后收割机械动力跟不上，灭茬增加油耗和机械磨损，影响收割进度，导致割茬过高，存在焚烧隐患。五是管理方面遇到难题。由于群众认识不到位，自觉参与意识不强，部分群众有抵触情绪，镇、村干部只能靠死看硬守。而镇干部数量有限，村干部在三夏时节家里也有农活，靠几十人看管全镇几万亩农田的确有难度，特别是部分群众打时间差，夜晚去焚烧，或在禁烧工作放松后，还是一把火烧掉，给禁烧工作增加了难度，也影响了干群关系和政府的公信力。

秸秆焚烧是一个生态问题，与农民本身没有直接利益关系，如果处理秸秆增加了农民额外负担，农民是不愿意的。因此，政府必须在秸秆禁烧中主动承担起责任，想方设法帮助农民解决秸秆利用问题。目前大量研究得出最有效的秸秆利用方式就是秸秆粉碎还田，这不仅解决了秸秆禁烧难题，还增加了土壤有机质含量，改良土壤结构。为此，我们提出以下建议。

（1）政府要加大政策扶持力度。国家对购买秸秆还田机械和免耕播种机械、收获粉碎机械实行政府补贴政策。不仅对大马力拖拉机、大中型秸秆还田机、与收割机配套的秸秆粉碎机等农机购置进行补贴，还要大力推广秸秆还田技术，对开展秸秆还田的示范区和农户，以及建设秸秆焚烧发电项目，生产以秸秆为辅料的商品有机肥料等给予补贴和奖励。强力推进农村沼气池建设，将秸秆转化为清洁能源，为秸秆综合利用开创一条新途径。

（2）政府通过购买社会化服务解决秸秆还田问题。政府利用现代农业发展资金购买服务的方式，引进社会化服务组织，包括农机专业合作社、植保合作社等，开展农事专业的社会化服务，免费或半免费为农民开展播种、施肥、病虫害防治、收获以及秸秆还田等田间作业。不仅能够解决秸秆还田问题，还减少农药对环境的污染，提高农产品产量和质量，更重要的是能大大降低农民的生产成本，提高产品市场竞争力，增加农民收入。政府可以统筹综合各种涉农资金，逐步扩大示范推广服务环节和服务范围。例如今年我省凤阳县枣巷镇政府就拿出400多万元小麦产业发展资金，购买“红旗手农机合作社”的农机服务，对全镇3.5万亩小麦进行全程托管服务。政府补贴合作社每亩60元，农民只要支付70元，就实现了小麦“一喷三防”、低茬收割、打捆粉碎、旋耕还田等4项作业服务，既为农户节省了大量的时间、费用，又从源头上控制了秸秆焚烧。农机手有了稳定的业务，政府部门可以从繁重的禁烧工作中解脱出来，合作社也有了利润，可谓是多赢之举。

（3）广泛宣传，提高群众的环保意识。秸秆禁烧工作的关键在于农民思想意识的转变。要从保护人民身心健康，维护社会交通安全，改善农村大气环境的角度，大力宣传党和国家有关方针政策、秸秆综合利用的价值，通过秸秆综合利用好经验、好典型的示范带动作用，积极转变农村传统的耕作习惯，切实做好《中华人民共和国大气污染防治法》和《秸秆禁烧和综合利用管理办法》等法律法规的贯彻落实工作。

秸秆是重要的有机资源，弃之为废，焚之为害，用之为宝。为此，政府要深入细致地做群众的思想工作，实实在在为农民着想。要精心组织，加强培训，认真做好技术指导；要利用好农业项目资金，选好农机合作社，搞好秸秆还田和综合利用服务，堵疏结合，化害为利，从根本上解决秸秆禁烧难题。

［安徽省政协十一届三次会议提案，2015.6］

57 关于推进农作物秸秆机械化还田和综合利用的建议

1. 秸秆还田和综合利用现状

我国是世界上最大的农业生产国，每年要产生各类作物秸秆6亿～7亿吨，其中有约40%未得到有效的处理和利用。利用部分中大约30%用作生活燃料、25%用作饲料、2%～3%用作工副业原料，6%～7%直接还田作为肥料。未利用的农作物秸秆被废弃于田间、地头、场院及农舍边，不仅占用大量土地、影响农村环境卫生，还成为农村火灾的一大隐患。有的地方农民为抢收、抢种把剩余秸秆在田间直接焚烧处理，造成资源浪费并且带来严重的大气污染，频繁引发火灾事故，特别是在机场周围和公路两侧焚烧秸秆，还严重影响飞机的起降和汽车行驶的安全。秸秆的处理与利用是我国农村面临的主要资源环境问题之一，因此，搞好秸秆综合利用，已引起社会的广泛关注和政府重视。为此，国家环境保护总局、农业部、财政部、铁道部、交通部、中国民用航空总局于1999年联合发布了《秸秆禁烧和综合利用管理办法》，要求的目标是：到2002年，各直辖市、省会城市和副省级城市等重要城市的秸秆综合利用率达到60%；到2005年，各省、自治区的秸秆综合利用率达到85%。

但当时这些预期目标很多地区都没有实现。如河北省2005年秸秆综合利用率达65%，已排在全国的前列。而安徽省同期秸秆综合利用率还不到50%，秸秆还田只有5%～6%。2006年，安徽省农作物机械收获面积为5 549.5万亩，占总播种面积的35.7%，其中小麦占52.0%，水稻占41.0%，玉米占0.45%。而全省农作物机械化秸秆还田面积为1 139.7万亩，占机械化收获面积的20.5%，仅占农作物播种总面积的7.3%。同期，合肥市农作物机械收获面积为249.2万亩，占总播种面积的38.6%，主要是水稻和小麦，分别占86.8%和13.2%。而农作物机械化秸秆还田面积为115.5万亩，占机械化收获面积的46.3%，占农作物播种总面积的 17.8%。与发达省份相比还存在较大差距，如江苏省 2007 年水稻、小麦、油菜和玉米 4 种主要农作物的综合机械化水平已达到 72%，全省高性能联合收割机的保有量达到 2.14 万台，占全国总保有量的 40% 以上；秸秆机械化还田发展也较快，以年均 10% 以上的速度增长，到 2006 年年底，全省秸秆还田机保有量达 1.74 万台，实施秸秆机械化还田面积 1 400 多万亩，计划到 2008 年面积将达到 1 850 万亩，占全省农作物播种总面积的 25% 以上。因此，合肥市农作物秸秆机械化还田面积虽然走在我省前列，但与江苏省平均水平相比还存在一定的差距。况且，目前合肥市还有 1/2 以上是中低产田，长期依赖化肥，有机肥施用少，土壤有机质含量低，土壤板结，地力差，缺氮少磷，造成作物产量低而不稳，因此，实施农作物秸秆还田不仅能改善生态环境，还能提高土壤肥力，意义十分重大。

2. 秸秆综合利用的途径

作为一种资源，农作物秸秆可用作肥料、饲料、生活燃料及发电、造纸、建材、编织等工业生产的原料。开发利用秸秆已成为近阶段我国生物质资源开发和生态环境保护的新焦点。

目前，我市秸秆综合利用的途径主要有以下几个方面：一是用作还田肥料。这是目前秸秆农业利用的重要途径。二是用作工业原料。目前主要用于制板、造纸、做餐具、加工草帘、草袋等，这是大有发展前景的新产业，在我市已有一定基础。三是用作牲畜饲料。农作物秸秆中含有多种营养成分，是发展畜牧业的重要饲料来源。四是用作菌菇基料。农作物秸秆含有丰富的纤维素和木质素等有机物，是培育食用菌的好材料。五是用作能源燃料。如秸秆气化、发电等。我认为，当前在工业利用未达到一定规模时，秸秆机械化还田是秸秆综合利用的主要技术措施和手段，是减少秸秆焚烧现象最有效的途径之一。

秸秆还田主要有秸秆切碎还田、高留茬还田、覆盖还田和过腹还田等方式。目前推广面积最大的是高留茬还田，约占秸秆直接还田总面积的 60%，其中机械切碎翻压和覆盖还田分别约占 22% 和 18%。实践证明，机械化秸秆切碎还田技术，不仅有利于抢农时，争积温，实现大量秸秆及时就地还田，避免因直接腐烂或焚烧带来的环境污染等问题，而且为大面积以地养地，增加土壤有机质含量，改善土壤团粒结构、培肥地力，提高农作物产量走出了新路子。同时，秸秆机械化还田技术在抗旱保墒、减少化肥用量和节约生产成本、保护生态环境、实现可持续发展农业等方面均有明显效果。同时还能为农机生产企业带来直接的经济效益。

3. 建议

合肥市种植业在农业中占有较大的份额，每年农作物的播种面积在 650 万亩以上，农作物秸秆资源非常丰富，而秸秆机械化还田和综合利用还处于起步阶段，也存在不少技术和资金等问题尚未解决，从而造成大量的农作物秸秆浪费或对环境形成危害。因此，为加快合肥市农作物秸秆机械化还田和综合利用技术的研究、开发与推广步伐，形成如下建议：

（1）加大宣传力度，进一步提高各级领导对农作物秸秆机械化还田工作重要意义的认识。并建议有关部门成立市农作物秸秆机械化还田及综合利用技术专家组，旨在按照建设社会主义新农村和节约型社会的要求，提高农机化发展的生态效益，推进资源节约利用。通过技术专家组，提出本市技术发展对策建议，提供技术指导和咨询服务，并参与相关技术培训，对技术发展中的农艺措施、机械装备等提出改进意见，促进农机农艺的紧密结合。

（2）有关部门和专家组通过认真调查和试验研究，明确提出可供不同生态区域选择的秸秆还田机具类型、型号以及技术方案路线，制定合理的秸秆还田操作技术规程。方案制定上要做到点面结合，兼顾区域特点，广泛听取意见，选型要考虑适用性、可靠性和经济性等指标；开展试验研究应明确重点，结果要有说服力。选择样机时既要考虑保有量大、应用较成熟的机型，又要兼顾近年来开发的新机型。试验点要有代表性，试验环境要有可比性。试验参数的测定要规范，既要参照有关标准，又要根据合肥市的实际情况，有针对性地设定一些评价指标。

（3）逐步完善我市财政扶持政策。一方面，通过项目形式即财政支农资金项目，增加对主要农作物秸秆还田和综合利用技术研究和开发的投入。积极向市政府汇报，努力争取市级财政的投入和扶持力度，强化农作物秸秆机械化还田工作的目标管理责任制，积极推进农作物秸秆机械化还田技术的社会化服务进程。另一方面，安排财政专项资金对示范乡镇实施秸秆机械化还田的农民进行补助。补助标准为每亩 8 ～ 10 元。各县（市、区）也要积极出台相应的配套扶持政策，制定实施秸秆机械化还田补助办法。通过各项政策的拉动，引导农民和社会组织投资秸秆还田与综合利用机械，形成多渠道、多元化投入的新机制。

（4）制定对农民购置秸秆还田及综合利用机具给予补贴的优惠政策。明确补贴机具的型号、数量、价格、补贴金额。补贴额度适当提高到机具购置价格的 50% 以上。例如：9KF–8042/2 型秸秆捡拾打捆机，销售价格为 6.8 万元 / 台，则给予补贴 3.4 万元 / 台；IGH–180 型水田埋草机（旋耕机），销售价格为 0.42 万元 / 台，给予补贴 0.2 万元 / 台等，提高购买和使用秸秆还田及综合利用农业机械的积极性。

（5）加强稻麦类的软秸秆田间粉碎还田机具的研究与商品化开发，进一步研制开发和示范推广油菜等硬秸秆还田机具及其配套联合作业机具，使之商品化和产业化。加强硬秸秆和软秸秆还田机的理论研究。通过深入调研，把省内外、国

油菜机械化收获秸秆还田

内外的机具和技术状况、发展前景等摸清楚，选择先进适用机型进行引进开发。

（6）进一步探索稻麦油秸秆回收综合利用，增加农民收入，提高经济效益的新途径。建立机械化秸秆综合利用长效机制，促进秸秆综合利用向深层次、商品化、系列化、产业化转变，不断提高机械化秸秆综合利用水平。具体操作上，可以根据秸秆资源和发展种植业、养殖业状况以及农民对秸秆资源的需求等情况，进行稻麦油秸秆的打捆收集，依托造纸、电力企业，开展秸秆深加工，实现秸秆增值。也可开展联合收获与秸秆切抛一体化作业，实现水稻、小麦收获和秸秆粉碎直接还田一次完成。或因地制宜地推广秸秆栽培食用菌、氨化、乡村清洁循环利用及能源转化利用等综合利用技术。大力推广保护性耕作技术，重点推广免耕播种机，提高秸秆还田能力和整体农机化水平。同时，利用现有技术成果和合肥市经济的拉动，制定优惠政策，大力培育饲料加工、肥料加工、燃料转化等新兴产业，鼓励相关企业利用秸秆资源，发展秸秆循环经济，加快秸秆综合利用向深层次开发、高层次利用、产业化经营方向发展。

［合肥市政协十二届一次会议重点提案，刊登于合肥晚报，2008.1.10］

58 加快淮河生态经济带与长江经济带融合发展的建议

2018 年 10 月，淮河生态经济带发展正式提升为国家战略，2020 年 10 月安徽省出台了《安徽省贯彻落实淮河生态经济带发展规划实施方案》，对推进淮河流域淮北、亳州、宿州、蚌埠、阜阳、淮南、滁州、六安 8 市生态文明建设和高质量发展，构建淮河生态经济带绿色发展具有重要意义，也对长江经济带具有推动作用。加快建设淮河生态经济带有利于解决我省皖北腹地缺少国家战略直接覆盖问题，推动我省南北区域协调发展。从长远看，淮河生态经济带与长江经济带融合发展是大势所趋，可目前两带发展存在较大差距，融合发展现状和交流合作面临诸多问题：一是融合基础不扎实。皖北经济发展整体水平处于我省中下游，产业结构粗放，现代服务业相对不足，而长江经济带发展较好。二是深度融合条件不充分。皖北交通等基础设施建设还不够完善，航空水运规模较小，从淮河流域到长江两岸的交通不是很畅通便捷。三是发展动力不足。皖北地区人才引进和资金支持相对不足，资源要素在两带区域之间流向单一、流动不畅。两带地域和思想观念差异大，产业政策推进机制不同，也导致两带交流合作方式难以统一，融合力度难以协调。因此，为促进两带深度融合提出如下建议。

（1）建机制，促进两带交流合作常态化。从省级层面建立淮河生态经济带和长江经济带融合发展定期研讨交流和合作推进机制，改变两带发展中长期存在的区域割裂现象。建立健全两带会商合作机制，推动重大政策、重点规划共同争取，重大设施、重点产业统筹布局，重大工程、重点改革协同推进，重大项目、重点企业承接转移，合作组建专门机构，共同开展专题研究和相关规划编制与实施，共谋合作发展路径。出台相关政策制度，支持两带协同推进、融合发展。

（2）抓基建，推进两带基础设施互联互通。完善皖北陆路交通网络，消除国道、省道及高速公路“断头路”，加快跨区域旅游公路、扶贫公路建设；在继续完善南北向交通建设的同时，积极打通东西向大通道，加快与长江绿色经济带铁路组网。打造水运航空枢纽，协调长三角地区枢纽型机场的分工，促进两带空域资源、客货资源、运输能力的合理配置和有效利用；推进航道船闸升级扩容、提升航道等级，构建现代航运信息网络，打造淮河通江入湖的黄金水道。积极推进引江济淮工程建设。

（3）求创新，共促两带产业转型升级。两带联手推进产业技术协同创新，打破地区行政分割，整合沿淮沿江各城市创新资源，围绕生态环保、生物医药、新能源、新材料、机械制造等重点领域，鼓励优势城市牵头，以企业联合高校、科研院所，共建产业技术创新联盟和创新平台。扩大两带之间企业共建产业园区，进一步发展“飞地经济”，支持创建承接长江流域重点产业转移示范区，建立区域间产业转移统筹协调、优势互补机制。构建国家现代高效农业先行区。共同成立旅游发展战略联盟，协同推出旅游精品线路，共同搭建旅游信息服务平台、电子商务平台，促进构建无障碍旅游环境。

（4）抓监管，推进生态环境共治共享，实施环境监管联动。积极联合长江淮河流域相关部门，建立区域联动机制，对长江、淮河及其支流等重点流域环境污染问题，实现统一规划、统一标准、统一环评、统一监测、统一执法。合作构建多层次、多领域生态保护补偿机制，推进实施淮河流域生态保护补偿机制。积极向中央财政积极申请支持，探索建立淮河流域市场化、多元化生态补偿机制，积极推进水权、排污权、碳排放权交易，促进区域生态环境良性和长远发展。

（5）促改革，推动更多领域优势互补。一是推广改革试点政策。长江绿色经济带沿线特别是中下游长三角区域承担着国家多项深化改革和扩大开放的试点任务，形成了不少制度创新成果，及时将成果推广到淮河生态经济带覆盖区域，保证重大发展政策一致性。二是强化科研资源交流。发挥长江经济带中心城市高校科研院所集中、高层次人才富集的优势，打通不同地区高校、企业和科研机构间科技成果转移转化通道，联合建设并合理布局一批区域高层次创新载体和研发服务平台，推动两带高校间以联合办学、教师互聘、学科共建等多种形式加强交流合作。

［安徽省政协十二届三次会议提案，民进安徽省委社情民意信息优秀成果三等奖，2020 年］

59 严防有机肥生产中蓄意添加碳粉的建议

有机肥由于其养分含量全面，既可增加农作物产量，又能改善农产品品质，还能减少化学肥料的使用，保护环境；同时又能增加土壤有机质，改善土壤理化性质，提高土壤肥力。所以有机肥渐渐为政府部门高度重视和农民广泛使用。但是目前市场上有机肥产品质量良莠不齐，主要表现在有机质含量上。按照农业农村部出台的《有机肥料》标准规定，有机质含量要大于或等于 45%。这比之前的老标准提高了 15 个百分点，要达到这个新标准要求，有机肥企业需要在有机肥制备技术上做深入的研发和投入。但目前我国有机肥企业数量多，规模小，投资少，生产简单，见效快，在面对市场新的准入标准出台后，大部分有机肥企业产品达不到要求，财力弱无法进行必要的技术改造和设备更新，导致很多企业开始投机取巧，通过添加外源的碳粉，提高有机质含量，来应对有机肥中有机质含量不达标问题。但是添加的碳粉并不含有机质中的腐殖质等物质，有机肥中添加了碳粉不但达不到有机肥效果，还大量耗损国家不可再生资源，同时也增加了有机肥生产成本。为此提出以下建议。

（1）完善标准，改进《有机肥料》标准中有机质的测定方法。不能按照现行的标准中外加热测定方法测定碳后乘以系数来简单计算有机质含量。从而才能避免企业采用添加碳粉的方式来达到提高有机质含量的目的，真正确保有机肥中真实的有机质含量。

（2）适当降低有机质含量标准。要实事求是调整有机肥中有机质含量的标准要求，使有机肥生产技术门槛适当降低，有利于中小型有机肥生产企业正常的生产和运营。具体有机质含量降到什么样的标准水平，需要根据我国有机肥原料的来源及其含量等数据进行科学测算来确定一个合理的范围，不能搞“一刀切”。

［安徽省政协十二届四次会议提案，2021.6.21］

参加安徽省两会途中

第六篇

农村经济与政治

60 进一步发展冷链物流产业的建议

我国生鲜电商市场发展迅速，带动了冷链物流行业快速发展。生鲜产品在常温下运输配送极易腐烂变质，损耗率高，冷链物流是保障食品安全的关键环节。安徽省正由农业大省向农业强省转变，生鲜物流产业落后将严重制约我省现代农业发展，为此，2017年，省政府办公厅出台了《关于加快发展冷链物流保障食品安全促进消费升级的实施意见》，为构建我省“全链条、网络化、严标准、可追溯、新模式、高效率”的现代冷链物流体系，保障食品消费安全奠定了政策基础。

但我省冷链物流起步晚，基础薄弱、设施不足、技术创新落后等问题仍然存在，主要表现在：一是标准不成体系，监管不到位。目前生鲜冷链物流行业以执行企业标准为主，缺乏地方标准和有效监管，标准执行不到位，冷链“不冷”和“断链”现象普遍。二是行业集中度低，缺乏龙头企业引领。我省冷链物流行业企业规模小，经营模式落后，缺少龙头企业带动，导致企业运营成本高、效率低。三是行业信息化水平低、技术落后。农产品产地冷链物流技术落后、设备简陋，缺少产后预冷处理，损耗率高，产地“最先一公里”和城市“最后一公里”问题依然存在，以“冰袋+塑料泡沫箱”为代表的传统手段仍占主流。四是人才短缺，企业用人成本上升。冷链物流行业需要懂制冷、保温、食品、物流、供应链等专业知识的复合型人才。目前，国内开设冷链物流专业院校少，专业人才稀缺，主要依靠企业自己培养，增加了企业成本。为此提出以下建议。

（1）健全冷链物流标准和服务规范体系。组织制定生鲜冷链物流相关地方标准。如冷藏保温车辆分类及技术要求、冷藏保温车辆标识、道路冷链运输服务规则、冷链运输温度记录与监控装备技术标准等。结合道路运输条例的修订，加强对冷链运输行业监管，防止货物不正常脱冷。

（2）支持行业标准化建设，培育一批龙头企业和示范园区。规范企业冷链物流行业标准化经营。支持冷链设施标准化改造，完善冷链物流基础设施网络，提

在 2020 年安徽省政协会议上发言

高流通效率。加快培育一批冷链物流龙头企业，整合中小微运营资源，鼓励企业创新开展冷链共同配送、“生鲜电商＋冷链宅配”“生鲜生产基地＋冷链物流”等经营模式，推进冷链物流园区和重大项目建设。加大冷链物流设施用地保障，优先考虑将技术先进、管理规范、运行高效的冷链物流园区列入省级示范物流园区，发挥示范引领作用。

（3）加强冷链物流行业监管和信息化体系建设。建设冷链运输全程监控管理和信用评价平台，推动冷库、冷藏车等设施安装温度传感器、温度记录仪等冷链监控设备，逐步实现冷链运输车辆温湿度数据实时上传、实时监控、实时管理，并将其关键性技术指标纳入信用评价体系。支持冷链物流公共信息服务平台建设，整合生产、加工、物流资源，通过网站、平台等方式，提高信息透明度、设施利用率和物品流通效率。利用“互联网＋”、物联网和大数据提升我省冷链物流管理和服务水平，降低物流成本，提高工作效率。

（4）解决冷链物流行业突出共性关键技术难题，加强人才培养。针对我省冷链物流行业发展中的共性关键技术难题，加大投入，联合攻关。设立若干科研专项，支持有关院校加强冷链物流技术攻关与专业人才培养，加强各大院校与冷链企业间的交流合作，面向冷链物流行业从业人员开展专业技术知识和技能培训等。

［安徽省政协十二届三次会议口头发言，获时任省委副书记信长星的现场批示。2020 年民进安徽省委参政议政优秀成果二等奖］

61 关于加快安徽现代物流产业发展的建议

现代物流业是运用信息技术和供应链管理方法，对分散的运输、储存、装卸、搬运、包装、流通加工、配送、信息处理等功能进行系统整合和一体化运作的复合型产业。加快现代物流业发展，对于优化资源配置，改善投资环境，广泛吸纳就业，推进产业结构调整升级，提高我省经济运行质量和效益，增强国民经济竞争力具有重要意义。2009 年 3 月 10 日，国家出台了第一个物流业专项规划《物流业调整和振兴规划》，同年，我省也出台了《安徽省现代物流业发展规划》。

物流业涉及运输、仓储、装卸、加工、整理、配送和信息等多个方面，贯穿社会生产的全过程，与交通运输、仓储、工业生产、商贸流通以及邮政通信等各行各业都有密切的联系，是一项庞大的系统工程。只有加强经贸、计划、财政、物价、交通、民航、铁路、港口、信息、金融、邮政、外贸、海关、出入境检验检疫等各部门的沟通和联系，形成一个共同推动我省现代物流发展的合力，才能促进物流业的健康稳定发展。目前，发展我省物流业已具备不少优势：一是经济实力增强。2009 年，全省生产总值突破亿元大关，达到 10 052.9 亿元，汽车、钢铁、有色金属、建材、石化、装备制造、纺织服装等优势产业快速发展，重要能源、原材料基地初步形成，国民经济持续增长及其对物流业依存度的不断提升，极大地拓展了我省物流业的空间。二是区位优势突出。我省沿江近海、承东启西，地处长三角腹地，加快发展现代物流业具有得天独厚的优势。三是物流产业初具规模。2009 年，全省物流业实现增加值 675.2 亿元左右，全省共有运输、仓储及综合物流企业 2 000 家左右，具有一定规模的第三方物流企业 200 多家。四是物流设施逐步完善。初步形成了公路、铁路、水运、航空运输并存的综合运输体系。建设了一批粮棉油、冷藏、危险品等专业仓库，仓储设施建设步伐加快。信息基础设施以及电子商务、电子口岸等网络建设也取得积极进展。物流园区建设起步，配送设施现代化水平不断提高，一批区域性物流中心正在形成。

五是物流环境明显改善。各级政府及有关部门逐步重视物流工作，把加快发展现代物流业摆上一定位置。特别是随着国家扩大内需政策和中部崛起战略的实施、泛长三角分工合作的推进、合芜蚌自主创新综合配套改革试验区的加快建设，尤其是国家级皖江城市带承接产业转移示范区的设立，必将给我省物流业发展带来重大机遇。但从目前来看，仍存在认识上的局限，对物流产业的管理在体制上仍是条块分割、地区封锁和行业垄断，造成沟通和协调困难，使决策和管理效率不高，在体制上不利于物流产业的发展。加之物流企业自身的服务功能不全、管理水平不高、信息化水平偏低、物流人才紧缺，从而制约了我省物流业的快速发展。为此，提出以下建议。

1. 切实落实《安徽省现代物流业发展规划》

加强政府统筹协调，出台现代物流业发展的产业相关政策，确保我省物流相关行业的有序发展。省政府和有关部门有必要进一步加强在发展物流方面的统筹协调，把铁路、公路、水运、空运、仓储、物流中心、配送中心包括各市县的物流规划都进行统一运筹，对物流业发展中遇到的基础设施投资政策、土地政策、税收政策、市场准入政策、金融政策等要在调查研究的基础上尽快出台。

2. 建设与培育现代物流业的主体市场

（1）加快物流业资源垄断部门的改革，重点改造提升运输业与邮政服务业，加快电子、铁路、民航、仓储业的管理体制改革，使物流资源全部进入市场运作，并引入竞争机制。

（2）通过政府部门的引导，培育物流业需求市场，主要包括工业企业物流、流通企业物流、农产品物流、保税区物流、进出口物流、批发市场物流、电子商务物流、回收物流。这些物流需求市场都涉及采购、运输、装卸、搬运、仓储、包装、流通加工、配送、信息处理等环节。

（3）培育壮大一批现代物流企业。努力培育一批社会化、专业化、现代化现代物流企业，尽快形成一批核心竞争力强的现代物流企业，完善全省现代物流工作重点企业联系制度，加强与重点物流企业的联系。在现有的联系企业中，选择3～5家从事第三方物流服务的企业，加强联系和服务，在人才培训、专家诊断、规划引导、企业改组联合和政策扶持等方面予以帮助。

3. 积极发展完善各类物流配送中心

要大力发展各类现代化的物流配送中心，并且改造现有物流的传统设施，提高我省商品流通的效率和质量，让消费者得到更好的服务。

4. 推进物流配送领域信息系统建设，积极发展网络化、社会化的物流服务体系

引导企业利用先进的信息技术和物流技术，加强条形码、全面质量管理、电子数据交换、管理信息系统、地理信息系统和全球定位系统、计算机集成制造系统、企业资源计划以及供应链管理等物流理论和技术等在物流企业和广大工商企业内部物流管理中的应用，全面提高企业的信息管理水平。

5. 加速物流行业的标准化、规范化

政府要在物流用语、计量标准、技术标准、数据传输标准、物流作业标准和服务标准等方面做好基础工作。同时，要加强标准化工作的协调和组织工作，对国家已经颁布的各种与物流活动相关的国家标准、行业标准进行深入研究，对已经落后于经济技术发展水平的标准尽快淘汰，并代之以新的标准；对托盘、集装箱、各种物流搬运和装卸设施、物流中心、条形码等通用性较强的物流设施和装备的标准进行全面梳理，并进行适当的修订和完善，以使各种相关的技术标准协调一致，提高物流产业中货物和相关信息流转效率。

6. 提高工业及商业企业的物流管理水平。

现代物流产业发展的重要目标是建立良好的运作环境，为物流企业与工业、商业企业之间构筑供应链系统创造条件。但是，物流产业的发展离不开工业及商业企业对物流管理技术的广泛应用，建立工业、商业物流服务体系、创造企业物流管理和发展的良好氛围，将是现代物流产业发展的必备条件。

7. 重视物流人才培训，加强物流学科建设

（1）建立多层次的物流专业教育体系，包括研究生教育、本科教育和职业教育等多个层次。应尽快鼓励有条件的高等院校开设物流专业，并在一些经济类专业中加设物流课程，通过各种途径加快物流师资与物流教材建设，为企业培养理论扎实的专业人才。

（2）引进美国、英国、日本、澳大利亚等国家以及国际行业组织物流师与采购师的资质证书培训，在此基础上建立自己的资质证书培训体系。重视物流专业人才的在职培训，建立物流经营、管理人员和运作人员的上岗培训机制，通过培训的员工可以获得上岗证书，这对企业来说，可以提高物流从业人员业务素质，增强企业的竞争力。

［安徽省政协十届四次会议口头发言材料，获时任省长和副省长批示。获安徽省政协优秀提案，民进安徽省委优秀社情民意一等奖，2011 年］

62 完善法律制度，提高违法成本，加大打击力度，构建和谐安徽

中共十八届四中全会审议通过了《中共中央关于全面推进依法治国若干重大问题的决定》，标志着我国正式进入全面推进依法治国新时代。实际上，安徽省早在1993年就开展依法治省工作，并于1996年纳入全省经济社会发展计划；2008年正式提出“法治安徽”建设，近几年相继出台《法治安徽建设纲要》《关于加快推进法治安徽建设的意见》，明确法治安徽建设已进入关键阶段。经过多年努力，我省在“法治安徽”建设上打造出像“农民普法讲习会”、社区免费“法律诊所”“万名公民旁听庭审”等一个个在全国有影响力的普法品牌。广大干群法治意识明显增强，各级政府依法行政能力不断提高，基层民主法治建设继续深化，社会法治化管理水平全面提升。尽管如此，在我们日常生产生活中，违法违纪现象仍很普遍，如环境污染、食品安全，偷税漏税、制假售假、非法传销、非法集资、交通违法、涉黄涉毒，赌博诈骗等违法行为，屡禁不止。

究其原因，我认为首先是全民法治意识仍很淡漠。遇事总是先想到找人、托关系。特别是有的基层干部“人治”陋习严重，有的信奉“搞定就是稳定，摆平就是水平，无事就是本事，妥协就是和谐”；把法治建设喊在嘴上、贴在墙上，搞形式主义，就是没有抓在手上。

其次，也是最重要的原因就是违法成本较低，打击力度不够，执法不严，让违法者难有敬畏之心。例如我国环境违法成本低，又如我国现行《中华人民共和国产品质量法》规定，对经营不合格产品违法行为“并处货值金额50%以上或3倍以下的罚款”，这样的处罚就缺少威慑力。但是，相比之下欧美国家的处罚力度非常大，1999年美国加利福尼亚州一家法院裁定通用汽车公司为一起车祸中6名被烧伤者支付49亿美元的赔偿，其原则就是要“毁灭这类奸商卷土重来的能力”，即法理上的“消除危险性原则”。除了重罚，让违法者付出巨大的经济代

价，欧美等法律健全的国家和地区还十分重视对违法者实施精神处罚，令其付出可能更惨重的信誉代价。监管部门会将经营者的违法行为进行存档，输入电脑信息库，任何人均可从电脑上查阅其档案资料，使不法奸商的商业信誉尽失，成为过街老鼠，没人愿意与其做生意。这样做不仅让不法者深感畏惧，还可以杀鸡儆猴，以儆效尤。

针对目前法治建设过程中存在的问题，我认为除了继续加强普法教育、深化法制宣传和法制培训以外，更重要的有以下 3 点必须加强。

（1）要进一步修订和完善我国现行法制体系，包括地方法规。着重从顶层设计上把好关，立好法，大幅度增加违法成本，让企业和个人不敢也不轻易违法。例如我国刑法修改，将酒驾入刑后，交通事故大幅度下降，就是提高违法成本带来的最好成果。又如今年刚修订和实施的《中华人民共和国环境保护法》，就增加了对违法案件的处罚力度，加大了环境污染的违法成本，增强了对违法行为的震慑力。希望其他法律法规也要逐步完善。

（2）要扩大执法队伍，加大执法和监管力度，严厉打击违法行为。同时加大责任追究力度，查事与查人相结合，并提高执法过程的透明度。对存在地方保护主义的地方政府及有关部门负责人和不依法行政、不作为、乱作为的监管失职者，要联合监察部门依法追究其责任。徒法不能以自行，再严格的法律制度都需要有力的执行才能发挥威力。根据省政府法制办调查，我省各级政府法制机构建设整体还偏弱，人员编制少、设备差，有待加强。

（3）建立健全企业和个人违法信用评价制度。将企业和个人守法情况纳入金融、环保、发改、工信、工商、质检、财政、价格、能源资源等管理部门评价体系，实行综合评价，最大限度地激励企业和个人遵纪守法。我省可以分类建立企业和个人信用记录数据库，完善实名制信息共享平台体系，健全诚信评价体系和信息披露制度，构建失信惩戒机制，逐步建成体系完整、分工明确、运行高效、监管有力的诚信体系，以此培育现代公民。

［安徽省政协十一届四次会议联组会议口头发言，时任省委书记李锦斌出席；2016 年民进安徽省委参政议政优秀成果二等奖］

63 新农村建设中支农项目的科学性和实效性问题

近些年来，为了进一步巩固农业基础地位，提升产业发展功能，各级始终坚持贯彻“工业反哺农业，城市支持农村”和“多予、少取、放活”的方针，积极调整支出结构，大力支持现代农业发展，财政支农项目和资金呈稳步增加态势。据统计，2004—2006 年中央财政安排给 16 个省（自治区、直辖市）的支农专项资金年均增长 24%。仅 2006 年中央财政拨付到 16 个省（自治区、直辖市）的支农专项资金总计 1 264 亿元，占当年中央专项转移支付资金总额的 46%。2007 年中央财政支农资金达 4 318 亿元，相比 2002 年增长 122%。一系列的惠农政策和支农项目在推动我国新农村建设中发挥了重要作用。

近年来，我国农业项目管理部门尽管制定出台了从项目立项申报审批、项目实施到竣工验收全过程的一系列项目管理制度、专项管理办法以及相关建设标准，还对各关键环节和实施全过程制定了多项监管制度以及相配套的实施细则。但由于农业是兼有市场风险和气候环境风险的弱质产业，农业项目能否成功实施要受项目的设计内容、技术、管理、市场、气候和主体农民等多因素的制约。不少项目在实施和管理过程中，由于前期缺乏调查研究，可行性论证不够，或者缺乏项目执行主体的广泛参与，项目实施遇到了许多难以解决的问题，不能达到预期效果，甚至半途而废，造成很大的经济损失，从而也暴露出我国在项目管理方面存在的漏洞。因此，支农项目设计的科学性、实效性以及项目的管理制度建设问题应引起政府的高度重视。

1. 存在的主要问题

（1）支农项目管理制度不完善。一是与管理规定配套的管理工作细则缺项较多。由于支农项目种类繁多，各项目之间差异也较大，一些管理办法很难完全适应项目的实际情况，在项目管理的实际操作中，部分项目难以找到适合的管理办法与之完全对应，从而增添了实际执行的困难。有的管理办法较为笼统和含糊，管理的细节还不完善，不仅造成管理部门自由裁量权过大，也不利于项目的规范管理。二是项目标准体系建设滞后。农业项目种类多、差异性大，需要大量的农业建设标准才能覆盖。目前只制定了日光温室、种牛场、种鸡场等9项农业工程建设标准。其他项目多采用借鉴和参考相近的标准，针对性不强，与实际情况存在较大差异，从而给项目的投资管理带来很大难度。三是随着农业投资体制改革的不断深入，投资领域的不断扩大，投资主体的多元化，所制定的管理办法和行业标准不能满足形势发展与变化的要求。四是制度规定的系统性和科学性不够。由于前期工作经费不落实，前期工作时间短，勘察设计、评估评审专家无法到项目现场，配套资金虚设等使一些已批复的项目可研报告或初步设计与实际情况不尽符合，致使有的项目不调整则无法执行。

（2）有些项目设计缺乏科学性，可研报告往往脱离实际。目前国家实施的支农项目很多，但有些项目在具体设计和实施过程中，缺乏科学性和合理性，一味强调项目的建设规模，缩短实施年限，虚夸经济效益，超出现实条件和能力，使得项目实施的时间过短、规模过大、任务过重，难以取得实际效果。例如农业示范区建设，一般设计的项目年限在2年左右，有的仅仅1年时间，在短短的1～2年时间内，既要达到较大的规模，又要实现高产创建的目标，是很难做到的。加之目前示范区建设缺乏标准与规范去约束和监督，从而使得项目的实施效果不尽如人意。

（3）有些项目论证不充分，实施方案缺乏可行性。农业项目的设计更应该注重实际效果，注重项目的主体农民的参与，而不是单纯追求技术的先进性和搞政府的形象工程。但调研中发现，少数项目在实施过程中全靠政府推动，农民积极性不高，参与度不够。例如国家测土配方施肥项目在实施过程中推广秸秆腐熟剂产品时，政府花费大量的项目资金购买了大量的秸秆腐熟剂发给各个项目县应用，可实际上却没有地方使用。原因是腐熟时间过长，不切实际，农民不接受，从而造成大量项目资金浪费，没有起到应有的效果。

（4）项目主体宏观经济效率意识淡薄，对项目设计缺乏长远考虑。政府部门在项目分析规划设计、项目审批、立项、评价和验收等方面强调的是项目的财务效益，而对国民经济效益的综合考虑不足。项目申报者在进行项目可行性分析时，考虑更多的是“可批性”而非“可行性”，经济实效分析常被忽略。地方政府受地方财力限制，配套资金难以落实，影响支农效果。农业企业参与农业项目的动机多为争取财政拨款、银行贷款以及其他优惠条件，项目营运过程中企业关心的是其盈利能力，对国民经济效益往往缺乏长远而充分的考虑，有的企业甚至以污染环境为代价维持本企业的盈利状态。农户参与项目的积极性在于家庭收入的增加，受其自身知识水平与认识上的限制，也不可能关注项目的国民经济效益。因此，我国农业项目的可行性研究很多只重视财务分析，忽略项目国民经济分析和环境影响分析。例如国家农业综合开发项目，目前占了农业项目的大多数，国家农业综合开发办公室下发的《农业综合开发项目可行性研究报告编写要求》只对财务分析做了规定，而没有关于国民经济分析和环境影响分析的要求。

（5）支农项目资金的分配、使用和管理不规范。现在许多单位和部门争取项目和资金的积极性很高，但资金到位后重视支出轻视管理，不重视资金的使用效益，尤其是随着资金量的快速增加，财政各项监督检查力度不够、查处不严，个别单位财务管理不规范，给财政后期管理和检查验收带来了困难。财政内部和资金使用单位缺乏项目资金的绩效评价体系，资金监管中的越位和缺位现象同时存在。在资金管理上，项目资金迟迟不到位，配套资金未作安排或安排不足，资金使用“撒胡椒面”和截留、滞留、占压、拨付不及时的问题依然存在。据审计署 2009 年发布的第 11 号审计结果表明，2008 年审计署对河南、甘肃、山西、黑龙江、江苏、湖南、福建、陕西、内蒙古和重庆 10 个省（自治区、直辖市）2006—2007 年财政支农资金管理使用以及相关涉农政策执行情况进行了审计调查，发现违规使用支农资金 26.93 亿元，其中 5 837.4 万元用于建房买车。应于 2007 年年底完成的 86 个财政支农项目中，有 32 个没有达到设计要求和预期目标。

2. 建议

（1）贯彻科学发展观，科学设定农业项目的指标体系。农业项目设计的科学性和合理性是实现项目实效性的前提，项目的设计应按照科学发展观的要求，围绕新农村建设的总目标，追求项目的科学性、先进性和实效性的统一，切实改变目前重财务分析、轻经济效益和环境效益的做法，完善项目分析和验收规范，突出经济效益分析和环境效益评价。在项目论证上，应实事求是，因地制宜。农村条件千差万别，历史、区域、人们的生活习惯、自然以及市场条件等因素均制约和影响项目的实际效果。因此，项目设计的立项指标和目标体系必须充分考虑各因素的变化，在确定项目目标、内容和时限时，应科学论证，强化项目的可能性研究分析，保障项目实施效果。在项目评估验收上，既要设立和完善经济指标体系，更要明确包括环境效益在内的综合效益指标体系，细化拨款、使用、施工等各环节的效益评价指标，探索和完善效益评估和项目验收有效办法和相关的工作程序。

（2）完善项目管理制度，保障项目实施有序、规范和有效。一是完善环节管理制度。要完善前期工作管理制度，包括项目建议书、项目可行性研究报告、初步设计的编报，项目评估和审批。要完善项目实施管理制度。加强项目法人责任制、合同管理、工程建设监理管理、工程质量追究制度、档案保管制度、施工安全制度等。要完善项目验收及固定资产移交制度，包括初验、申请验收和竣工验收等。

二是建立专项管理制度。国家应根据农业行业重大建设项目和专业特点，制定重大项目类别的专门管理办法，具体指导各地的项目建设和管理。例如农村沼气、优粮工程、动物防疫体系建设等管理办法。

三是探索项目监管制度。要建立项目监督检查管理制度，规范检查工作程序和行为。要建立项目信息公开制度，充分发挥群众及社会对农业建设项目的监督作用。要完善相关奖惩办法，提高农业建设项目管理的主观能动性，明确项目管理中有关单位及相关人员的责任。

四是完善农业工程建设标准。要建立公用标准，包括基础标准和通用标准，基础标准如《农业建设项目术语标准》；通用标准如基本农田、农田排灌设施、实验室、晒场、道路等标准。要建立各类专业标准，如某类农业建设项目或某个农业建设项目的技术规范和标准要求等。

（3）加强支农项目的管理力量。一是加强管理队伍自身建设。要设立项目管理专门机构，负责项目管理工作，落实管理责任。要建立项目管理专业队伍，逐步建立由农业技术专家、工程建设专家、财务专家组成的专家队伍。要提高管理人员和部分专家的业务水平。

二是引入中介组织，探索专业化管理新方式。要积极推进专业化管理，逐步推行委托有相应资质的中介机构进行项目实施的专业化管理。要依托投资咨询机构，建立项目论证体系。对投资额度较大的项目，要求由有资质的投资咨询公司进行项目的前期论证，编制可行性研究报告。要依托工程建设相关单位，建立项目标准体系。认真总结工程建设经验，科学筹划建设投资，把握工程建设规律，按照农业建设项目实际情况和要求，组织制定操作性强的工程建设标准。要依托工程监理机构，建立工程质量监督体系。工程监理部门有专业人员、专门设备，可以保证质量监督的权威性。要充分利用工程监理单位，开展工程质量跟踪检查，及时处理施工问题，确保工程质量。

（4）强化项目资金监督管理，发挥资金使用效益。一是建议农业专项资金在财政同级国库开设“农业专项资金专户”，将多渠道管理、多环节转改为财政部门“一条边”管理。农业专项资金一律缴存“农业专项资金专户”，实行专户储存、专账管理、统筹安排、集中使用，确保农业专项资金专款专用，专账核算，解决专项资金被占、挪、挤、压的状况。

二是积极依托财务管理的中介机构，建立投资审核体系。利用工程造价及审计事务所等社会化中介机构，参与项目资金监管，逐步建立起完整的项目核算、审计体系，保障资金安全。

测土配方施肥项目合理性建议采访

三是建立健全严格的财政支农资金问责机制和责任追究制度，让支农项目资金通过制度的渠道得到有效保障和监管。

四是进一步完善中央支农资金管理方式，强化省级政府责任。中央财政应根据新农村建设的中长期发展规划及年度工作计划和各涉农部门的意见，在综合各省（自治区、直辖市）财力情况的基础上，按公开、透明、规范的原则，将中央支农资金切块下达给各省（自治区、直辖市），由省级政府具体负责资金分配和项目的选择，避免资金分散使用。省级政府应按照中央“三农”工作总体要求，结合当地农村经济发展特点，因地制宜，统筹分配支农资金，将资金落实到基层或具体实施项目，并对资金使用和项目实施的效益性、效果性负责。

［安徽省政协十届二次会议提案，2009.12.29］

64 抓好农村疫情防控和农业生产“两不误”

当前，正值春季农业生产大忙季节，新冠病毒感染疫情防控工作给各地农业生产带来了很大影响，特别是采取封闭管理隔离措施、减少人员流动，造成农业生产基本处于停滞状态。但目前农村正是做好春耕备耕农业生产的关键时期，既要抓好疫情防控工作，打好疫情防控阻击战，又要动员农民不误农时春耕备耕，全力做到疫情防控与农业生产两不误，是至关重要的。为此提出以下建议。

（1）建议尽快放开非疫村庄的封闭管理，组织农民抓紧搞好春耕备耕农业生产。在做好个人防护的前提下，正确引导农民和农民合作社、家庭农场等各类经营主体有序下田、分时下地、分散干活，确保农业生产有序推进、不误农时。

（2）加强技术指导。农技人员要密切关注天气重大变化，提前做好应对准备，尽可能降低恶劣天气对农业生产的影响。科技人员要到田间地头指导生产，利用好广播、电视、微信、QQ 等渠道，开展在线培训、在线指导、在线答疑，推进科学防灾，确保全面小康之年农业再获丰收。

（3）加强流动人员疫情防控和用餐管理。密切监测务工人员健康证明和外来人员、车辆管理，协调肥料、农药等农业生产资料供应。针对用工量大、人员聚集产业，要事前主动申报，强化疫情防控。同时，督促务工人员在劳动期间坚持佩戴口罩，用餐实行分餐制，人员较多时要实行分时段分区域就餐，降低聚集度，对非一次性餐具必须高温消毒处理。

［民进中央采纳 2020 年第 084 期，2020.2.13，民进安徽省委社情民意信息优秀成果一等奖］

65 借力“一带一路”倡议，加快推进农业“走出去”

我国具有悠久的农业对外交流历史，古代丝绸之路曾在丰富沿线人民的生活、促进农业技术交流和农产品贸易方面发挥了重要作用。安徽省人多地少，长期以来复种指数较高，加之城镇化步伐的加快，耕地等农业资源和环境承载矛盾日益突出。“一带一路”沿线65个国家有着丰富的农业资源，是世界上最主要的小麦和优质大米种植区，其产量分别占全球的45%和61%，而这是我国农产品短缺品种。我省与“一带一路”沿线国家较早就开展了农业国际合作，经济基础好，互补性强，潜力大。截至2018年年底，我省对外农业投资企业22家，累计投资6 901.8万美元，其中投资最多的国家是津巴布韦，其次是泰国。在目前国内农业持续低迷情况下，抓住机遇加快实施农业“走出去”战略，将有利于我省主要农产品稳定供给，确保食物安全，也有利于增强我省农产品国际竞争力，推动现代农业高质量发展。但目前我省农业在向沿线国家“走出去”过程中还存在不少问题：一是政府缺少统一协调机制，对外合作载体少，对外合作资源分散，涉农企业通关政策、检验检疫等方面缺少政策扶持，出口秩序有待理顺。二是农业企业走出去水平低、规模小，多数企业缺乏科学指导，科技含量低，附加值不高。三是农业企业走出去压力大、保障少，“一带一路”沿线国家投资环境复杂，信息不对称，部分国家政局变动频繁，农业项目建设周期长，投资成本大，企业无法抵御政治、经济等风险。为此提出以下建议。

（1）加强统筹协调，建立农业“走出去”战略规划。建立安徽省农业“走出去”战略规划及支持政策，搭建机制灵活的对外合作载体，拓宽农业交流合作领域。借助安徽与“一带一路”沿线国家缔结的友好关系，开展农业交流合作项目。尽快建立对外合作平台的稳定支持与动态调整机制，实现对全省农业国际合作项目统筹协调，提高效率。集中资源，强化省内开放型农业企业间合作，重点研究“一带一路”沿线国家的政治、经济、法律等，为农业“走出去”提供指导和服务。

（2）强化科技支撑，提升农业“走出去”水平。突出农业科技合作的先导地位，多渠道加强与沿线国家间农业科技交流。推进科技与农业产业“大对接”，以农业物联网、“互联网＋农机”等技术为依托，从农业投入、技术、效率等入手，提高农业科技核心竞争力。推动农业科研院所抱团出海，围绕农业对外合作需求，打造高水平海内外农业科技实验室，组织开展境外联合攻关、试验示范，在境外推广应用一批新品种、新技术、新装备、新模式。鼓励农业科技人员与“走出去”企业开展各种形式的项目合作，助推农业企业“走出去”。

（3）加大金融支持力度，破解农业“走出去”融资难。构建跨境金融服务体系，建立境外农业风险补偿资金，鼓励农业企业加大对政治相对稳定国家的投资。鼓励金融机构和政策性信贷资金为我省农业企业“走出去”提供资金支持。建立和完善境外农业投资保险体系，鼓励保险公司开办境外农业保险业务，丰富境外农业投资保险品种，帮助企业规避由于政治动荡、战争、自然灾害、市场环境、汇率变动等带来的风险。

（4）打造境内外农业合作示范区，优化农业“走出去”通道。强化我省“大农业”海外投资力度，推动我省境外农业合作示范区和农业对外开放合作试验区建设取得突破。引导企业参与农业合作园区建设和运营，围绕种养加和农产品物流等领域加强基础设施建设，优化产业链条，重视农业上下游产业链投资，建立海外农产品生产、收购、仓储、加工、运输体系，推动“一带一路”农产品贸易通道，发展跨境电子商务，提升贸易便利化水平，扩大贸易规模，为实现经济走廊和海上通道互联互通提供支撑。同时，推进我省农产品营销推介，突出发挥合肥滨湖国际会展中心的作用，加快培育打造一批“皖字号”优质农产品品牌。

［安徽省政协十二届三次会议提案，2019.12］

66 多措并举推进预制菜产业绿色健康发展

预制菜产业是乡村振兴的新产业，一头连产地，一头连市场；一头连生产，一头连消费；一头连农民增收，一头连市场供给，是农村一二三产业融合发展的新模式，是农民“接二连三”增收致富的新途径、新业态，对促进创业就业、消费升级和乡村振兴具有重要意义。目前，安徽省预制菜市场正处于起步阶段并即将进入快速发展期，在全国排名第 8。有同庆楼、老乡鸡等知名企业，有紫燕百味鸡、符离集烧鸡、王仁和米线、同福碗粥、淮南牛肉粉丝、吴山贡鹅、铜陵白姜、八公山豆制品等名牌产品。据不完全统计，全省农业产业化省级重点龙头企业中近 1/4 企业涉足预制菜产业。截至 2021 年年末，全省预制菜企业 495 家，2021 年总产值 602.76 亿元，其中销往长三角地区的产值为 185.92 亿元，预计 2022 年总产值可达 721.12 亿元。我省预制菜产业发展前景广阔，但目前仍存在诸多问题。一是产业小、管理不规范。入市门槛低，产品种类多，单品市场小，从传统农产品加工转型的小企业占比大、规模小，加之受疫情影响管理不规范，技术升级缓慢。二是标准化水平低。目前绝大多数预制菜企业不具备自建生产供应基地条件，无法保证原料生产从环境、标准、技术等方面实现标准化，化肥农药使用、重金属超标等难以控制，标准化程度低，产品品质不能保证。三是产业链融合不紧密。存在原料生产、加工储运、市场销售分割以及产业链分散、供应链分离和价值链分裂现象。生产环节投入成本最大、风险最大，而价值获得比例最低，影响原料供应。食品销售环节价值最高，分配失衡，造成整个产业不稳定风险加大。四是技术成果少、应用水平低。缺少龙头企业或金融资本支持，加上产业链条长、环节多，单一企业无法完成全链条技术开发，科研机构不够重视，投入不足，造成产业成果少、应用不足，如机械化低、保鲜技术有限等。为此提出以下建议。

（1）加强顶层设计，完善制度建设。出台加快推进安徽省预制菜产业高质量发展的实施意见，明确近期、远期发展目标，完善预制菜产业的生产体系、支撑体系、市场营销体系和要素保障体系建设，推动我省预制菜产业绿色健康高质量发展。

（2）加快推进全产业链融合和价值链重构。系统构建从“田野”到“餐桌”全产业链，推动农业生产、规模预制、装备制造、冷链物流、连锁餐饮和市场消费等业态共同发展，促进三产深度融合。建立科学合理的价值分配体系，规定各环节价值分配占比，优先考虑原料生产农户、合作社的利益，实现价值链重构。

（3）稳步实施全流程标准化生产。加快制定原料生产标准、产品供应标准、加工标准、品质标准与食品营养及功能标准等预制菜生产系列地方标准。严格按照标准组织实施生产、原料采购、食品加工、产品质量检测和全流程质量监控追溯。在原料生产环节严格落实农药、肥料使用标准，确保全产业链标准化、绿色化、品质化。

（4）加强全产业数字化、智慧化建设。支持龙头企业搭建全产业链数字化平台，运用区块链技术实现全产业、全流程、全环节、全系统的数字化，从原料生产标准、技术、品质把控，到加工环节与冷藏运输，再到市场销售、库存管理、核算结算等全面实现数字化管理。同时在食品加工、市场消费环节实现智能与智慧化，促进全产业链高质量发展。

（5）加大产业基地与创新能力建设。以现有农产品生产加工供应基地为基础，加快标准化原料基地和集中配送中心建设，通过长三角绿色农产品生产加工供应基地的创建，推进预制菜原料基地规模化、标准化。加强产学研合作，组建安徽省食品研究院，依托现代农业产业园、食品工业园区等开展预制菜基础研究，加大核心技术攻关。加强与科研机构在成果转移转化、新产品研发、标准制定、人才培养等方面深化合作，促进全产业链科技创新，推动预制菜产业提档升级。

[安徽省政协十三届一次会议提案，2023.1.11]

67 关于建立和完善失地农民社会保障制度的建议

（一）失地农民社会保障的现状

失地农民是我国在城市化过程中必然出现的一种正常社会现象。随着城市化进程的不断加快，城市化和工业化用地量需求不断增加，农村集体土地被大量征用，大批农民成为失地农民。据有关部门估计，目前我国失地农民有 4 000 多万人，今后每年还会有 200 多万农民失去土地。据预测，到 2030 年我国还将会增加 7 000 万～8 000 万失地农民。随着失地农民人数的增多，他们的生产、生活问题日益凸显，已成为社会矛盾的一个焦点，也引起了党中央、国务院的高度重视。时任国务院总理温家宝在 2003 年年初中央农村工作会议上特别强调，要改进土地征用的补偿方式，增加给失地农民的补偿，妥善安排好失地农民的生计。2004 年中央一号文件《中共中央 国务院关于促进农民增加收入若干政策的意见》明确要求，完善土地征用程序和补偿机制，提高补偿标准，改进分配办法，妥善安置失地农民，并为他们提供社会保障。至于如何改进土地征用的补偿方式和提供社会保障，中央政府尚未制定统一政策。各地也积极探索通过社会保障来安置失地农民。但受种种原因影响，在开展失地农民社会保障工作的地区实际参保率也参差不齐，很多地区的失地农民对养老保险、医疗保险等社会保险认识不清，眼前利益和长远利益的关系搞不清楚，更多地区失地农民参加了社会保险后，就再无日常生活资金以及就业补助金，导致许多地区农民不愿意参保。因此，建立健全我国失地农民社会保障体系和制度十分重要。

失地农民的社会保障制度应该是一个包括养老保险、医疗保险、失业保险、最低生活保障、住房保障、就业保障等在内的一个完整的保障体系。但从目前中国失地农民的实际情况来看，一下子建立起非常完善的社会保障体系是不现实的，只能采取循序渐进的方式。各地关于失地农民社会保障的建设一般应从养老保险、最低生活保障和医疗保险入手，这是最基本的保障。合肥市失地农民访问结果表明：失地农民认为最有必要建立的项目是养老保险，有 58.1% 的受访者愿意将他们所获得的安置补偿费用来参加养老保险；其次是医疗保险，有 30.9% 的受访者将有限资金用于购买医疗保险；相比之下，失业保险在他们看来没有养老保险和医疗保险重要，只有 10.6% 的受访者认为最有必要建立的保障项目是失业保险。因此，为失地农民建立比较完善的基本社会保障制度，确保失地农民的生活水平不降低，并能随着国民经济的不断发展而逐步提高意义重大。

（二）当前失地农民安置和社会保障存在的问题

1. 单一的安置方式难以适应失地农民生活转型的需要

受经济发展水平和就业压力持续增大的影响，同时也不排除某些地方政府为了方便、快捷、省事地推进城市建设，在对失地农民的安置上，采取的几乎都是单一的货币安置方式。暂且不论安置补偿标准的高低，就安置方式而言，其缺点是明显的：一方面，由于农民普遍文化素质不高，缺乏基本理财技能和谋生技能，在领取大额的补偿后，要么管理不善甚至“吃、喝、嫖、赌”挥霍一空，要么投资无门坐吃山空，少部分有经营能力的人，由于缺乏统一的组织和引导，往往难以形成规模；另一方面，在我国医疗、读书等费用居高不下的大环境下，有限的补偿款根本无法承担全家老小无限的生活开支，一旦家中出现突发事件，势必造成生活无法维系。

2. 失地农民素质较低、就业观念落后是就业困难的主要原因

有关调查资料显示，有近 90% 的失地农民表示难以找到一份合适的工作。究其原因是多方面的，但主要表现在以下两个方面。

（1）文化素质较低、缺乏专业技能是就业难的主要原因。根据调查了解，在合肥市经济技术开发区失地农民中，初中及以下文化程度人口占 72.5%，高中及以上程度的占 27.3%，只有 4.6% 的人具有大专及以上文化程度。很明显，目前失地农民的文化素质不能适应工厂、企业的招工要求，而那些文化水平低、年龄偏大、无一技之长的劳动力就更难找到工作，即使找到就业机会也只能从事耗体力、报酬低、稳定性差的简单劳动。据调查，合肥市经济技术开发区属于“3540”就业困难群体的占总数的 18.5%，他们绝大部分文化程度较低、缺乏就业技能，就业率普遍较低，占未就业人数的 34% 以上，其中女性就业率更低。从失地农民的技能结构来看，大多数农民具备一定的劳动技能，但层次较低，就业竞争力较弱，掌握工业、建筑业一项或一项以上技术、有技术证书的比例较少；无职业技能的男性占 54% 以上，女性占 60% 以上。

（2）失地农民的生产、生活方式及思想观念难以转变是其就业难的重要原因。从社会学的视角看，对已经习惯农村生活、习惯农业生产的农民而言，要完成农民到市民的转变不是一朝一夕、一个户口农转非就能实现的。它是一个系统工程。失地农民的思想观念转变远远跟不上城市化进程的脚步。受此因素制约，许多失地农民即使实现了就业，但由于难以适应企业化用工管理，往往主动或被迫辞职。

3. 失地农民的社会保障制度缺失，造成新的社会弱势群体

土地不仅是农民的生产和生活资料，还承担着农民的社会保障功能。在现行的安置方式和城乡二元社保体制未充分考虑失地农民的养老、就业、医疗等社会保障问题的情况下，一旦土地被征用，农民就失去了基本生存的生活保障，成为“务农无地、就业无岗、社保无份”的“三无”人员，城市社保不能接纳，政府制定的政策得不到落实，失地农民成为新的城市弱势群体。目前，除少数发达地区针对失地农民建立了相应的社会保障以外，大部分经济发展水平较低的城市对失地农民的社会保障问题还未足够重视。相对于已经建立的失地农民社会保障制度而言，绝大部分失地农民的社会保障水平较低、保障内容单一、保障范围有限以及资金缺口较大，难以长期有效地保障失地农民的基本生活和长远生计。主要存在以下 5 个方面的问题。

（1）失地农民的养老保险问题。养老保险是我国社会保障最重要、最基本的险种，对失地农民来说具有特殊意义，农民失去土地也就意味着失去了从农业获得收入的物质基础，失去了生活的保障。对这些失地农民的养老保障，是将其纳入城市居民的养老保障体系中，还是根据失地农民的不同年龄分别实施不同的办法，目前，都没有明确的相关规定。

（2）失地农民的失业保险问题。相对而言，对失地农民进行就业技能培训、提供失业救济的工作在当前失地农民社会保障中较为滞后。农民失去土地后，受内、外因素的影响，再就业更加困难，主要体现在：由于年龄偏大、文化程度不高和缺乏非农劳动技能，失地农民在竞争激烈的就业市场中处于明显的劣势。由于外部就业环境发生了巨大变化，如乡镇企业吸纳农村剩余劳动力就业的能力大大减弱、国企改革带来了大量的城市下岗分流人员、城市化滞后于工业化使城市非农部门难以提供更大的就业空间，失地农民非农就业更加艰难，有相当一部分失地农民因无法及时就业落到了生活无着落的困境。

（3）失地农民的医疗保险问题。从当前各地的实践情况来看，在失地农民社会保障制度建设过程中，医疗保险问题涉及较少，很多地区的医疗保障还处于真空地带。即使有些地方在实施细则中考虑了失地农民的医疗保险，也只是短期措施或将其推诿给城镇医疗保险制度，而缺乏具体的操作或衔接办法。

（4）失地农民合作医疗费用支付问题。调查发现，不少地区的失地农民对目前实行的合作医疗制度并不认可，特别是经济欠发达地区，参保积极性不高。这关键在于合作医疗制度的保障水平太低，基本上每年只能保障50元以下的疾病费用，对于重大疾病，失地农民还要自己支付医疗费用。

（5）失地农民最低生活保障问题。从性质上讲，失地农民有了城市户口，应该享受与城镇居民一样的社会保障待遇，而因为这些人是征地转户居民，在失去了土地保障的同时，又不能享有与城市居民一样的社会保障，成了被边缘化的特殊弱势群体。调查发现，失地农民对于最低生活保障的要求非常迫切，但地方政府的主动干预性不够，既缺乏相应的经济基础，又缺少相关的配套制度建设。

（三）解决失地农民社会保障问题的对策建议

失地农民的出现是城市化进程的必然产物，而城市化又是解决我国“三农”问题的根本出路，二者是辩证统一的。因此政府在推进城市化进程中，要不断创新决策方式，着力解决好失地农民的出路问题。出路就是要促进失地农民实现就业，退路就是要建立健全失地农民社会保障制度。

1. 各级政府和社会劳动保障部门要高度重视失地农民的生活问题

政府应当树立“征完地不是所有问题的终结，而是一个新问题出现的开端”的责任意识，尽快建立和完善针对失地农民的社会保障制度，统一认识，明确责任，将征地农转非人员的社会保障工作纳入各级政府的年度工作计划中，列入工作目标考核。

2. 加强就业培训，拓展就业空间

（1）要根据本地农民的实际情况和企业、社会用工的要求，充分依托技校、职校、社会力量和部门培训机构，加强失地农民的就业培训，以推动失地农民由“体力型”逐步向“技能型”“智能型”转变，增强他们的就业能力和自身素质，增强就业本领，以适应竞争日益激烈的就业市场，努力促进其上岗就业。如合肥市政务文化新区征地转户的5 600名一、二级劳动力中，已有800多人得到了免费培训，1 600多人在区内就业，3 400多人在区外就业，总就业率已达90%以上。

（2）要积极组织协调银行、信托投资公司等金融机构为失地农民开辟专门的理财服务，提高失地农民的理财技能，保证土地补偿款的保值增值。

（3）要努力拓展就业空间，为失地农民创造一个良好的就业环境。第一，要

消除就业歧视，让农民工与城镇职工享受同样待遇；第二，要在税收贷款等政策上给予失地农民最大优惠，鼓励有一技之长者自主创业，同时要对积极安置失地农民就业的企业进行奖励和减免税收；第三，县、镇（乡）、村应通过兴办集体企业、乡镇企业和村级企业，优先安置失地农民就业；第四，在土地出让时，由土地行政主管部门与用地单位签订协议，提供一定数量或一定比例的就业岗位，在同等条件下优先吸纳失地农民就业。

3. 建立长效的社会保障制度

（1）研究、制定和落实失地农民的社会保障政策。从体制、机制、政策、法规方面不断健全和完善，才能保证失地农民的社会保障事业顺利发展。发达地区的实践证明，要切实推进失地农民的社会保障问题，必须制度先行。例如天津、上海、江苏、浙江、广东、福建等地，均以地方立法的形式出台了针对失地农民的社会保障制度，从而保证失地农民社会保障制度的长效性、强制性和统一性。合肥市经济技术开发区在构建失地农民的社会保障制度方面做了积极探索，初步建立了失地农民基本生活保障制度、医疗保障制度、城市居民最低生活保障制度。第一，基本生活保障制度。2004 年，开发区出台了《合肥市经济技术开发区失地农民基本生活保障实施办法（暂行）》（合经区管〔2004〕47 号），建立了失地农民基本生活保障制度，主要包括教育补助制度、失业补助制度、自谋职业补助制度、供养补助制度、养老保险补助制度、培训补助制度等。第二，医疗保障制度。2005 年开发区出台了《合肥市经济技术开发区失地农民医疗保障制度试行方案》（合经区管〔2005〕37 号），2006 年进行了修订。该制度建立使该地区 3 万多失地农民受益。第三，城市居民最低生活保障制度。2006 年 7 月 1 日起，开发区明确符合最低生活保障条件的失地农民享受最低生活保障制度，同时取消失业补助和自谋职业补助。还建立了失地农民的临时救助制度，并于 2006 年出台了《合肥经济技术开发区城市居民临时救助实施办法》，为解决开发区贫困居民由于遭遇重大疾病、突发性灾祸及子女上学而造成的临时生活困难发挥了积极作用。此外，合肥市政务文化新区积极研究和出台了《政务文化新区征地转户人员就业安置和社会保障暂行办法》，采取奖励的形式，激励就业人员积极参加社会统筹保险，以消除后顾之忧，受到了群众的普遍欢迎。这些制度的建立，对我国失地农民社会保障体系的构建将产生积极影响。

（2）建立区域性失地农民保障基金。失地农民保障基金的筹集，应遵循国家、村集体和个人三方面合理分担的原则。政府承担的部分从国有土地出让收入和增值受益中列支以及安排专项财政拨款；村集体承担部分从土地补偿费和集体经济积累中提取，失地农民个人缴纳的部分可视其具体经济状况在安置补助费中扣除。

（3）在保障方式上，应按不同年龄段分别实行培训就业保障、养老保险和福利保障等多种保障方式。例如广东针对16周岁以上、35周岁以下人员，以培训就业为主；城市规划区内的相关人员，享受与城镇居民统一的公共就业服务和相关培训扶持政策，纳入登记管理；失地农民基本养老保险制度实施时年满60周岁人员，将被纳入养老补助保障范围，对其实行“老年生活津贴”的养老补助政策，按月发放，直至终老。我省不同地区也采取了不同的保障方式。

［安徽省政协十届三次会议提案，2010.11.24］

68 关于新冠病毒防护口罩生产及销售问题的建议

2020年初，新型冠状病毒感染的肺炎疫情肆虐武汉，蔓延全国。31个省份启动重大突发公共卫生事件一级响应。口罩等防护用品成为疫情防控期间紧缺物资。个别商家和个人哄抬物价、扰乱市场，不符合国家防护卫生标准的产品大量充斥市场。相关部门紧急出手维护市场秩序，及时处罚了一批高价销售口罩物资以及销售不合格口罩物资的药房和个人。

随着疫情持续发展，口罩等防护物资持续紧缺，又恰逢春节期间，生产企业较少，口罩行业从原材料到生产、人员成本大幅度增加，导致口罩价格日益上涨。很多地方药房为避免处罚，干脆不销售或极少销售口罩，加剧了市场防护口罩资源的缺乏。但同时超市、商店、微商等渠道都在销售口罩，品质、价格良莠不齐，市场混乱及物资恐慌情况依然没有得到有效缓解。为此提出以下建议。

（1）相关部门及时根据市场需求情况适时调整合理定价区间，优先保障市场物资供应，鼓励药房积极销售防护口罩，缓解市场恐慌情绪，以控制疫情发展为首要任务。

（2）允许销售不同防护等级、防护需求的防护口罩，销售单位对口罩防护等级，规格需做明确标示说明。

（3）实施疫情防控期间防护物资生产许可制度，鼓励有口罩生产能力的企业于疫情防控期间投入口罩生产，根据其生产产品质量标准，快速办理疫情防控期间防护物资生产手续登记。

（4）疫情防控期间给防护物资生产单位一定的资金补贴和政策优惠。

［安徽省政协十二届三次会议提案，2020.2.19］

69 关于加快“酒后代驾”服务行业规范的建议

酒后代驾是指公民、企业或者法人为饮酒或者醉酒的驾驶人员提供的一种替代驾驶服务，主要由专业代驾企业提供或宾馆、酒楼、汽车救援中心等附带提供。酒后代驾是一种新兴行业，可以消除驾驶员的后顾之忧，大大减少酒后交通事故发生，还能为城市交通秩序的改善与社会的安定起到积极作用，发展前景看好。但目前由于对代驾服务没有明确标准和要求，行业准入门槛低，缺乏主管部门监管，事故责任不明确，还存在乱收费和“黑代驾”等问题，造成酒后代驾没有得到公众的普遍认可，亟待地方政府出台相关法律法规，加强行业监管和规范指导，以保证该行业的健康、稳定发展。

（一）酒后代驾产生的背景及现状

酒后代驾是在特殊背景下产生的。一是监管严格。从2004年开始，我国对于酒后驾车的监管力度逐渐加大。2011年5月1日，《刑法修正案（八）》实施，这意味着醉驾正式入刑。据了解，经确认机动车驾驶人有醉酒驾驶机动车行为的，将以涉嫌危险驾驶罪予以刑事立案，处以拘役1～6个月，并处罚金。因此，随着对酒后驾车惩罚力度的加大，致使一些驾驶员不敢酒后驾车，但在某些情况下又不得不喝酒，酒后需要有人为其代驾，这是催生酒后代驾行业的重要原因。

二是一些典型案件的发生和社会媒体的宣传，让驾驶员深刻认识到酒后驾驶的危害性。酒后驾驶不仅威胁自己的生命财产安全，也威胁他人的生命财产安全。中国的酒文化历史悠久，自古就有“无酒不成宴”之说，大多数人和朋友吃饭都有饮酒的习惯，而酒后代驾为饮酒的司机提供了一种合法、安全的选择，不仅有利于减少酒后驾驶这一交通违法行为，有效避免酒后驾驶引发的交通事故，还为顾客提供了交际应酬的便利，保障了饮酒司机的行车安全。

三是私车众多，需求增加。随着我国汽车行业的快速发展，城市家庭轿车的拥有量大幅度增加，有车族和驾车上班、出行包括吃饭的人也越来越多，导致酒后驾车的可能性大大提高。目前，我省省会合肥市的机动车保有量就已超过了61万辆，酒后代驾的市场非常大。

四是我省大多数城市的市内交通不够完善，线路布局不够合理，上班、外出就餐等不方便，迫使有车族驾车去吃饭。再加上很多城市的出租车拥有量有限，交接班时间安排也不尽合理，造成市民出行不方便，特别是在吃饭的时间段内是很难打车出行的。

近期，有关部门对省会合肥市的部分市民进行了酒后代驾认可度的抽样调查，结果显示会接受代驾、不会接受代驾、说不清分别占40.2%、46.3%、13.5%。由此可见，酒后代驾的发展前景还是很好的，已经有40%驾驶人对酒后代驾持支持意见。与此同时，我们也看到大多数人对酒后代驾还不是很认同，酒后代驾毕竟是一种新兴行业，人们对酒后代驾的相关政策还不是很了解，不敢将自己的车在自己醉酒时给别人开也是正常的。目前，在全国一些大城市，“酒后代驾”业务较红火，上海、武汉、沈阳等大城市的一些大酒店也展开了这项业务。我省合肥市酒后代驾市场发展较晚，有百余家与代驾服务相关的公司注册在案，但目前只有1家专业代驾公司，规模很小，整体市场还需继续规范和进一步扩大。合肥代驾市场主要有4种情况：一是正规的代驾公司，二是酒店自己提供的代驾服务，三是私人代驾，四是由政府部门牵头的代驾联盟。其中最容易出现问题的往往就是私人代驾，即“黑代驾”，是无资质、无保险、无协议的“三无”人员。“合肥市酒后代驾联盟服务中心”于2009年9月由合肥市公安局蜀山交警大队、蜀山区商务局等单位联合发起成立，旨在以社会联动的方式开展酒后代驾试点，号召所有驾驶人、乘车人自觉抵制酒后驾驶，并进一步规范代驾行为，在全省起到了很好的示范效果。目前该联盟拥有30多名专职代驾员和近10名兼职代驾员。2011年5月1日前，他们平均每天的业务量在20单左右，2011年5月1日以后，酒后代驾业务量有了明显改善，平均每天达到50单左右。据调查目前合肥市大约一半的酒店已推出“酒后代驾”服务，部分酒店使用自己的驾驶员，还有一些酒店与代驾公司长期合作。据报道，截至2010年，韩国首尔地区“酒后代驾”日均呼叫量为20万次左右，首尔地区的机动车保有量约为300万辆，每次酒后代驾呼叫量占机动车比例约为6.6%，拥有酒后代驾公司600～700家，酒后代驾司机等从业人员约4万人。目前合肥市机动车保有量已经超过了61万辆，以首尔地区的数据同比例进行计算，日均酒后代驾呼叫量应为4万多次，按合肥市酒后代驾普遍每次价格70元计算，一年的收入为10亿元以上，相关从业人员应达1.5万人左右，这不仅能拉动经济，还能提供就业岗位。从亚洲酒后代驾行业的发展情况看，一般经过无认知、有认知无意识、行业规范、政府参与监管4个阶段。韩国的酒后代驾行业目前已处于第三阶段，日本比较规范，已经到了政府参与监管的阶段，而就安徽省省会合肥的现状来看，还处在第二阶段向第三个阶段过渡的阶段，起步晚，存在的问题也较多。

（二）酒后代驾行业存在的问题

酒后代驾作为一项“特殊服务”，事关酒后消费者、代驾司机的人身和财产安全问题，亟待规范。目前包括我省在内的中国酒后代驾行业，存在的主要问题有价格混乱、无准入门槛、无行为服务准则、“黑代驾”猖狂、没有相关的保险政策和相关政府主管部门，导致该行业始终处于无任何监管的真空状态。

（1）行业没有正规名目。酒后代驾是一种新型服务性产业，发展时间短，很不成熟。在国家统计局《国民经济行业分类》中无“代驾服务”这一行业，《中国职业分类大典》里也没有“代驾”这一职业，因此，工商管理部门对以“汽车代驾服务公司”名义进行企业名称申请的不予登记，从事代驾服务的公司，只能注册成“汽车技术服务公司”“汽车俱乐部”“汽车租赁服务公司”“汽车咨询服务公司”等。

（2）收费贵也难。据了解，酒后代驾的需求量之所以没有出现特别明显的暴涨，一个重要的原因是它的收费价格较高，比打车贵很多，影响市场需求。目前我省合肥市酒后代驾的价格都在 70 元左右，这比打车要贵得多，这就使得很多车主宁肯把车放在饭店门口打车回家，也不去找代驾。但由于代驾经营成本比较高，司机工资要承担，想通过酒店宣传还要付费，所以目前酒后代驾的价格不会出现大幅度下降。按照合肥市酒后代驾联盟章程对代驾服务收费规范来计算：起步价每车次 30 元，20 公里内不超过每车次 60 元，另加空程到达酒店费用 6 元，公司调度服务费 4 元，具体价格可提前商定。其他公司的收费一般是根据车主的车型档次、路程远近、时间早晚三个因素收费，一般在 80 ～ 100 元。目前没有制定出统一的收费标准。另外，酒后服务收费也难，因为醉酒的顾客意识不清，很多没付钱的顾客酒醒后往往就不承认，表示自己给过钱了。而法律上对醉酒人的行为能力也难以确认，使得代驾公司的利益常常难以保障。

（3）市场混杂，欠缺规范。目前酒后代驾市场还处于一个无相关法规监管的状态，有很多没有提供代驾服务资质的公司及个人充斥在这个市场上。这就使得该行业规范性欠缺，没有一个统一的服务标准，价格的制定更是随行就市，没有标准。酒后代驾是专门的代驾公司经营许可范围中的一项，对服务标准也有着严格的规定。但对汽车租赁公司或是个体经营者而言，这项服务的资质难以保证。另外，准入门槛过低也是造成行业内部人员素质低、管理混乱的原因之一。目前代驾公司更多的是靠自律来保证服务的质量，靠合同来明晰权利义务的。

（4）司机多为兼职，安全隐患多。目前，市场上从事酒后代驾服务的司机多为兼职。由于酒后代驾的工作时间比较特殊，多为晚上 9 点之后，酒后代驾季节性过强，所以很少会有人专门从事此项职业。因此，目前提供酒后代驾的司机一般都是兼职的，这就为该行业埋下了一个安全隐患。兼职司机大都在白天还要工作，一天 8 个小时下来还要继续在晚上加班，很可能存在疲劳驾驶的问题，这本身就很不安全。另外，除了一部分专业的代驾公司会规定司机资历外，一些个体经营者的驾驶技术并不十分过硬，这也是一项安全隐患。

目前，大多数车主将汽车视为珍贵物品和私人物品，不放心把车子交给陌生人开，甚至造成隐私泄露，如自己的住址和车牌照，担心以后会遇到麻烦。对于女驾驶员而言，如果她们喝醉了，更不可能将车子交给一个陌生人来开，她们认为那样太危险，万一在代驾过程中驾驶员做出什么伤害她们的事情，她们也没有抵抗能力，后果不堪设想。另外，代驾人员素质参差不齐，万一在代驾过程中将车主的物品偷走或者发生闯红灯等交通违规行为又将如何解决，再者如果发生交通事故或者车子发生擦碰补偿问题又该何去何从，这些担忧的存在严重制约着酒后代驾行业的发展，亟待解决。

（5）消费者不清醒，责任难以认定。代驾公司在提供酒后代驾服务时，最头疼的就是遇到烂醉如泥、神志不清的消费者，甚至说不清自己家的具体位置和电话，导致司机不能在规定时间内将消费者送到家，出了问题还将责任推给司机。

类似的问题还有很多，例如车主在第二天发现汽车剐蹭却无法认定责任人是谁、车主因表述不清导致代驾司机送错了地方、车内物品丢失等。有人说，在没有相关法规出台的情况下，不仅是消费者的利益得不到保障，代驾公司也有可能因此吃亏，这也是酒后代驾的弊端之一。

（三）促进酒后代驾业发展的建议

自 2004 年新的《中华人民共和国道路交通安全法》提高酒后驾驶的惩罚标准后，酒后代驾服务就应运而生，至 2011 年已是第 7 个年头。然而，方兴未艾的酒后代驾行业至今依然主要靠各家公司“自觉”发展，尚未被有关政府部门“正名”，更缺乏行业协会组织规范引导。为此提出以下建议。

（1）尽快将代驾行业编入国民经济行业分类名目。酒后代驾行业是从服务性行业中分化出来的一种新兴产业，国家应承认代驾行业作为国民经济中的一种新兴行业，给予其应有的认可，能够在工商管理部门名正言顺地登记，取得合法的营业执照，才能有利于促进该行业的发展。

（2）尽快出台酒后代驾的地方法规。酒后代驾目前还多存在于大中型城市，所以全国针对此行业立法还需要些时日，但是一些地方性法规应当尽快跟上。从目前的情况来看，市场上有很多不具备从业资格的个体代驾司机，整个市场比较混乱，酒后代驾发生纠纷还只能依据合同和《中华人民共和国道路交通安全法》的相关规定来解决。地方性法规的出台，主要提高的是酒后代驾的安全性，发生事故和纠纷时明确责任认定的方式。另外，相关法规的出台对于酒后代驾从业单位资质及从业人员资历的要求也将提高，统一标准化的市场也会越来越规范。

（3）制定代驾服务行业标准和规范。代驾服务是一个新兴的行业，目前工商、物价、交管部门对代驾服务的管理基本处于真空状态，直接影响到了代驾行业的发展。代驾公司与顾客之间的利益关系就只能依靠双方所签署的合同办事，有时甚至是口头交代，没有明确代驾者和车主之间的法律责任，没有行业审核制度，消费者心有所虑。而且物价部门对这类特殊服务的无从掌握，使得消费者对于汽车代驾公司“各自为政”的收费标准也颇有微词。因此，建议由政府组织交通运输、公安、工商、物价等部门针对我省重要城市的酒后代驾服务开展调研，有关部门尽早出台行业规范，明确规定代驾公司、代驾司机的权责，让服务更规范，客户更放心。加强监管，促进代驾服务业健康发展，尽快成立行业协会，制定准入标准，出台行业规范，明确收费标准，制定规范的合同示范文本。行业规范应包括代驾司机在提供代驾服务时，统一服装，佩戴胸卡；代驾过程中，不得接触车主车内及随身财物，服务范围一般只限于在驾驶座位上；在规定时间内和行驶路线中发生了事故或者违章，均由公司承担责任；代驾司机须有 5 年以上的专职驾龄、经过相关的业务培训等。另外，在进行酒后代驾服务前，代驾公司与顾客之间应该签一份协议，以构成委托合同关系，而这个协议最好由交管部门或者相关的政府管理机构进行指导，或者像旅游合同一样出台示范合同。

（4）建立酒后代驾的呼叫服务系统。目前北京家友安商务服务有限公司开始应用“弈云智能代驾管理系统”。据了解，该套系统是目前国内酒后代驾行业中唯一一套智能管理系统，能通过手机终端将代驾公司和代驾司机联网，非常快速有效。建议我省部分城市的代驾公司尽快引进这套系统，加以推广，提高到位速度。

（5）联合代驾公司与车主组建代驾俱乐部。通过代驾俱乐部，开展预约服务，形成固定的供求关系，增强互相信任感，并且签订一种长期代驾服务协议，明确代驾公司、代驾司机、保险公司、车主四方各自应承担的责任。

［合肥市政协十二届五次会议提案，2012.2.8］

70 多措并举打击扰民营销电话行为

近年来，扰民的营销电话不分时空、不分场所地狂轰滥炸，从保险到卖房子，从装修到教育培训，很多市民经常会接到陌生号码打来的营销电话，严重干扰了广大人民群众的生产生活，市民们对此非常反感。它像一块“牛皮癣”屡禁不止，有的背后甚至还存在电信诈骗的安全隐患，而且大多营销电话属于违法行为。目前，随着电信实名制度完善及打击力度加大，诈骗电话明显减少，但广告推销状况仍普遍存在。拦截电话并非技术问题，但运营商没有对电话内容判定的依据，同时也没有相关的执法功能和法律授权，所以运营商不能也不愿意对广告营销电话采取停机等强制措施。因此，政府应该引起重视。

按照《中华人民共和国广告法》第四十三条规定：“任何单位或者个人未经当事人同意或者请求，不得向其住宅、交通工具等发送广告，也不得以电子信息方式向其发送广告。”《中华人民共和国消费者权益保护法》第二十九条第三款规定：“经营者未经消费者同意或者请求，或者消费者明确表示拒绝的，不得向其发送商业性信息。”因此，未经客户同意或请求，向客户主动发送商业性信息，以及向不特定的公众拨打营销电话推销产品的，是违反法律规定的，属于违法行为。

对营销电话的防治整顿，不仅要求广大群众提高自身识别能力，采取诸如下载软件拦截垃圾短信或电话等有效措施外，政府相关部门对此不能坐视不管无所作为，而应当采取积极措施。为此提出以下建议。

（1）工商行政管理部门要加大对营销电话的整治管理。根据《中华人民共和国广告法》第六条规定：“国务院工商行政管理部门主管全国的广告监督管理工作，县级以上地方工商行政管理部门主管本行政区域的广告监督管理工作。”第六十三条规定：“违反本法第四十三条规定发送广告的，由有关部门责令停止违法行为，对广告主处五千元以上三万元以下的罚款。”对违法发送广告的广告主责令停止违法行为，并视情节处以相应的罚款，有效打击违法经营者，净化市场。

（2）严厉打击泄露个人信息的行为。接到营销电话多数是个人信息被泄露。公民个人信息应当受法律保护，向他人出售或者提供公民个人信息或者散布他人隐私的行为属于违法行为，应当受到治安处罚。情节严重的，根据《刑法修正案（九）》的规定，将构成侵犯公民个人信息罪，应当受到刑事处罚。因此公安机关对营销电话的机主应深究其信息来源，对构成侵犯公民信息的行为予以严肃查处，以从源头上遏制营销电话泛滥之势。

（3）工信部门作为电信、移动、联通三大运营商的主管机构，具有规范信息通信服务市场的职责，同时承担维护市场秩序、用户权益和个人信息保护等监管工作。工信部门应加快科技更新，研发提升识别阻止骚扰电话的技术，通过创新技术手段屏蔽骚扰电话、垃圾短信，规范通信服务市场。同时设立不良电话信息举报受理中心，对被多次投诉电话机主依法处理。同时，要立即取缔这种扰民电话自动拨号营销产品的研发和销售活动，还电话消费者一片蓝天。

［安徽省政协十二届一次会议社情民意信息，2018 年］

71 基层农技站在改革中固定资产流失问题的建议

我国基层农技推广机构自20世纪80年代以来逐步建成较为完整的农业科技成果推广体系，在我国农业科技推广和农村经济发展中发挥了重要作用。但随着我国市场经济的发展和机构改革的深化，基层农技站存在的问题也逐渐暴露出来，从而成为地方政府机构改革的首选。我省大部分县（市、区）已把基层农技站的"三权"（人权、财权和物权）下放给基层乡镇政府，农技站人员由乡镇政府统一安排和调拨，在管理上以块为主，县农业局只有指导权。农技站的办公场所、实验室、仓库等固定资产也由政府统一使用。在这个阶段，不少基层农技站出现了"人散、线断、网破"的现象。同时，就在这个时期，由于部分乡镇的资金困难，加上农技站人员少、房屋多，于是有些乡镇政府就想把农技站房屋等固定资产变卖或转让以解决资金方面的燃眉之急，而在其他地方安排一间办公室作为农技推广的场所，造成了基层农技站的空壳现象。

参加安徽省政协会议

近几年来，国家加强了基层农业推广系统的领导和重视，出台了一系列政策和措施。我省也在不断深化改革基层农业技术推广体系，省政府出台了相关意见，强调要进一步理顺管理体制，基层农技站仍要以条为主，条块结合。我省已计划于 2007 年年底前完成各地基层农技站改革工作，“三权”重新收回，由市、县农业委员会统一管理。但在“物权”收回过程中出现了问题，如有些地方政府已经把原乡镇农技站的房屋给拍卖掉了。在调查过程中发现有的县有 70% 的农技站存在固定资产流失现象，没有了办公场所、培训教室、实验室和仓库等固定设施，农业技术推广工作已无法正常开展。

因此，建议乡镇农技站在这次改革中，必须确保“人、财、物”的真正落实，保证农业技术推广工作正常进行。对已经出现农技站房屋变卖现象的地方政府，要责成相关单位予以追回，并追究相关人员的责任。对不能追回固定资产的乡镇，要求国家加大资金投入，重新建设基层农技站必需的基础设施，确保其担负农技推广、农民培训、农业信息提供等公益性服务的职能，为我省农业发展、农民增收和新农村建设发挥重要作用。

[安徽省政协十届一次会议社情民意信息，2008 年]

72 关于加强涉农项目与资金管理的建议

近年来，党中央、国务院和安徽省委、省政府高度重视“三农”问题，相继出台了一系列支农惠农的政策措施，涉农项目逐年增多，农业和农村成为各级财政的重点投入区域，农业生产条件和生态环境不断改善，有效地提高了农业物质和技术装备水平，提升了农产品竞争力和农业综合生产能力，增加了农民收入，促进了农村经济的发展。但由于我省涉农项目存在种类多、规模小、涉及面广、实施主体实力不强以及投资回报期长、收益低等特点，涉农项目的建设和管理难度较大，造成涉农项目实施中职务犯罪高发。因此，要确保我省涉农项目建设质量，实现涉农项目效益的最大化，需要不断加强我省涉农项目和资金管理，确保国家支农惠农政策落到实处，产生效益，为我省新农村建设发展发挥重要的支撑作用。

（一）当前我省涉农项目与资金管理存在的问题

（1）涉农项目多头管理，配套建设不到位。我省涉农项目立项渠道多，参与部门多，项目资金拨付使用和管理涉及面广且复杂。在同一涉农工程项目上，各部门（甚至部门下属各个职能处室）都有自己的侧重点，也都安排有相应的资金。不仅增加了项目管理成本，也削弱了集中精力、财力解决全局性重大农业问题的力度。近几年，省财政厅整合了一些部门涉农资金达 13 亿元，打造了现代农业综合开发示范区，已取得一定成效，仍需加强。

同时，配套建设不到位也制约了涉农项目效用的最大化。如我省一些现代农业示范园区建成后，因为土地征用问题和部门衔接不畅，未能及时落实农业管理用房、农资仓库、农产品集散市场等配套设施用地。一些已建成农业项目的设施使用维护、农业标准化生产基地、农业产品深加工基地等配套建设滞后于主体工程建设，涉农项目整体规模效应难以有效发挥。

（2）涉农项目决策缺乏科学性和系统性，导致事倍功半。一些农业项目前期工作没有认真按程序办理，存在立项草率、决策盲目的情况；有的编报项目建议书、可行性研究前期论证不严谨、不充分，缺乏财务效益评价、国民经济评价、社会效果评价等客观评价指标，导致项目立项不科学、规划编制仓促、项目实施过程调整频繁，造成较大的浪费。一些县（市、区）的现代农业示范区建设，在选址上缺乏前瞻性考虑，使得投资数百万元建成的园区，一两年就改作他用，造成不必要的巨大损失；有的项目建设脱离了当地实际，一味地贪大、求新立异，成为“劳民伤财工程”和领导的“政绩工程”。

（3）涉农项目监管难度大，队伍建设滞后。在实际操作中，多数农业项目由于范围大、施工点多，项目质量监管缺失已是突出问题。我省至今没有建立涉农项目绩效考核机制和责任追究制度，是当前我省涉农项目监管难度大的根本原因。同时由于涉农项目监理经费有限，监理人员缺乏，管理者既无心也无力对各个点进行全面监管，更难以进行有效的成本控制。农业基础建设项目隐蔽工程的监督难以到位，施工量和流程的变更不受控制，工程资料记录不能全面真实反映施工过程的实际问题。有的中小农业建设项目，质量监督只是走过场，工程验收也只是走马观花似的予以通过。更有些项目中、后期追踪制度跟不上，成为跑马圈地工程，甚至成了“豆腐渣”工程。

基层农业服务人员队伍建设滞后也是突出问题。乡镇站所经过两轮改革、站所编制下放后，一些基层站所“名存实亡”，人才老龄化严重，高学历专业人才稀少，高职称人才奇缺。再加上经费缺乏，导致专业技术人员业务知识难以更新，这也制约了涉农项目监管水平的提高。

（4）配套资金难以落实，后期管理不完善。目前，中央、省级的大部分涉农项目要求地方必须配套好相应的资金，否则不予立项。一些地方由于财力所限，配套资金难以落实，导致某些基层单位为了争取项目申报成功，仅仅申报工程主体项目的经费，没有把配套部分的经费列入预算，造成项目实施的先天不足；不少以乡镇作为主要实施单位的农业基础项目（如农产品生产基地建设），自筹部分的经费只能瞒天过海、东借西挪、拆借移用，或者采取降低项目质量标准等手段，严重影响项目实施的成效。

涉农项目后期的管护经费缺乏也是普遍的问题。部分农业专项资金在实际运行中存在被分解、挪用的情况，项目中后期的资金运转缺乏有效监督。由于维护资金短缺、责任不明确等，多数工程后期的管护缺失，特别是出现一些农业设备损坏后无钱无力修复，相关部门不愿意承担责任，相互推诿，存在“重建轻管”现象。

（5）涉农项目的职务犯罪呈高发态势。目前涉农项目名目繁多，管理比较松散，缺乏系统性的安排，在涉农资金使用方面也缺乏有效管理和监督机制，给了职务犯罪可乘之机，造成一些人贪污项目资金或收受贿赂等职务犯罪。犯罪领域从贪污挪用土地征用款为主，开始向土地整理、示范区建设、扶贫工程、阳光工程培训、农村基础设施建设和生态环境保护等领域蔓延。犯罪方式有瞒报、虚报、截留、挪用、挤占、私分或者通过给第三人获取非法资金再进行返还等方式，不仅影响了党和国家支农惠农政策在农村的实施，而且造成群众对干部的不信任，影响了党和政府在群众中的威信，制约了农村经济发展，应引起各级政府的高度重视。

（二）加强我省涉农项目和资金管理的对策建议

（1）因地制宜，科学规划，合理设置涉农项目，提高立项的科学决策能力。要把提高农业项目前期可行性研究的质量作为一项重要工作来抓。制定科学、全面、可行的农业项目整体规划，认真做好项目前期调研和农业项目储备建设，把项目编制的科学性、前瞻性与实用性、可操作性有机结合起来。要根据农业项目的涉农特点，切实解决“三农”工作中的实际问题，加强农民在项目建设中的有效参与和监督。建立重大项目听证会制度，对于前期准备不充分、条件不成熟的项目申报要坚决予以一票否决。

（2）加强项目设置的整合协调能力，提高资金使用效率。政府有关部门要充分发挥政策杠杆和财政资金在农业项目建设中的引导作用，协调各职能部门进一步加强资金整合，把投向相近、目标基本一致，但来源不同的涉农资金进行归并和优化，统筹安排，集中使用。切实做好项目相关部门之间关系的协调工作，处理好一些交叉的项目，以及中心项目与配套项目之间的关系，防止多头投资和重复浪费等现象发生，为项目实施创造良好的整体环境，切实提高涉农资金使用效益。

（3）建立切实有效的资金投放和管理机制。在科学合理划分支农资金类项的基础上，把项目审批的投资管理方式向要素投资方式转变。改分散配套投资为重点投资或分年集中投资，省级财政重点负责支持投资全局性、区域性重大涉农类项，把所需资金全额纳入本级财政预算，县级财政重点负责本地急需解决的重要涉农类项，切实提高各级财政资金使用效益。

项目资金要封闭运行，财政、审计、监察、纪检部门要加强对项目资金使用过程的监管，加强多部门的集中联合监督，提高检查效率，重点检查滞留、闲置、挤占挪用农业项目资金的突出问题。对于涉农工程农民自筹资金建设的项目部分要用足政策予以减免税收。要预留项目风险防范资金，发挥农业项目资金的最大作用。

（4）建立健全涉农项目的质量与资金监管制度。建立和完善整体协调、切实有效、效益优化的管理制度，制定包括立项审批、项目招投标、成本控制、质量监督、后续管理等具体实施细则，加大监管力度。要通过有效手段提高农业队伍的整体管理水平，在全省集中开展农业项目管理的基础知识培训，培养、引进一批优秀农业项目管理人才，进一步充实市级、各县（市、区）涉农机构专业管理人员力量。

要建立涉农资金的定期审计制度，应每年由同级审计部门进行一次审计，着力查处涉农专项资金挤占、挪用和截留等问题。应普遍建立“三公示”制度。一是向社会公布投资意向、建设内容、筹资投劳方案等内容；二是对备案建档和督查情况定期进行公示；三是把项目实施进度、资金使用、投资规模、工程质量等情况进行公开，广泛接受群众监督，提高项目建设和资金管理工作的透明度。

（5）重视农业项目的绩效评估。在全省建立已建涉农工程项目五年反馈机制和责任追究机制，对于已建在建农业项目配套跟不上、不能发挥作用的，要分析原因，采取切实有效的补救办法。对县（市、区）执行各项财政支农惠农政策、项目资金管理制度、农业项目质量和产生效益情况进行全面考核与评价，并将考评结果作为下年度项目资金安排的重要依据。

新建涉农项目应坚持前期建设与后期管理同步规划，项目实施前要落实工程设施监管单位和受益人的责任制，明晰项目产权，确定管护主体，完善管护办法，确保后期工程设施的维护管理经费，建立长效管理运行机制，把涉农工程项目建成经得起农民检验、经得起实践检验、经得起时间检验的支农工程和民心工程，促进农村经济的全面繁荣和社会经济的可持续发展。

（6）建立教育预防与打击并举的工作机制。各级纪检监察机关要进一步加强廉政教育，从服务新农村建设的大局出发，建立健全预防体制和工作机制，教育广大基层干部洁身自好，廉政勤勉，扎实工作，弘扬廉洁奉公的正气。要严厉打击支农惠农资金管理中的职务犯罪，及时发现案件线索，依法从快从重打击，将损失降到最低；对纪检监察机关工作失职、监督不到位、发现问题查处不力的，要追究有关领导和直接责任人的责任，进行必要的处理。相关部门要加大宣传，将各项补贴政策以发放“知情书”、惠农政策手册等形式，直接传达给广大农民，真正让惠农政策深入人心，增强广大农民对政策的知情度和参与度。

［安徽省政协十届三次会议社情民意信息，2011 年］

73 全面提升农产品质量安全水平，深入推进农业供给侧结构性改革

农产品质量安全是当前社会关注的热点，关注农产品安全就是关注民生。2017年中央一号文件继续锁定“三农”工作，把深入推进农业供给侧结构性改革作为新的历史阶段农业农村工作主线。全面提升农产品质量安全水平，是深入推进农业供给侧结构性改革，政府不可回避和必须高度重视的焦点、热点。为此，民进安徽省委会就此展开了调研。

（一）存在的突出问题

近年来，安徽省在农产品质量安全监管体系建设、省级农产品追溯平台建设、“红榜”和“黑名单”制度建设等方面取得显著成效，但仍然存在诸多的问题，农产品质量安全风险隐患依然突出。

（1）社会恐慌症的现象突出。蔬菜、肉蛋、粮油等农产品质量安全是人们日常最关心、最现实的问题。公众一方面对农产品质量安全的要求越来越高，另一方面对农产品质量安全又心存恐慌，农产品质量安全一旦出问题，信息马上就会迅速扩散，成倍放大，尤其是负面信息造成的恐慌现象更加突出，不仅影响到消费者利益，对整个行业和产业构成威胁，而且严重考验政府的公信力和社会的稳定。

（2）监管缺位问题突出。县及县以下的监管机构普遍被弱化，一人兼数职，监管缺位现象严重。即便是工作开展较好的宁国市，虽然在全省率先成立了县级农产品质量安全监管局，但也只是整合了原农业行政综合执法大队、种子管理站的职能和编制，乡镇监管人员多为兼职，人员流动大，日常监管不能完全到位。

（3）缺乏长效机制问题。县级农产品质量安全监管、执法、检测三者关系没有理顺，不能适应农产品质量安全监管工作需要。乡镇站普遍缺乏管理机制、激

励和约束机制，监管服务职责不能有效落实。大部分乡镇站建设和运行管理经费未列入财政预算，经费投入远不能满足监管工作需要。

（4）生产者自律意识淡漠。受传统生产方式和农业生产基础条件限制，生产者的质量安全意识依然薄弱，在生产过程中，违规使用和随意添加农药、化肥、兽药、添加剂等现象时有发生，尤其是在优质优价还不能完全体现的时候，生产者往往依靠降低生产成本、增加产量来增收，而对农产品质量安全的自律意识淡漠。

（二）政策措施与对策建议

全面提升农产品质量安全水平，既是民生大事、农民大事，更是农业供给侧结构性改革的大事、政府的大事，既是一项长期的工作，也是现实的客观要求。

（1）加大正能量宣传。各级宣传部门要加大宣传，搭建宣传共享平台，占领农产品质量安全宣传的主阵地，普及科学知识，让科学“跑”在谣言前面，围绕公众关注的社会热点、焦点，主动、及时、准确发声，为公众解疑释惑，揭示科学真理；涉农部门定期和不定期公布农产品质量安全“红榜”和“黑名单”，塑造农产品质量安全诚信体系。

（2）明确机构，增加编制。人社部门要明确县（市、区）及以下农产品质量安全监管机构的社会公益性质，增加人员编制，明晰工作职责，定编定岗；给予从事农产品质量安全监管、执法、检测人员相应的待遇、职称评定和正常晋升渠道，确保农产品质量安全监管队伍稳定和发挥作用。

（3）经费列入财政预算。财政部门要把农产品质量安全监管工作经费列入各级财政预算，经费用于各级农产品质量安全监管机构的监管、检测的运行。

（4）加快追溯体系建设。成立“安徽省农产品质量安全追溯体系发展联盟”，发挥省农委已建的省级追溯平台的作用，真正形成“政府搭台、企业唱戏”的局面，以提升农产品质量安全信息化监管水平。

（5）开展技术培训。农委、人社部门联合安徽农业大学等院校，开设农产品质量安全检测等相应专业，并针对性开展检验检测及法律法规的专业培训，提高农产品质量安全监管、检测和执法能力。

（6）严格市场监管。严厉打击各类假冒伪劣农资产品，建立健全农业投入品行业生产监管及产品追溯系统，严格执行行业准入管理。推行种养结合、立体种植为主的生态循环模式，大力推广绿色防控，突出优质、安全、绿色导向。

［安徽省政协十一届五次会议社情民意信息，2017 年］

74 土地流转“非农化”与“非粮化”对社会发展危害很大

农村土地流转中出现的“非农化”与“非粮化”现象，从社会经济发展方面看，短期会影响我国的粮食安全，中期会影响我国的土地安全，长期则会影响到整个国家的经济安全，危害很大。

1. 从短期看，土地流转“非农化”与“非粮化”会影响到我国的粮食安全

土地流转中的“非农化”与“非粮化”现象会对发展我国现代农业产生极大的负面效应。我国家庭联产承包责任制经过30多年的实践，证明是我国农村必须坚持的正确的基本制度。但是，一家一户的经营模式在满足了我国居民吃饭、解决了农民的温饱问题之后，随着农业市场化的发展，农业发展也面临着新瓶颈，最主要的是小农经营在应对市场变化时不敏感，不能适应市场需求，农产品品质不高。而解决这些的关键就是在坚持农村基本制度的前提下，使农户具有承包经营权的基础上，逐步推进土地使用权的流转；通过流转把家庭式的小农经营改造成与市场经济相适应的现代农业，使其具有应对市场变化和抵御风险的能力。尽管经济类作物种植或者养殖会使流转的土地升值，但是粮食是人类最基本的食物，蔬菜和瓜果可以改善人民的生活，丰富人们的餐桌，使人们食物来源多样化，但是这些是无法代替大米、小麦和玉米等基本粮食。况且，我国人口的最高峰还没有到来，对粮食的需求会有增无减。由于粮食还作为工业原料和动物饲料，将来对粮食的需求也会进一步增加。土地流转中的“非农化”和“非粮化”风险会直接影响到粮食生产，这给人们敲响了警钟，粮食安全是国家经济安全的基础，一切抛开粮食安全去研究其他的安全的论调都是空谈。

2. 从中期看，土地流转“非农化”与“非粮化”会影响到我国的土地安全

土地流转中的“非农化”风险会导致用于农业的土地不断减少。而一定数量的农业用地是保证粮食总产量的前提条件，尽管一些农作物的产量和以前相比已有很大的提高，但单产提升的空间还有多少？这是一个很难预测的难题。土地流转中的“非农化”，毫无疑问，会对土地造成巨大的毁坏，而这种毁坏如果进行修复又需要大量的资金和时间。现在我国非农用地除去旧村改造和土地整理外，其他能够修复为种粮用地的非农用地并不多见。就是旧村改造和农村沟、河、路、坎的整理也多数是由政府出资进行，农民自己或者村集体进行改造和整理的很少，其中一个重要原因就是需要花费大量的资金。土地流转中“非粮化”风险，使流转的土地用于养殖或者种植经济类作物，从而会使粮食的总面积减少，产量下降。土地流转的“非粮化”在某种程度上也会危害到农业种粮用地的安全，如果流转中的土地用于养殖或者种植经济类树木等就会对农业土地造成毁坏。在一些地方的养鸡场、养猪场和养牛场等，一般都会建设场所占用农地，而且产生的垃圾又缺乏处理，在危害所占土地的时候也对周边土地造成一定不利影响。

3. 从长期看，土地流转“非农化”与“非粮化”会影响到我国的经济安全

一个国家的经济安全在整体上具有主权独立、基础稳固、运行健康、增长稳定、发展持续等特点；在国际经济生活中具有一定的自主性、防卫力和竞争力；不至于因为某些问题的演化而使整个经济受到过大的打击和遭受过多的损失；能够避免或化解可能发生的局部性或全局性的危机。农村土地流转看似一个和经济安全关联度不高的问题，但是，其结果会影响到我国居民吃饭、工业原料和生态环境等诸多方面。如果对土地流转中的“非农化”和“非粮化”问题不加重视，短期可能会影响到粮食生产和工业用粮，长期则会对我国经济安全造成威胁。试想如果一个国家连最基本的居民生活用粮都不能保障，又如何能实现基础稳固，又怎能在国际经济生活中具有一定自主性和竞争力。我国粮食 2014 年实现了 11 连增，一方面是我国粮食产量增加，另一方面则是我国粮食进口在增加。在和平年代，从国际市场进口粮食相对容易，但如果发生战争或者贸易争端，粮食进口就会大打折扣甚至买不到粮食。这样，不可避免地就会影响到整个国家的经济安全。因此，农村土地流转中的“非农化”与“非粮化”风险，也会增加我国经济发展中的不稳定因素，从长远考虑将会影响我国的经济安全、社会稳定和民族存亡。

［2015 年安徽省政协“耕地暨基本农田‘非粮化’‘非农化’”对口协商会书面发言］

75 关于制定《中共安徽省委政治协商规程》的建议

中共安徽省委2012年年底制定了《关于推进人民政协政治协商制度建设的意见》，这是我省贯彻党的十八大关于健全社会主义协商民主制度的要求，充分发挥人民政协作为协商民主重要渠道作用的重要举措，也反映了中共安徽省委对政治协商工作的高度重视。近年来，省委、省政府非常重视省政协常委会议的专题议政以及各专委会和委员的调研报告与提案，并作出一系列重要批示，要求有关部门认真研究和吸纳政协的意见和建议，制定相关措施，抓好落实，使凝聚着政协委员智慧和心血的真知灼见能转化成具体的工作部署和工作措施，向人民群众交出一份满意的答卷。但是，我们也要清醒地认识到，当前我省的政治协商工作还有待进一步加强，突出表现在政治协商的制度建设力度还不够大，政治协商还存在“重形式，轻实效；重通报，轻协商；重惯例，轻程序”的现象，政治协商的制度化、规范化、程序化建设还没有跟上经济社会发展的需要。但可喜的是，广东、湖南等地已经先后出台了《政治协商规程（试行）》，在全国开了一个好头。我省如果能像广东、湖南一样，出台相应的制度和办法，那么我们有理由相信，安徽省政治协商工作一定会再上一个新台阶，为我省经济社会实现科学发展、跨越发展提供强大的智力支撑，成为我省政协工作的一个新亮点。为此，我们建议尽快制定《中共安徽省委政治协商规程》，主要内容建议包括以下6个方面。

（1）推进政治协商制度化、科学化、规范化、程序化的重要意义，明确政治协商的指导思想和基本原则。明确需要协商的内容是提交决策的先决条件，即需要进行协商的内容未经协商的，原则上不提交中共安徽省委决策、安徽省人大常委会通过、安徽省政府实施。

（2）进一步明确政治协商的主要内容。如省委作出的有关经济建设、政治建设、文化建设、社会建设以及生态文明建设和党的建设的重要决议、决定和意见；本省国民经济与社会发展中长期规划；省政府工作报告、国民经济和社会发展计划报告及财政预决算报告；省法院和省检察院工作报告；重要地方性法规和重要政府规章的制定和修改建议；区域总体规划、行政区划的重大调整；领导班子换届时省人大常委会、省政府、省政协领导班子成员及省法院院长、省检察院检察长的建议人选；事关民生和经济社会发展全局的重大问题，省政府投资的重大建设项目决策，应对各类重大突发事件和公共危机的应急处置预案；省各民主党派参加省政协工作的共同性事务，省政协内部的重要事务及有关爱国统一战线的其他重要问题；省委、省人大常委会、省政府、省政协和省政协参加单位提出的其他政治协商事项，等等。

（3）规范政治协商的主要程序。如制定协商计划、做好协商准备、召开协商会议、汇总协商成果、办理与反馈协商成果等。

（4）确定政治协商的主要方式。如中共安徽省委和各民主党派进行政治协商、中共安徽省委在省政协与各界人士进行政治协商等。明确每一种形式的协商内容、参加协商的范围、协商工作分工等。明确协商的形式可以包括：省政协全体会议、省政协常务委员会会议、省政协主席会议、省政协专题协商会、省政协党组受省委委托召开的专题座谈会、省政协专门委员会会议、省政协秘书长会议、省政协内部协商会议、书面协商。特别是书面协商形式很重要，省委重要文件（稿）以书面形式征求省政协的意见，省政协集中省各民主党派和各界代表人士的意见，以书面形式向省委反馈。省政协也可就省各民主党派和各界代表人士关心的重要问题以书面形式向省委提出协商意见和建议。

参观合肥农交会农业机械展示区

（5）建立政治协商督办落实机制。由省委分管统战工作的领导同志牵头，建立政治协商督办落实联席会议制度，召集省委办公厅、省人大常委会办公厅、省政府办公厅、省政协办公厅、省委统战部、省委组织部等部门定期召开会议，研究、沟通和协调政治协商的组织实施、跟进落实、督办反馈等工作，并每年组织上述部门对政治协商的落实情况进行检查。省政协办公厅负责落实、汇总省委在省政协同省各民主党派和各界代表人士政治协商的落实情况。省委办公厅根据需要定期或不定期进行督查，确保工作取得实效。

（6）把是否重视政治协商作为考核领导班子和领导干部的重要内容。此项工作由省委组织部主办，省委统战部、省政协办公厅协办。

［安徽省政协十一届二次会议提案，2014 年民进安徽省委优秀社情民意信息三等奖］

第七篇

脱贫攻坚

76 采取切实措施，有效防止脱贫再返贫

习近平总书记在中央扶贫开发工作会议上强调，消除贫困、改善民生、逐步实现共同富裕，是社会主义的本质要求，全面建成小康社会是我们对全国人民的庄严承诺，脱贫攻坚战的冲锋号已经吹响，要确保到2020年所有贫困地区和贫困人口一道迈入小康社会。消除贫困，实现农民的脱贫致富是党在农村工作的重要任务。目前的脱贫行动取得了很大的成就，但返贫现象仍十分严重，有的因灾返贫，有的因病返贫，有的因子女教育费用迅猛上升返贫等。返贫户身上普遍存在着身体健康状况差、受教育程度较低、发展观念落后、收入来源单一、抵御经济风险的能力较弱等问题，在某些因素的制约下容易陷入“脱贫—返贫—再脱贫—再返贫”恶性循环之中。返贫现象具有易发性、频发性和反复性，因此，在全面脱贫后如何防止返贫应成为扶贫工作的重心。

1. 扶贫工作存在的问题

（1）扶贫资金投资结构不合理。虽然国家每年向贫困地区注入大量资金，但一些地区最常用的办法就是寻找“短、平、快”项目。在资金投入结构上往往是农业占比较大，种植业投资偏多，而用于教育、医疗、卫生、保障等方面的资金较少。由于脱贫农民的素质没有得到有效提高，同时缺乏医疗卫生条件和社会保障，导致脱贫农民很容易因灾、因病等而返贫，不能从根本上解决贫困问题。

（2）过分注重短期脱贫数量，忽视扶贫质量。有些地方政府仅把扶贫当作临时政绩来抓，扶贫开发缺乏有效的长期战略，热衷于在公路旁搞集中连片的示范工程。这些样板工程需要投入大量资金，虽然贫困户在短期内可能一时脱贫，却没有从根本上提高贫困户生存和发展的能力。扶贫治标不治本，只注重“输血”而忽视“造血”，很难可持续发展，所以贫困者总是徘徊在贫困的边缘，一遇天灾人祸就会再次返贫。

（3）医保以大病统筹为主的目标定位，对农村基本医疗需求关注不够。在农村患大病的毕竟是少数，患小病或慢性病的占大多数，慢性病已成为农村居民的

主要死因。农村老年人大多患有哮喘、慢性支气管炎、心脑血管病等慢性病。而这些慢性病在萌芽即小病阶段大多可以通过门诊治愈，较少需要住院治疗。另外，基层公共卫生服务体系不健全，挫伤了农村居民的参保积极性。近年来的农村医疗条件改善主要集中在县级医院，而乡镇医院的医疗条件长期得不到根本改善。只有基本医疗需求得到了满足，农村居民才会有更高的参保积极性。

（4）利用行政体系推动的扶贫方式对经济、物质投入重视，而对贫困人口的精神、思想观念等方面扶持较少。由于贫困者长期生活在贫困之中形成了某种特定的生活方式和思维模式，其行为规范和价值观念不同程度地阻碍了贫困地区的发展，而长期以来形成的以政府为主体的扶贫模式在某种程度上又强化了这种习惯，从而使大多数贫困者容易形成依赖性甚至惰性，缺乏自我脱贫的主动性。

2. 防止脱贫再返贫的建议

（1）强化扶贫项目管理，切实提高效益。扶贫项目是改变贫困地区农业生产、生活条件的重要手段。要通过多方论证选准扶贫产业项目，防止一窝蜂上马现象。强化项目效益就是要上准、上实、上好扶贫项目，成为脱贫农户的支柱产业。同时加强对扶贫资金的分配和监管，以减少和避免资金的流失、浪费和低效使用。

（2）积极发展农村集体经济，实施以贫困村为扶贫基本单元。贫困地区经济发展应突出产业特色和效益，重点扶持农产品生产和加工基地发展，提高农产品附加值，带动相关农业机械、农产品物流、加工与贮藏、农业信息化等产业发展，提高农民收入。真正让农民愿意留在农村、发展农业、建设农村，这才是防止农村地区返贫的长远之道。

（3）构建完善的农村医疗保障体系，健全基层卫生服务体系。目前我省大部分贫困户是因病致贫的，比例高达 40% ～ 60%。确立农村分级诊疗模式，建立以基本医疗保险为主体、多种商业健康保险为辅助、医疗救助为兜底的医疗保障体系十分重要。在以大病统筹为主的基础上，应更多地关注与广大农村居民基本健康关系更为密切的常见病、慢性病和地方病，将符合条件的救助对象纳入医疗救助补偿范围。切实提高新农合和医疗救助保障水平，改善医疗与康复服务设施条件，有效减轻农村贫困户的就医负担，满足大多数贫困者的日常基本医疗需求，真正做到防止因病致贫、因病返贫。

（4）紧紧扭住教育这个脱贫致富的根本之策，切实把教育工作做好。特别是要关注贫困地区下一代的成长教育，确保贫困家庭的孩子能受到良好的教育。在保障贫困户免费义务教育的同时，推进高层次职业教育免费开展，为贫困地区培养高层次人才，拓宽贫困户致富路径。从长远来看，知识与文化水平的高低决定

脱贫新产业

了脱贫者脱贫的持久与否。

（5）引导社会组织特别是企业和慈善机构积极参与扶贫工作。通过多层次治理体系的合力，推动农村社会公益事业的发展，积极发挥社会企业在扶贫工作中的作用，全面提高精准扶贫的效果。例如，可以通过政府购买服务的方式，确保社会工作者能够及时、有效介入。地方政府应大力搭建社会各界参与扶贫的互动平台，做好贫困人口扶贫需求、社会帮扶资源等信息服务工作，吸引更多人加入社会扶贫工作。动员有一定经济实力、有产业发展经验、致力于扶贫事业的爱心人士积极参与扶贫工作，倡导企业包村精准扶贫，引领乡村产业发展。

［安徽省政协十一届四次会议提案，2016 年］

77 加大支持脱贫摘帽县土地“增减挂钩”交易力度的建议

城乡建设用地增减挂钩是土地利用的一大政策工具。这项政策在促进节约集约用地和城乡统筹发展中发挥了重要作用。近年来，为支持扶贫开发，增减挂钩政策允许集中连片特困地区、国家级贫困县以及省级贫困县的节余指标在省域内流转使用，为贫困地区脱贫攻坚拓展了资金来源，促进了城乡公共服务均等化和区域均衡发展。安徽省从 2016 年 12 月 30 日至 2018 年 12 月 4 日，共有 11 个贫困县调剂出节余指标 29 个批次，合计 3.63 万亩，成交价款 152.7 亿元，有力地解决了贫困县建设和发展的资金问题。但随着脱贫攻坚的持续深入，目前即将脱贫的摘帽县，多处于边远、丘陵地带，交通区位差、生态环境脆弱、经济基础差、贫困程度深，加上外出务工人员较多，耕地撂荒、宅基地废弃等土地闲置情况普遍，土地使用效率低。通过推进农村土地整治，实施增减挂钩，有利于助推脱贫攻坚，促进城乡融合发展，推动乡村振兴战略实施。我省贫困县较多，区位差异较大，土地指标使用不均衡，导致部分条件较差的贫困县土地指标调剂少，加大了摘帽难度。例如 2018 年望江县和太湖县仅分别得到土地增减挂钩资金 1.2 亿元和 3 亿元，而 2018 年摘帽的潜山市、宿松县分别交易了 11.7 亿元、9.2 亿元；今年即将摘帽的太湖县已落实 2 800 亩 10 亿元资金，而望江县土地结余指标 3 800 亩到目前仍没有着落。此外，在这些资金的监管和使用上还存在使用范围不明确、监管制度不完善等问题。为此，提出以下建议。

（1）优先支持脱贫摘帽县交易，补齐摘帽短板。对今年即将摘帽的贫困县尤其是对欠账较多、财力较弱的连片特困县和国家级贫困县要加大支持土地增减挂钩交易力度。例如大别山片区贫困县望江县“双基”建设目前缺口达 15 亿元，而土地增减挂钩存量指标尚有 3 800 亩急需交易。考虑到当前指标交易市场供大于求的现状，建议协调省自然资源厅在指标交易上，只允许对当年的摘帽县进行

美丽乡村

交易；同时，简化交易流程，确保摘帽县能尽快得到资金支持，顺利完成脱贫摘帽。

（2）专项使用节余指标，完善后续监管机制。节余指标应专项用于满足项目新增建设用地指标、耕地补充指标等刚性需要，挂钩节余指标流转获得的收益应主要用于贫困县旧村庄的拆迁安置补偿、旧村庄整治复垦、农村基建等。建立省域内增减挂钩监管平台，重点监管节余建设用地指标、拆旧区复垦核查、建新用地审批等情况，定期评估增减挂钩与复垦土地保护利用情况。

（3）优先投入精准扶贫，确保贫困户权益。挂钩节余指标转让方应向集中连片特困地区、国家级贫困县和开展易地扶贫搬迁的贫困老区倾斜。确保参与增减挂钩项目农民的知情权、收益权，尊重农民意愿，维护农民合法权益，关注生态搬迁户后续生计来源，保障其基本生产与公共设施用地，扩大当地产业帮扶与就业渠道，增减挂钩指标流转收益应足额返还至集体经济组织或当事农户。

[安徽省政协十二届二次会议社情民意信息，2019.8.5]

78 加快大别山贫困片区全面脱贫的建议

大别山国家贫困片区是全国14个连片特困地区之一，我省包括金寨、望江等12个县，总面积2.8万平方千米，总人口1 400万人，是人口最多、密度最大一个片区，一直是安徽省扶贫攻坚的主战场。经过多年不懈努力，该片区扶贫开发工作取得显著成绩，但与省内和全国其他地区相比存在较大差距，该片区发展存在很多困难和问题。一是贫困面广、量大，脱贫攻坚任务艰巨。该片区贫困人口分布广，几乎覆盖所有乡镇、村。贫困人口数量大，贫困程度深，据国家新的扶贫标准，贫困发生率20.7%，高出全国8个百分点。农民人均可支配收入8 025元，仅相当于全省的80%。片区内国家重点贫困县11个，占全省的58%。二是基础设施薄弱，交通、水利问题突出。片区路网规模偏小，结构不尽合理，内联外通结构尚未形成，与武汉、合肥经济圈以及长三角联系不紧密。例如望江在2016年年底才通高速，没有铁路和航空。水利工程年久失修、工程老化问题突出；水利设施不足，河道、沟渠淤塞，排涝和灌溉能力不足。三是社会事业发展相对滞后，基本公共服务水平偏低。由于投入不足，教科文卫等公共服务发展滞后。学前教育匮乏，中小学师资力量薄弱，职业教育量缺质低。劳动力整体素质不高，2012年大别山片区每万人拥有科技人员15.2人，仅为全国平均水平的80%。卫生设施缺乏，医护人员少，新农合参合率不高。文化资源开发不足。农技推广高级人才缺乏。四是产业发展基础薄弱，综合竞争能力不强。由于自然条件恶劣，又受生态环境限制，片区工业基础薄弱，多为初级加工或资源开发类产业，效益低下。缺乏大型龙头企业，规模小，标准低。2015年片区第一产业比重过大，在26%以上，高于全省平均水平15个百分点；人均GDP仅1.7万元，不到全省平均的一半。五是生态地位高，但人口多，环境保护压力大。片区有6个县属淮河流域国家行蓄洪区，4个县纳入国家大别山水土保持生态功能区。12个县全部属于省级主体功能区限制开发区域，生态环境较为脆弱。但片区人口密度达500人/千米^2，明显高于全省平均密度414人/千米^2，更远高于重点功能区的皖南山区。片区发展不但要保护环境，还要兼顾1 400万人就业和生活改善，在工业化、城镇化推进过程中，与其他区域相比，面临着更大的环境压力。因此，为加快安徽大别山片区脱贫步伐，提出以下6点建议。

（1）统筹处理好四个关系。一要处理好区域发展与脱贫攻坚的关系。二要处理好开发建设与生态保护的关系。三要处理好自力更生与国家支持的关系。四要处理好统筹发展和跨区协作的关系。既要统筹城乡发展，又要创新区域合作机制，加强与皖江城市带、武汉城市圈全方位协作，实现优势互补，协同发展。

（2）加强重大基础设施建设。以交通、水利为重点，实施一批重点工程项目，加快构建功能配套、安全高效、适度超前的现代化基础设施体系。以加强与武汉经济圈、合肥经济圈以及长三角地区联系为重点，统筹考虑片区城镇发展、旅游产业发展、农业生产保障等需求，贯通省际、县际断头路，建设一批旅游道路。推进中小河流治理、水土保持、山洪灾害防治、大中型灌区续建配套等水利工程建设。

（3）重点发展特色产业。一要因地制宜发展劳动密集型产业，促进劳动力就地转移。例如立足片区羽绒、麻、竹、蚕茧等特色资源，引进纺织品项目，培育壮大纺织服装产业，望江县已形成规模。二要发展现代农业。片区农民收入除外出务工外，主要来源于农业。2015年安庆13.4万贫困户仅种植业收入占家庭收入的60%以上。要围绕特色粮经、茶果、畜水产品及中药材等，创建特色品牌，创新经营体制，创建一批标准化、专业化生产基地，发展名特优农业、农产品加工业。三要充分挖掘片区生态、红色、历史文化等特色旅游资源，发展养生医疗、生态养老、红色旅游等新业态，打造一批旅游名镇名村，发展观光农业和旅馆服务业等。

（4）承接产业转移促进优势产业发展。抓住国家加快转变经济发展方式、调整产业结构优化升级的机遇，通过发挥自身优势承接产业转移与促进特色优势产业发展。制定承接产业转移优惠政策，引导劳动密集型或技术产业等向片区转移。根据资源优势和区域主导产业基础，承接纺织服装、汽车配件、生物医药、电子产品等产业，优化环境，建立大别山省际产业错位和互补发展，加强县（市、区）区域产业合作，形成产业链，促进片区产业结构升级，带动贫困县经济发展。

（5）以生态文明建设促进转型发展。大别山片区发展不能走大规模工业化道路，应以生态文明建设为抓手，充分发挥生态优势和抓住国家政策扶持机遇，大力发展生态循环经济和低碳产业，构建与生态保护相适应的生态产业体系，打造生态文明建设示范区。加强与鄂、豫两省合作，探索建立跨省大别山生态文明示范区建设推进机制，合力推进示范区发展。

（6）以政策突破带动体制机制创新。一是加大转移支付力度，减轻大别山片区发展压力。提高中央和省财政对基础设施、民生等领域投入，减轻贫困县财政支付压力，使其把更多精力倾注于粮食生产和生态环境保护。二是健全生态补偿机制，激发生态环境保护积极性。片区对我省乃至邻省生态建设、经济发展做出了巨大贡献，也失去了发展经济机会。例如金寨县稳定保持着50亿立方米优质水，森林覆盖率达73%，而工业发展缓慢，人民生活水平较低。因此有必要加大片区生态补偿力度。促进《安徽省大别山区水环境生态补偿办法》落实，并探索建立大别山区综合性生态补偿机制，完善生态产品标志、水权交易、碳汇交易等市场化生态补偿模式，激发生态环境保护积极性。三是实施差别化产业发展扶持政策，增强“造血”能力。重点支持农产品加工、纺织服装、生物医药，节能环保、旅游、现代物流等生态产业发展，在产业项目用地、审批、投资、信贷等给予政策支持，提高贫困县自我发展能力。四是建立区域协调机制，实现共赢。大别山片区涉及鄂、豫、皖三省，应构建基于区域协调发展、跨行政区域的扶贫开发协作机制，促进片区资源共享、共同发展。重点在旅游开发、品牌创建、基础设施建设等方面推进形成三省片区协调机制，形成合力，抱团发展。同时，我省大别山片区紧邻合肥经济圈、皖江城市带等先发地区，应在省内加大对口帮扶力度，推进它们与片区结对合作，将其资金、技术、人才、管理等优势与片区资源、劳动力、市场等优势结合起来，实现互利共赢，加快片区脱贫步伐。

［安徽省政协十一届五次会议提案，2017年］

79 完善光伏扶贫产业支撑体系助力脱贫攻坚的建议

光伏扶贫被列为我国十大精准扶贫工程之一，截至2015年年底，我国累计光伏装机容量4 300万千瓦，超过德国居世界第一。安徽省被列入国家首批光伏扶贫试点，2015年全省装机总量71万千瓦，完成国家下达指标的71%；今年我省计划完成200万千瓦，占全国装机总量的11%，居全国第三。2015年省政府出台了《关于实施光伏扶贫的指导意见》，计划用6年时间在31个重点县建设光伏电站96万千瓦，受益贫困户家庭年均增收3 000元，受益贫困村集体年均增收6万元，实现脱贫目标。然而，我国光伏发展不过10年，没有成熟的可复制经验，对于寿命周期长达20年之久的光伏电站建设，如何把握好质量关，保证较长时期运行的稳定性十分重要，否则建一批发电量低下甚至不发电的电站，只是对国家人财物的极大浪费。目前，我国在光伏产业建设和发展过程中暴露出以下诸多问题，必须引起政府的高度重视，并采取切实措施加以解决。

（1）光伏产业技术和装备水平较低，投资成本高。尽管我国光伏产业多晶硅技术初步实现了闭路循环、环保节能生产，但整体水平同国际先进水平相比，在能耗、物料循环利用以及生产成本等方面均有一定差距。核心技术太阳能电池差距更大，设备基本靠进口；电池用的配套材料也以仿制进口产品为主，产品档次较低。造成了我国光伏产业投资成本高企，每千瓦装机成本约18 000元，而常规火电成本仅3 000～4 000元。光伏发电每千瓦时电需国家补贴0.5元以上。

（2）光伏发电并网缺乏完善的技术标准，光伏设备也缺乏统一的检测认证管理办法。目前我国已建成的光伏并网发电示范项目都处于试验性并网状态，没有建立一套完善的满足电网安全要求的并网技术标准。现有旧版本的标准已超出使用期限，不再适用。尽管2009年发布了新的试行标准，但对光伏电站分类较粗，缺少针对性细化条款，更没有对小型光伏发电并网作相应规定。另外，我国光伏发电设备也缺乏统一检测认证管理办法，导致光伏发电设备以次充好，工程质量难以保障。尽管我国光伏产品检测和入网检测机构已经具备检测能力，但国家尚未出台强制性的检测认证管理办法。

（3）电站分散建设，土地浪费，运维成本增加。由于贫困地区和贫困户屋顶分散，分布式光伏电站的接入、安全、运维困难。村级电站也多分散建设，分散接入、并网，分散管理，造成土地浪费，也增加运维成本。而且缺乏专业人员维护、监控、检查、维修，电站寿命大打折扣，甚至可能引发如隐裂、热斑等一系列技术问题。

（4）污染问题突出。光伏发电本身属绿色能源，但由于上游组件和硅原料产业技术落后、政策不规范等，存在较严重的污染问题。一是多晶硅生产过程会产生大量有毒物质。由于国内生产技术落后，产生的“三废”等废弃物得不到有效处理和利用，对大气、水、土地等造成严重污染。二是使用过程中存在铅污染和光污染问题。三是使用后回收过程中存在废弃物污染问题。光伏发电系统废弃物对环境具有很强的破坏性，主要是使用的蓄电池内含有大量的铅、锑、镉、硫酸等有毒物质，会对土壤、地下水等造成污染。农户如果不经过处理乱排乱放，势必导致对生态环境的破坏。

（5）安全隐患问题。光伏发电并网存在安全隐患，因为它会对整个电力系统产生影响。光伏发电是通过微电网并入大电网中的，由于光伏发电的接入点较多，多个微电网与大电网相互作用是非常复杂的，可能会降低电网的安全系数，为整个电网带来安全风险。而且发电接入后，会导致配电网角色发生变化，可能会给电网带来电压闪变、谐波及污染问题，从而给整个配电网的供电可靠性、安全性造成严重威胁。同时，电站设备运行中逆变器散热、汇流箱和组件的二极管还是火灾发生的威胁因素。发电站一旦出现火灾，因为设备带电根本没办法立刻施救。

为此，提出以下建议。

（1）加大科研投入，研发和突破光伏核心技术，提高自主创新能力。加大对光伏产业资金、人才等方面的投入，重点用于太阳能资源普查与评价、重点实验室建设、技术研发与推广和示范工程建设等基础研究工作，提高自主创新能力，以科技攻关支持企业在技术、设备、工艺等方面达到领先地位，提升光伏发电系统整体实力，提高产品质量，降低生产成本，使我国在光伏发电产业方面真正具有核心竞争力。

（2）健全相关标准、规范与检测认证体系。一是完善相关技术标准。加快制定和修订光伏发电系统相关标准，特别是并网标准，并将原来的“推荐标准”转为“强制标准”。二是建立并完善强制性检测认证体系，确保发电系统性能质量。

三是推动光伏标准、检测和认证的国际互认。加入国际检测认证互认组织，加快国际技术法规、标准和合格评定程序的实施，推动我国的质量保证体系得到国际互认，提高我国出口产品的质量和效益。

（3）健全和完善相关法律法规和政策措施。一是健全和完善以《中华人民共和国可再生能源法》为主体的法律法规体系，完善新能源电力全额保障性收购、优先调度等有关法律法规，研究实行新能源交易机制和配额管理办法。二是推行能够充分体现绿色电力价值的分地区标杆上网电价政策，并建立滚动调整机制。三是制定有利于生产和使用可再生电力的税收政策，建议免除太阳能设备环节的增值税，发电环节的增值税减半征收。四是实行投融资激励政策，降低项目建设的资本金比例，扩大企业融资的渠道和规模，延长贷款期限，降低贷款利率。五是进一步出台支持离网光伏发电系统政策。在边远、贫困、无电地区普及推广离网光伏发电系统，解决无电人口用电问题，从根本上提高贫困地区人口生活质量。

（4）加强太阳能并网管理和服务。一是推行光伏电站并网许可制度。按照国家规定的光伏逆变器制造标准和光伏发电并网现有标准，对并网光伏电站的设备性能进行检测和管理。二是推行太阳能发电功率预测机制。研究开发太阳能发电功率预测系统，使电网对太阳能光伏的实时发电能力有一个较为准确的预期，以提高电网对光伏发电的消纳能力。三是提出分布式光伏电站并网管理办法。规范和简化并网程序，通过分布式光伏电站并网管理办法解决发电上网、下网、自用等难题。

（5）构建光伏发电的人才培育体系。依托科研力量、设备、资金等资源，组织联合科技攻关团队，承担重大科研项目，通过有效的人才激励机制，培育和造就一支学术水平高、技术积累深和创新能力强的开发核心力量；在高校和中职学校设置光伏发电专业，培养光伏发电专业人才；建立各种不同层次的专职培训机构和职业技能培训学校，进行光伏发电从业人员业务培训，提高从业人员素质。

（6）控制污染，严把安全质量关，科学设计村级电站，变分散建设为集中建设，统一管理，降低运维成本。在电站设计上，做到科学合理设计，要有安全标识；在电站建设中，严格施工，精确化操作，并充分完善电站安全措施，考虑防火、防震等应急快速反应预案。有条件的贫困地区要集中建设村级电站，引入智能监控、智能运维。最好由省政府成立一个光伏扶贫专项基金，用于购买运维服务，通过公开方式委托专业机构统一管理，并对资金的使用进行严格监管，提高安全性。在污染防控上，一是将光伏产业纳入全省环保重点工程，强化管理。二是建立健全地方环境保护法规体系，推动我省相关环境保护的立法和修订工作。将光伏电站废弃物管理纳入生态环境保护、大气污染、固体废弃物污染、防治土

扶贫产业

地退化、清洁生产、环境损害赔偿和环境监测等地方立法及标准制定工作。三是加大光伏产业相关各类开发区环境监管力度。严格限制资源和能源消耗大、经济效益差、污染重的光伏项目建设，在项目选址、功能定位和污染集中控制方面把好关，从源头控制环境污染和生态破坏。

光伏扶贫是一项惠及百万贫困户的公益事业，要把它做成一个良心工程，让贫困户长期受益。千万不要做成：光伏扶贫呼啦一阵风吹过，电站建了，厂家领钱了，后面没人管了。因此，希望在拉动光伏产业发展的同时，真正使光伏扶贫走在一个健康发展的轨道上，达到多方共赢的目的。

［安徽省政协十一届四次会议提案，2016 年］

第八篇

乡村振兴

80 进一步完善农村基层干部队伍制度建设的建议

中共中央组织部早在1999年就发布了《关于加强农村基层干部队伍建设的意见》，中共安徽省委2002年也出台了《关于进一步加强农村基层组织建设的意见》。党的十八大报告再次强调，要建设好干部队伍，要加强党性修养、廉洁从政、理论学习和实践锻炼，全面提高自身素质。这为新时期基层干部队伍建设明确了方向，指明了道路。在新形势下，加强农村基层干部队伍建设，必须从制度和机制建设入手，切实提高农村干部队伍的综合素质和执政能力，从根本上保障我省小康社会的全面建成。

1. 目前我省农村干部队伍存在的问题

一是年龄偏大，文化程度不高，能力不强，具有涉农专业特长、懂经济、会管理的复合型干部较少，而经验型、资历型的干部比重较大，队伍结构很难适应农村发展和全面建成小康社会目标的需要。二是创新意识不强，“等、靠、要”思想严重。思想保守，缺少开拓和开放意识，不敢接受新事物，缺少带领群众致富奔小康、发展壮大集体经济的本领以及驾驭市场、把握机遇的眼光和能力。三是政策水平偏低，法治意识淡薄，不能较好地解决一些突出矛盾和棘手问题。不注意学习领会党和国家的现行方针政策，对政策理解不深不透，乱摊派，加重农民负担。以权压法，以言代法，不能依法理政，造成群众上访，影响党和政府威信。四是民主意识不强，工作作风漂浮，方法简单粗暴，严重影响了党群、干群关系，上访不断。五是个别干部在任期内滥用权力，为政不廉，降低了基层党组织和乡村干部在群众中的威信。六是长期不能提拔重用，导致村干部工作激情、主动性、创造性弱化，甚至贪污腐败。大学生“村官”制度的确立也影响了当地村干部的工作热情等。

2. 加强我省农村干部队伍制度建设的建议

（1）建立科学的录用选任机制，拓宽干部队伍选拔范围。一是加大到村任职高校毕业生的培养选拔力度。鼓励优秀大学生担任"村官"，进一步充实村干部队伍，使之成为村干部来源的主渠道。对于业绩突出、群众普遍认可的大学生"村官"，及时通过选举担任村主干。县（市、区）在大学生"村官"和村干部中公开考录乡镇公务员时，提高到村任职高校毕业生的录用比例。二是按公开、公平、公正，因岗选人，择优录取的原则，从农村、企事业单位中，吸纳部分优秀人才充实村干部队伍。三是坚持按"两推一选"原则，把政治思想好、工作有经验、致富能力强、群众信得过的本土优秀人才选为村干部。四是建立能进能出、能上能下的用人机制，畅通干部队伍的进出口，逐步实现村干部队伍建设规范化、制度化。

（2）建立科学的教育培训长效机制，提升村干部的综合素质。一是设立农村基层干部培训专项基金，建立和完善"村官培训，政府买单"机制。二是注重培训方法的多样性。充分利用农村远程教育资源开展培训，降低培训成本，增强培训效果。选送村干部到发达地区跟班学习，开阔视野。三是注重培训内容的针对性。加强对村干部政治理论、政策法规、市场经济和实用技术、工作作风与方法、民主集中制等方面的教育培训。组织外出参观考察、学习国内省内先进典型，引导群众围绕市场、依托科技大力发展现代农业。四是建立健全培训考核机制。建立村干部学习档案，健全述学、评学、考学制度，并同年度考核、奖惩和任用结合起来。五是进一步推进"一村一名大学生计划"。在认真抓好选派大学生到村任职工作的同时，依托各级党校、广播电视大学、农业大学等机构，组织开展农村基层干部在职学历教育，并在学费上给予一定的财政补助。

（3）建立科学的考核评价机制，强化村干部队伍管理。一是建立目标管理制度，改革完善现行考核办法和评价体系，形成优胜劣汰的长效机制。二是建立民主评议制度。对村干部定期进行自我评价、群众评议、组织考评，将民主评议结果记入个人档案，并与升降奖惩挂钩。三是建立民主监督管理制度。严格村政务、财务公开，认真执行党内民主生活会、个人重大事项报告等制度措施，严格规范村干部行为。四是坚持勤政廉政制度。开展廉洁自律和作风建设集中整顿活动，制定配套措施，着力解决村干部存在的突出问题，建立作风建设的长效机制。五是建立和完善村级财务管理制度和审计监督制度。推行村账镇管，组账村记的财务管理新制度，制度和完善集体资产监管办法。加强对村级"一把手"任职期间进行不定期的经济审计，对离任村干部进行离任审计，将结果向群众公布。

（4）建立科学的激励机制，调动村干部队伍工作积极性。一是完善晋升激励机制。鼓励村干部爱岗敬业，开拓奋进。例如对报考乡镇公务员的村干部给予政策上的倾斜，为村干部"上进"开辟通道，激发村干部做好工作的内在动力。二

基层队伍培训

是完善物质激励机制，建立村干部薪酬统筹机制。在不断壮大村级集体经济的同时，应相应提高村干部的待遇，使村干部的工资接近或等同乡镇干部的工资，构建工资保障和增长激励制度。三是建立和完善农村基层干部养老保险或退休金制度，对任职达到一定年限的村干部实行养老保险或发放退休金，金额相当于本地农民人均收入水平。

（5）改善农村基层干部的工作和生活条件。实施农村基层干部“安心工程”，做到每个乡镇机关有食堂、有浴室、有文化娱乐设施，每个村有村级组织活动场所。积极帮助乡镇消减历史债务，严格财务管理，防止产生新的债务。各乡镇要积极创造条件，每两年安排机关干部进行一次健康体检。每两年由乡镇统一组织为村干部进行一次健康体检，所需费用由县级财政负担。

［安徽省政协十一届一次会议提案，获时任安徽省委组织部部长王炯的批示；2017 年 8 月获安徽省政协 2013—2017 年优秀提案；民进安徽省委优秀社情民意信息二等奖和优秀参政议政成果二等奖］

81 进一步提高基层干部依法办事能力的建议

党的十八届四中全会明确提出"提高党员干部法治思维和依法办事能力"。对于身处基层、工作在农业农村第一线的基层干部而言，提高法治思维和依法办事能力非常迫切，它直接关系到法治建设的进程，关系到农村改革发展和全面建成小康社会目标的实现。在当今依法治国的大环境下，各级党员干部都要学法、守法、用法，在治理好社会的同时，也是在保护自己，不要因为不懂法律而受到法律的惩罚。例如在去年有一个村支部书记因挪用公款被判刑，但是与以往不同的是村民们并没有拍手称赞反而联名上书为他求情，这是为什么呢？因为这么多年来，村里需要钱，他就用自己的钱先垫着，他自己要用钱的时候也从村里账户拿出来先用下，总的还是村里欠他的钱，他就不明白怎样这样做也犯法了，以前都是这么做的。他的判刑完全是因为不懂法。虽然他是一个值得群众信赖的好支书，但也是一个地地道道的"法盲"。从对他"判三缓五"的判决中，我们一方面看到了法律重在惩前毖后、治病救人，给了这位村支书一个缓期执行、悔过自新的机会；另一方面看到了法律的尊严是神圣不可侵犯的，不能因为曾经的"功高"就可以违法，更不允许有"不知者无罪"的情况发生。其实这种不懂法的情况在农村基层干部中还普遍存在，结果导致农村经常发生违法拆迁、违法摊派、违法集资、违法土地流转、破坏环境、非法拘禁（私设公堂）等事件。其突出表现在以下 3 个方面。

（1）法律知识欠缺。首先是对法律知识的学习不够全面。多数基层干部只是掌握与本职工作相关的法律知识，很少系统学习过本职工作之外的法律知识，甚至有少数干部竟没有学过作为国家根本大法的宪法，这不得不说是一种令人担忧的现象。其次是对法律知识的掌握不够准确。例如，一些基层干部对"行政执法"的内涵缺乏正确的认识，对检查、处罚这类限权或剥夺权利的行政行为认为是执法，而对为公民法人登记、发放抚恤金这类赋权的行为则不认为是行政执法。

（2）法治观念淡薄。当前，还有相当一部分基层干部法治观念淡薄，“人治”陋习严重。有的信奉“搞定就是稳定，摆平就是水平，无事就是本事，妥协就是和谐”；有的把法治建设喊在嘴上、贴在墙上，搞形式主义、口号化，就是没有抓在手上；有的存在知法犯法、以言代法、以权压法、徇私枉法的现象。

（3）依法办事能力不足。一些基层干部想问题、做决策时依然习惯于传统的“人治”思维和方式，而运用法治思维和法治方式管理经济社会事务水平不高。有的基层干部虽然主观上也想在决策、执法、司法中做到合法合理，但因为缺乏对法律原则和精神的准确把握，往往是机械按法律条文办事，导致执法司法存在不规范、不严格、不透明、不文明现象。尤其在出现突发性事件时，运用法治思维和法治方式能力的不足就更加凸显，不能做到统筹兼顾、灵活处置，以致事态恶化。

因此，进一步加强我省基层党员干部法治意识，着力提高依法办事能力，对促进社会和谐、稳定，加快我省新农村建设步伐具有重要意义。为此，提出以下建议。

（1）重学习，掌握政策和法律法规。以创建学习型干部队伍为目标，有针对性地对基层干部进行培训，侧重政策理论、法律法规、业务知识、内部规章制度学习，让干部懂法律、熟政策、精业务。有针对性地加强基层干部法治教育，重点加强理想信念、宗旨意识、党的群众路线、科学发展观等方面的教育和管理，提升基层干部法治素质。

（2）严要求，推进依法行政。树立人本执法、公正执法、科学执法、严格执法、责任执法 5 个方面的依法行政理念，引导广大基层干部积极投身经济社会建设主战场；组织基层干部学法、知法、用法、守法和崇尚法治、依法办事、文明执法、创建和谐，不断提升依法行政能力，促进行政执法工作法治化、规范化；强化基层干部法律、纪律和职业道德教育，切实转变作风，坚持依法行政，塑造广大基层干部为民执法、秉公执法、规范执法、文明执法、廉洁执法的良好形象。

（3）强意识，树牢群众观点。把群众满意不满意、答应不答应作为一切工作的出发点和落脚点，深刻分析新形势下的群众工作特点，不断改进方式方法，增强服务群众的能力。做到“四个坚持”，即：坚持多办实事改善民生，解决群众困难和问题，密切干群关系；坚持深入村组一线调查研究，听群众呼声，了解村情民意，为决策部署提供参考；坚持加强教育引导，做好思想疏导，化解矛盾纠纷；坚持改进群众工作方式方法，取得群众信任。

（4）抓根本，强化法治实践。实践锻炼是培养法治思维和依法办事能力的根本途径。基层干部只有积极参与各种法治活动，在法治实践中运用法律知识和方

安徽省政协会议期间接受采访（图片来源：中安视频）

法思考、分析、解决现实问题，才能养成自觉的法治思维习惯。法治思维也只有外化为法治实践，才能起到解决问题、促进工作、推动建设的作用。作为基层干部，更要学会依法解决农村改革与发展问题，依法处理民族与宗教问题，只有这样才能加快农村改革发展、保障改善民生、促进社会和谐。

（5）建制度，健全长效机制。要制定反应迅速、应急有方、监管到位、处置得力、补救有效、问责严格的纠错机制；形成运转高效、公正透明、廉洁高效的行政管理体制；建立权责明确、监督有效、保障有力的行政执法体制；健全科学化、民主化、规范化的行政决策机制；完善高效便捷、成本低廉、效果明显的社会矛盾化解机制；建立健全法治实绩考核制度和激励奖惩机制。在相同条件下，优先提拔使用法治素养好、依法办事能力强的基层干部。

［安徽省政协十一届四次会议提案，2015.1.23］

82 加强农林院校党外代表人士挂职锻炼，助力乡村振兴

选派党外代表人士挂职锻炼，是深入学习贯彻习近平总书记关于统一战线工作的新理念新思想新战略和中央关于加强新形势下党外代表人士队伍建设要求、提高党外干部综合素质而采取的一项重要举措。做好党外人士挂职锻炼工作，是加强党内外交流、维护多党合作的重要方式，也是实施人才强国战略的客观需要。高校是党的统战工作的战略要地，地方农林高校又是打赢脱贫攻坚战、推进乡村全面振兴的主力军，其党外代表人士业务层次高、与地方联系紧密、社会责任感较强。在新时代背景下，充分发挥农林高校党外专家服务农村、助力乡村发展的优势，引领他们提高政治觉悟，发挥业务专长，积极投身“三农”服务，身体力行参与农业现代化建设，把论文写在江淮大地，助力乡村振兴，意义重大。

当前选拔农林院校党外代表人士到基层挂职锻炼工作还存在一些不足。一是挂职锻炼工作缺乏系统性顶层设计。省委统战部和高校对党外代表人士挂职锻炼缺乏系统性规划，对其选拔、考核、奖励、职称晋升以及回校提拔任用等制度不健全。目前农林院校党外代表人士到基层挂职锻炼人数占比过低，造成很多专业资源没有发挥好作用。二是挂职锻炼工作的联动性有待进一步加强。党外代表人士到基层挂职锻炼工作大多由党委统战部组织和选派。挂职专家在地方工作的开展涉及方方面面，学校的科技、学科建设、人事、组织部门及二级学院党委的作用发挥还不够明显，不够主动。多部门联动共同支持挂职专家的联动机制有待完善。三是挂职锻炼人员的积极性有待加强。挂职锻炼的党外人士一般都是所在单位专业的精英和骨干，由于挂职锻炼和本职工作有一定的冲突，农林院校的科研具有季节性，本职教学科研分身乏术，而且挂职锻炼经历与提职晋级联系又不够密切，从而影响他们下基层挂职锻炼的积极性。

高校是党外代表人士成长的摇篮，挂职锻炼是培养党外代表人士的重要途

径。各级党委必须高度重视，各部门要站在讲政治的高度积极联动，构建完善完整科学的党外代表人士挂职锻炼体系。为此提出以下建议。

（1）省委统战部和高校党委要做好统筹规划。高度重视统一战线工作，要将党外代表人士挂职锻炼作为高校党建工作的重要内容，纳入人才和干部队伍建设总体规划，纳入领导班子和领导干部考核内容。统战部门要积极探索党外代表人士的成长规律，加强与人事、党派群团组织沟通，加大培养和推荐力度，精准支持、量身规划党外代表人士成长路线。

（2）加强和完善党外人士挂职锻炼的制度建设。要建立健全党外代表人士挂职锻炼的选拔、考核、奖励、培养任用等配套制度，制定科学、有效、易行的考核标准和评价体系。明确挂职条件、比例以及挂职期间和之后提拔任用。党委统战部要积极探索设置党外代表人士活动室，建设党外代表沙龙，为挂职锻炼提供经验交流平台。

民进安徽农业大学总支部会员之家

（3）探索挂职锻炼后持续培养的有效途径和方法。严格按照中央统战条例和有关文件要求，建立健全党外代表人士推荐机制，实现党内推荐与党外推荐、组织推荐与个人推荐、定期推荐与日常推荐有机结合，把党外代表人士后备队伍建设纳入人才和干部队伍建设的总体规划。同时，要建立党外代表人士挂职锻炼后的多向结合培养机制，做好党外代表人士的政治安排和实职安排，避免产生党外人士“挂而不用”现象。对综合考察优秀的，可在政府部门任职；对于综合考察良好的，可选择回原单位提拔；考察合格的予以进入党外代表人士后备队伍库，进一步加强培养；考察不合格的不予任用。

（4）建立党外代表人士实践锻炼基地。通过建立党外代表人士实践锻炼基地，帮助他们弥补多岗位实践锻炼不足的“短板”；切实解决“党外人才的优势是有才气，但不够接地气”的问题。将挂职锻炼基地建设成为创新党外干部培养模式的“试验田”，帮助他们将科学研究成果投入生产实践，不断提高他们的政治把握能力和解决实际问题的能力。与此同时，党外代表人士挂职锻炼还为接收单位注入了新活力，他们凭借各自的专业特长，给接收单位带来了新的理念，提出了新的思路和建议，对提高、改进工作方法具有积极作用。中央统战部已经在上海、贵州、甘肃三地建立了首批全国党外代表人士实践锻炼基地；南京、大连等地也先后建立了地方性党外代表人士实践锻炼基地。

（5）“育用结合”充分发挥党外代表人士的作用。党外人士的发现、培养，目的在于任用。选派党外后备干部到基层挂职锻炼，为党外人士搭建平台、铺设台阶，让他们在多个岗位上锻炼，在实践中增长才干。同时，要在其锻炼结束后及时加以提拔任用，否则，只“育”不用，将大大挫伤党外人士参与挂职的积极性。建议充分用好现有政治资源，有针对性地在人大、政府、政协、法院和检察院、国有企事业单位、社会团体等方面推荐任用党外代表人士，做到人岗相适、人尽其才，切实发挥党外人士挂职锻炼的积极性，形成能干事者有机会、干成事者有舞台的选用氛围，进一步推动党外干部挂职锻炼工作的深入开展。

［安徽省政协十二届四次会议提案，2021 年］

83 加快休闲农业发展，助力乡村振兴

近年来随着生活水平的提高，人们对亲近自然、愉悦身心、释放压力的休闲需求日益强烈。安徽自然条件优越，区位优势明显，生态环境良好，同时文化底蕴深厚，发展休闲农业具有独特优势和广阔前景。2018 年全省休闲农业和乡村旅游经营主体 1.7 万余家，接待旅客人数达到 1.96 亿人次，综合营业收入 787 亿元。全省共创建全国休闲农业和乡村旅游示范县 14 个、示范点 20 个，中国最美休闲乡村 16 个，中国美丽田园 9 个，全国五星级休闲农业和乡村旅游示范园区 10 家，但也存在发展不均衡和布局不合理等问题。一是科学规划重视不够。目前我省生态旅游农业以单个企业、农民自主开发为主，缺少整体规划和论证，功能不配套，简单效仿、粗放经营，在开发建设方面存在随意性、盲目性。各级政府对于大的格局规划认识不清晰，统一区域品牌引导和宣传力度还不够。二是整体规模小，档次不高，品味偏低。起步较晚，龙头企业少，开发类型不多，仍以观光为主要内容，同质化严重，内容不丰富，度假、体验型项目较少，生态、文化内涵不高，缺少现代农业展示、教育、示范型旅游活动，社会影响力不大，知名度不高。三是管理不够规范，服务水平不高。规章制度和管理机制不健全、不协调。游客餐饮、住宿、娱乐等安全、卫生等方面还不规范。四是服务人员缺少培训，素质还不高。经营管理人员大多是从事农业生产、加工、营销的人员，对旅游业缺乏管理经验，素质偏低。五是政策扶持力度不够。缺少专项扶持基金的帮扶；在税收、贷款、用地、工商管理、食品、卫生等方面尚无明确规范的政策优惠。特别是休闲农业专项用地政策及相关建设规范应尽快出台，否则休闲农业无所适从。

为此，发展安徽省休闲农业的建议如下。

（1）提高对于休闲农业的认识，加大政策扶持力度。政府部门应切实把发展休闲农业作为带动农民脱贫致富的手段及一项重要的产业来对待，落实到行动上。同时要加大扶持力度，完善配套政策，研究和制定休闲农业发展相关政策和

规范程序，在信贷、税收、土地、基础设施建设等方面给予支持。要加快建立“政府扶持，业主为主，社会参与”的投入机制，加大投入力度；对休闲农业区内用于农业生产管理用房、配套设施用房等所需土地指标，予以优先安排，并提供信贷、金融、基础设施建设支持，增强休闲农业发展活力。

（2）科学规划，打造各具特色的休闲农业旅游路线。合理布局，科学规划理性开发。对近期与远期任务、可开发景点、农业品牌等调查分析、论证实施，整合各类资源，深入挖掘特色，打造休闲农业和乡村旅游龙头产业，提高知名度，形成集吃、住、游、学、玩为一体的多条特色休闲农业旅游路线，把我省建成全国特色农业旅游名省。

（3）发挥农业资源优势，打造特色休闲农业园区。我省旅游资源齐全，既有自然风光、文物古迹和人文景观等资源，又有民俗、工业和城市等资源，这些都能很好地与休闲农业相结合，让休闲农业成为我省旅游的新的经济增长点。特别要注重地方特色农业优势，强化园区建设，把有条件的地方建成集技术示范、成果转化、用户体验、旅游观光于一体的多功能农业园区。精心设计生态旅游农业项目和游客参与性活动，如节庆活动、农庄休闲、农家美食、主题公园和采摘体验等。

我省要抓住时机，乘势而上，发挥资源、区位优势，明确思路，大力发展集生态、休闲、观光、旅游于一体的特色休闲农业，奋力开创乡村振兴的崭新局面。

[安徽省政协十二届二次会议提案，2019 年]

84 加快涉农电子商务产业发展的建议

电子商务在我国发展迅速，涉农电子商务也正处于高速发展期，交易额逐年上升，发展涉农电子商务已成为许多地区的共识。涉农电子商务是基于互联网电子商务平台开展的，通过减少交易成本、聚集大量需求、提供金融服务等方式降低农民进入市场的壁垒，使得低收入群体不再受限于自身的能力和财力而平等地参与市场竞争，并能在市场交易中获得更可观的利润。目前全国已形成遂昌模式、沙集模式和清河模式等成功模式。它们的共同特点：一是要有企业家精神的带头人。这种带头人既包括第一个网商创业者，如清河东高庄村的刘玉国、沙集东风村的孙寒；也包括第一个从传统产业经营转向网上销售的实体店老板，如博兴湾头村和顾家村；还包括第一个提供电子商务服务的中介组织创始人，如遂昌的潘东明。这种企业家精神不论学历、职业和出身，只在乎敢于第一个吃螃蟹的勇气。他们有像潘东明一样主动承担起带动本地电子商务的重任，也有如刘玉国和孙寒一般，自身成功的创业致富经历使得身边的人纷纷效仿，并成功复制扩散开去。二是产业进入壁垒低，是涉农电商得以发展的必要条件之一。三是有宽松的创业环境。能涌现出带头人以及通过自发模仿带头人实现裂变式发展，既离不开当地的经商传统，也离不开当时宽松的创业环境。

安徽省作为农业大省，农产品资源十分丰富，发展农产品电子商务意义重大。目前已有 248 家农业企业和农民合作社开展了电子销售，交易额超过 10 亿元人民币。其中利用淘宝、阿里巴巴等第三方交易平台的占 70% 以上，自建电子商务平台则不足三成。例如省气象局开发的“聚农 E 购”6 月上线后，商品涵盖我省本土特色农产品 6 大类 30 多个小类。为了加快我省农产品电子商务的发展，省政府也出台了相关政策，出台的《关于加快发展电子商务的实施意见》明确提出，支持农业龙头企业、专业合作社、家庭农场等新型农业经营主体参与电子商务交易。依托农村商品流通服务体系建设，推进农村中心镇商贸中心、商品配送中心和中心村直营连锁店发展电子商务，促进农产品有序合理流通，缓解农村市场买难、卖难问题。目前，我省涉农电子商务正在由起步阶段向快速发展阶段迈进，但也面临诸多瓶颈问题，突出表现在以下 3 个方面。

（1）缺乏统一的质量标准和知名品牌，市场风险较高。涉农电子商务的主体是农民网商，其核心特质是自发性。由于缺乏统一的质量标准，容易使个别网商受利益驱动产生以次充好、制假售假等不正当行为，影响当地产业声誉，为涉农电子商务的可持续发展埋下隐患。此外，质量标准缺失增大了知名品牌培育的难度，目前绝大多数网商处于无品牌经营状态，产品以模仿为主，附加值低，导致消费者无法有效识别优质产品。在信息不对称的情况下，往往好的商品遭受淘汰，而劣等品会逐渐占领市场，从而取代好的商品，导致市场中充斥劣等品。这种“劣币驱逐良币”的现象将威胁当地涉农电商行业的健康发展。

（2）土地资源缺乏，制约生产经营规模的扩大。土地资源是产业发展的基本要素，是资本、劳动力、技术、信息等要素进入生产过程并进行高效配置组合的基础。当前，我省涉农电子商务产业的迅速发展对土地和标准化厂房的需求日益增长。不少网商都有自建厂房扩大经营规模的需求，但受制于农村土地政策，往往难以实现。这一现状使得手工作坊式的生产方式无法适应以规模化、高效化为主要特征的电商行业的发展要求，继而引发生产低效、竞争力缺乏等一系列问题。

（3）高端运营、设计人才缺乏，制约品牌建设和产业提升。优秀的人才是品牌建设的战略要素，是产业提升的基础与保障。涉农电商行业的主体是农民网商，自身能力和素质禀赋已难以维系行业的持续发展，而由于农村的基础设施和发展环境所限，又难以吸引高端人才入驻，造成行业发展后劲乏力。目前我省众多网商均面临缺乏高端人才，尤其是高端运营和设计人才的发展瓶颈，致使网商们始终无法摆脱恶意压价、模仿抄袭等低层次竞争，遭遇品牌建设和产业提升之殇。

为此，提出如下加快我省涉农电子商务发展的建议。

（1）培育或引进涉农电子商务带头人。优秀的涉农电子商务带头人在区域电子商务的发展过程中起到了重要的启蒙和催化作用，对于电商产业尚不发达的地区，应重点培育或引进电子商务带头人，通过带头人的企业家精神带动区域范围内的创业和创新行为，推动当地涉农电商产业的发展。返乡创业有企业家精神的人才往往是这样的带头人的好人选。在培育和引进电子商务带头人的过程中，政府作为地方经济的“守夜人”，应坚持以引导和服务为主，避免直接干预，通过市场机制充分发挥带头人的引领作用。

（2）营造宽松的创业环境。政府应着力营造宽松的创业环境：第一，以市场为基础，在尊重市场规律的基础上发挥政府的引导作用；第二，以创造电子商务发展的良好外部环境为目的；第三，以规划为主要的引导手段，不干预行业发展过程中具体的经济活动；第四，加强服务工作，而非通过居高临下的管制和行政力量来体现政府的作为。

（3）制定行业质量标准。地方政府联合行业协会制定和修订系列化的、实用性强的质量标准，推动质量认证和质量检测体系的建设，同时健全质量监督管理机构，建立严格的质量监管体系。由于质量标准的监管涉及工商、质监、环保等多部门，在实施过程中应注意破除部门本位主义，提高监管水平和监管效率。

（4）培育知名品牌。首先，在制定和实施质量标准的基础上规范市场竞争秩序，帮助消费者识别优质的产品和服务；其次，在资金扶持、舆论引导、信息发布、媒体宣传等方面支持网商的品牌建设；最后，鼓励发展品牌运作中介机构，发挥其在品牌培育过程中的专业化优势。

（5）设立电子商务产业园。根据我省各地电子商务发展需要，建设功能完善的电子商务产业园区。通过政策、资金、税收等优惠条件引进包括创业咨询服务机构、专业物流企业、金融与担保机构在内的各类服务机构，同时建设公共服务和公共孵化平台，构建电子商务生态系统，降低网商的运营成本。

（6）加强公共服务平台的建设。根据各地的市场特征与发展需求，建立配套的公共服务平台，为电子商务企业提供各种相关的公共服务，能降低本地区电子商务创业者的运营成本，使得本地区电子商务更加具有竞争优势，增强地域品牌的影响力。

（7）开展和电子商务平台的合作。由地方政府出面开展与电子商务平台的有效合作，为地方电子商务企业争取更多机会和资源。通过与电商平台合作的培训，使电子商务创业者更加熟悉日新月异的电子商务平台的运营规则；通过与电商平台合作的活动，使当地电子商务创业者享受到更低的运营成本和更大的销售机会；通过与电商平台的信息互通，使得当地创业者能更准确地把握市场规律。

［安徽省政协十一届二次会议重点提案，民进安徽省委参政议政优秀成果三等奖，2015 年］

85 进一步完善村级党组织建设，助力乡村振兴战略实施

习近平总书记在党的十九大报告中提出实施乡村振兴战略。农业农村农民问题是关系国计民生的根本性问题，解决好“三农”问题一直是全党工作的重中之重。其中，村委会、村党组织等基层组织的建设尤为重要。党的十一届三中全会以来，随着人民公社的解体、乡镇政府机构的建立，我国逐步建立和形成了“乡政村治”的乡村治理结构。但是，随着农村经济社会形势的新发展，尤其是农业经营方式的转变、城乡一体化进程的加快推进等因素，需要重塑乡村治理结构，特别是基层组织建设，以适应乡村社会的可持续发展，以此来带动乡村振兴战略实施。因此，加强基层组织建设，尤其是发挥好乡村党组织的模范带头作用是十分重要的。一个时期以来，农村基层党组织弱化的问题，农村党员先锋模范作用发挥不够的问题，还没有根本解决，这严重影响了我们党的执政根基。为此，必须以实施乡村振兴战略为契机，发展和壮大农村基层组织特别是基层党组织建设，充分发挥其在乡村振兴战略中的核心作用。为此提出如下建议。

（1）切实加强乡镇政府职能的转变。乡镇政府要转变管治思维，以全新的治理理念构建治理体系，真正把重心放到为乡村提供公共服务上来。理想的状态是：乡镇政府作为国家基层政权机关，在涉及全乡镇的公共事务、公益事业中发挥组织协调作用，帮助农村组织协调解决在工作中遇到的各种阻力和困难，在物质等方面提供援助，但不干预依法属于村民自治范围的事项。

（2）完善现行的村民委员会和村党组织等基层组织。“火车跑得快，全靠车头带”，在实现乡村振兴的过程中，基层党组织是“指挥所”更是“先锋队”，既要将党和国家关于乡村发展的政策传达给村民，让村民了解党和国家的乡村振兴计划和战略，又要成为具体的行动者和实践者，发挥先锋模范和战斗堡垒作用，带领村民脱贫致富。因此，建议提倡村党组织成员通过民主程序依法进入村民选

举委员会，提倡村党组织书记和村委会主任“一肩挑”，提倡村党组织成员和村委会成员交叉任职等措施。

（3）充分调动村民在建设美丽乡村中的积极性。发挥村民自治章程、村规民约以及村务监督的作用，使这些在村民自治中成为农村法治建设和协商民主建设的重要载体。党的路线、方针和政策的贯彻实施，必须依靠每一位村民实实在在的参与和行动。只有发动村民，激发他们建设自己家园的热情，乡村振兴战略才能落到实处。

（4）培育和提高农民的组织化程度。要实现乡村治理善治的目标，就必须把农民动员起来、组织起来，使他们以组织的形式参与乡村公共事务的治理。为此，要鼓励农民自愿结合组成各种社会组织和合作经济组织，使之成为乡村振兴过程中农民利益的代言人、公共服务的提供者、乡村治理的参与者、利益协调的当事人。可以通过党组织引导和帮助，将村民分类指导归属于各类不同产业的合作社或其他经济组织，从而带动村民集体致富，促进乡村振兴战略实现。

［安徽省政协十二届二次大会提案，获时任省委书记李锦斌领衔督办提案之一，2019 年民进安徽省委参政议政获奖成果三等奖］

86 抓好顶层设计，科学引导特色小镇建设

2016年7月1日，住房和城乡建设部、国家发展改革委、财政部发布了《关于开展特色小镇培育工作的通知》，提出到2020年全国共培育1 000个特色小镇，并明确了特色小镇的建设要符合休闲旅游、商贸物流、现代制造、教育科技、传统文化、美丽宜居等要求。安徽省在2016年8月8日也出台了相应文件，到2020年，重点培育80个各具特色富有活力的小城镇，形成一批具有徽风皖韵、凸显专精美活的生态宜居型特色小镇。目前，我省已具备建设特色小镇的交通区位优势、矿产资源优势和旅游资源优势，以及产业优势和城镇建设优势。在一些产业集中区，已经形成了不少各具特色、有一定竞争优势的乡镇，如全球玩具生产地冶山镇、被认定为“国家火炬计划无为特种电缆产业基地”的高沟镇、被认定为“刃模具机床高新技术产业基地”的博望镇、被命名为“中国柳编之都”的黄岗镇等。但特色小镇与特色小城镇是有区别的，在特色小城镇里面可以有一批有特色的、有产业支撑的，可能会成为特色小镇，但并不是所有的特色小城镇都是特色小镇，更不能把一个特色小镇变成一个特色小城镇。特色小镇是为产业服务的，它不是为人的居住而服务的，是内在的企业协同创新、合作共赢的企业社群，是一个以企业为主体的、市场化运作的、空间边界明确的创新空间、创业空间。在10月14日住建部刚刚公布的第一批127个中国特色小镇名单中，我省有5个入围，分别是铜陵市郊区大通镇、安庆市岳西县温泉镇、黄山市黟县宏村镇、六安市裕安区独山镇、宣城市旌德县白地镇，显示了我省在特色小镇建设中的强大势力。

但我省特色小镇在建设过程中仍然面临不少问题。一是重数量，轻质量。在建设特色小镇过程中，数量增加快，质量关心不够，有的资金难以到位，说明原来的谋划就不好。二是重管理，轻改革。往往地方看重的是土地指标，是财政分红。省里看重的是硬条件，硬标准。现在各地都在谋划特色小镇，但特色小镇不是谋划出来的，没有一个大产业的支撑，没有一个高端产业的支撑是不可能形成

的。所以不少地方存在顶层设计不够合理的问题。江苏、浙江比我省做得好，特色小镇的谋划必须在省一级。三是重规划，轻谋划。特色小镇的空间规划固然重要，但最重要的是特色小镇的谋划，也就是策划，一个特色小镇到底是什么，到底干什么，它的突破点在哪里，这才是各位专家学者要做的事情。

如何做好顶层设计呢？规划特色小镇阶段要重点强调以下6个特色。一是空间特色要强调“小”。一个特色小镇建设面积1平方千米，规划面积3平方千米。小镇都不大，是一个资源高度利用的空间载体。二是产业特色要强调“精”。主要围绕七大战略性新兴产业，即高端装备制造、信息技术、节能环保、生物医药与大健康、旅游、时尚、金融。同时兼顾一些历史传统产业，像茶叶、中药、丝绸、纸、墨、酱、雕刻、瓷器等产业，在产业特色上强调的是“精”。三是建设特色要强调“实”。就是3年投资建设额度必须达到20亿元，否则特色小镇是不会形成规模的。但是这20亿元的投资里面是不包括房地产以及商住综合体，否则到处都是特色小镇了。四是体制特色要强调“活”。就是简政放权，所有的特色小镇行政权限都放到县里去，项目由县里审批。五是环境特色要强调“美”。特色小镇建设一定要有生态做支撑，做到生产、生活、生态融合发展，要求每一个特色小镇一定要达到3A级景区的标准，其中旅游类的特色小镇必须达到5A级标准。六是政策特色要强调“新”。建议适时出台土地指标地方和省里各出一半；新增的财政收入上交省一部分，前3年全部返还，后3年返回一半等支持发展政策。同时，要做好分类指导，科学有效地推进我省特色小镇建设与发展。在具体措施方面，建议重点抓好以下4点。

首先，科学确定我省特色小镇的基本类型。从我省人口多、资源多、高新科技需求量大的现实出发，着力打造三类特色小镇。一是教育、医疗、养老、金融类特色小镇。建议在一些人文基础好的小镇从建立知名大学的分校、知名医院的分院及养老院开始，逐步形成具有供给高品质服务业能力的特色小镇。二是优势产业集聚类特色小镇。此类小镇主要是针对已经出现了某种产业集聚且有市场影响力的地方，如冶山镇、高沟镇、博望镇、黄岗镇等，这些特色乡镇着力打造其产业集群，完善产业集群的要素，增强产业升级能力。解决传统开发区面临的土地资源、债务、体制等问题，用特色小镇理念去升级改造传统开发区。三是传统文化旅游类特色小镇。我省各地有许多乡镇不仅风景优美，而且人文荟萃，物产丰富，应在此基础上进行科学规划系统培育，融入相关艺术、休闲等产业元素，打造出具有安徽特色的各类旅游休闲小镇、徽商文化小镇。

其次，系统设计特色小镇的规划方案。特色小镇规划不同于以往单一的城镇规划或园区规划，而是各种元素高度关联的综合性规划。为此必须突出规划的前瞻性和协调性，统筹考虑本地区的人口分布、生产力布局、国土空间利用和生态

大地景观美化乡村

环境保护，联动编制产业、文化、旅游“三位一体”，生产、生活、生态“三生融合”，工业化、信息化、城镇化“三化驱动”，项目、资金、人才“三方落实”的综合性建设规划。

再次，敢于创新特色小镇的营运模式。虽然特色小镇要以政府规划做引导，但必须坚持企业为主体、市场化运作。为此，要创新融资方式，探索产业基金、股权众筹等融资路径，加大引入社会资本力度，如允许多元化资本特别是社会资本参与投资“大学分校”。以市场化机制推动小镇建设，注重引入有实力的投资建设主体，让专业的人干专业的事，使市场主体和当地居民成为特色小镇开发建设的真正主体。

最后，高效提供特色小镇的服务政策。特色小镇建设需要在制度和机制上不断创新，特别是对于现有的教育制度、医疗制度、养老制度、金融制度进行变革。同时，要不断完善公共服务体系，在特色小镇的交通条件、基础设施、居住环境、人才政策等方面，要充分体现服务型政府的作用，不断完善公共服务水平。

［安徽省政协十一届四次会议提案，2016.12.8］

87 关于加强农村精神文明建设的建议

目前在农村地区群众文化生活贫乏，沉渣泛起，精神文明建设问题严重。主要表现在以下 5 个方面。

（1）赌博行为愈演愈烈。参赌现象人多面广，有的地方还出现"党员干部带头赌，夫妻双双接力赌，父子兄弟同桌赌"的现象。赌资少则几十元数百元，多则上千元近万元。赌博已成为阻碍我省农村两个文明建设，危害社会安定的突出问题。

（2）迷信活动死灰复燃，伪宗教流毒乡间。近年来，敬祖宗、拜菩萨、建祠堂、修坟墓、续家谱，请和尚道士超度亡灵，找神汉巫婆拿妖捉怪，邀阴阳先生看风水宝地等现象在农村已非常普遍。这股风气既有老一代的顽固坚持，又有年轻人盲目参与；既有旧的风俗习惯的影响，又有伪科学、伪宗教的欺骗。

（3）愚昧消费比阔气，文化支出锐减。如今农村男女青年结婚大办喜宴已成风潮。"人情礼"名目繁多，由以前常见的婚丧嫁娶发展到如今的参军就业、生日满月、子女升学、砌房上梁、乔迁进宅、求人办事等。与此产生鲜明对照的是，许多群众对订报刊、购图书、投医保等支出寥寥无几、十分吝惜。

（4）丑恶现象滋生蔓延，社会治安不容乐观。农村有些地方的治安状况恶化，黑恶势力有所抬头，敲诈勒索、诈骗行窃、横行霸道的现象时有发生；卖淫嫖娼事件也屡见不鲜。宣扬色情、凶杀、迷信的音像制品充斥音像市场，对丑恶行为的滋生蔓延起着推波助澜的作用。

（5）基层组织群众文体工作能力弱化。一些乡镇领导忙于经济建设，忽视文化建设，执法执纪不严，以罚代法。因机构改革，"减人、减事、减支"而"断奶"，致使基层文化中心（站）人员的工资和文化活动经费得不到保障；群众文化活动经费难筹措，文化骨干难组织，文化活动影响难扩大，文化活动效益难发挥。

农村社会的稳定，农民思想文化素质的提高，农民生活质量的提高是关系全面建设小康社会成败的关键。为此提出以下建议。

（1）要把农村精神文明建设纳入各级党政领导考核体系。各级主管部门要加强对农村精神文明建设调查研究，深刻认识并分析在经济建设过程中农村出现此类问题的现状和原因，特别是对农村两个文明建设、城乡协调发展所带来的危害。对地方党政领导干部的考核不能仅仅看经济建设的成效，必须同时考核农村精神文明建设。

（2）要加强对农村党员干部的思想教育引导。要时时教育党员干部遵纪守法，以身作则。要进一步加强农村党风党纪教育，增强党员干部的法治意识，以农村党组织党风建设带动社会风气的根本好转。

（3）要加强对农民的教育引导。要大力开展“提倡科学文明，反对封建迷信；提倡艰苦奋斗，勤俭节约，反对铺张浪费、大操大办；提倡民主法治，反对违法乱纪”的“三提倡三反对”活动和“五星文明户”活动，弘扬正气，树立新风，不惜从一点一滴的小事做起；同时，采取群众自我管理的办法，如建立红白喜事理事会、计划生育协会、禁赌协会、农民俱乐部、农家读书室等群众性组织，以组织活动为抓手，乡（镇）村组上下协力，遏制不良风气蔓延，逐步促成社会风气的好转。

（4）要重视农村社会主义法制建设。加强农村社会治安的综合治理，坚持以法治村，完善乡规民约，坚决打击各种违法犯罪活动。要规范对农村传教活动的管理，依法打击邪教和利用宗教进行非法活动。

（5）要巩固党的农村文化阵地。县级文化主管部门要努力解决乡（镇）文化中心（站）的编制、性质、人员待遇和经费来源。基层文化队伍要做到全年有计划，月月有活动，并及时组织“文化、科技、卫生”三下乡等各项活动；乡（镇）文化中心（站）要探索农村文化工作的新路子、新方法，逐步使文化市场化、产业化，积极开展群众喜闻乐见的活动。

［安徽省政协九届三次会议社情民意信息，2005 年］

88 浅析农村土地流转“非粮化”和“非农化”的形成原因

2008年10月12日，中共十七届三中全会通过的《中共中央关于推进农村改革发展若干重大问题的决定》指出，要健全严格规范的农村土地管理制度，加强土地承包经营权流转管理和服务，建立健全土地承包经营权流转市场，按照依法自愿有偿原则，允许农民以转包、出租、互换、转让、股份合作等形式流转土地承包经营权，发展多种形式的适度规模经营。土地流转有利于推进中国农业现代化进程，有利于农民增收，有利于加快中国城市化进程。但是，随着我国土地流转的快速推进，大量工商资本进入农村，造成一些地区农村土地流转的“非粮化”和“非农化”现象严重。究其形成原因主要分主、客观两方面，具体表现为以下4点。

（1）经济效益的差异是造成土地流转“非粮化”和“非农化”的客观成因。我国农村土地流转中的“非粮化”现象越演越烈，主要是因为在农业土地的使用范围内，种粮的比较效益低下。土地用来种粮还是用于培育花卉园林、养殖或者种植经果林、中药材等经济作物，会有不同的经济利润差异。而且，我国粮食的价格同世界粮价相比明显偏低。种植粮食所得，如果除去劳动力、化肥、种子、农药和机械等成本后所得不多，如果遇到不良气候条件和自然灾害就会出现严重亏损，而如果改为种植经济作物或养殖用地，经济效益就会明显增加。追求成本最小化和利润最大化是市场经济主体的最原始动力，因此，土地流转中时时存在着“非粮化”的风险，这是由种粮弱势性所决定的，是客观现实的。

农村土地流转中“非农化”现象，主要因为土地的“非农业利用”与“农业使用”在经济效益上会产生较大的差异。土地的农业使用与其他途径使用相比，也是处于弱势地位，特别是位于城市周边的土地，相同的田地用来从事工业、商业和农业，在经济效益上会相差很大。同样，如果去建造房屋，搞房地产开发，就会使土地升值几十倍甚至更多。出于对利益的追逐，于是就有一些人或者企业不顾法律规定把承包经营的农业用地流转为非农使用。在某些地方，对农地“批租”的现象就是例证，一些非农的公司打着发展现代农业的幌子，把土地进行长期“批租”，租到后又改用于其他产业，于是原本用于耕作的农用地就流转成非农用地。

（2）农民对土地流转后使用上的漠视是造成土地流转“非粮化”和“非农化”的主观成因。在我国现行土地制度下，农民拥有承包经营使用权。但是在追求利益最大化的驱动下，有些农民经不住高回报租金的诱惑，当有人要求去转包自己的承包地时，在利益面前农民往往选择出租。而且随着农民外出务工的增多，农地撂荒现象又再次抬头。在调研中发现一些农地被荒废，特别是在山区、丘陵不适合机械化作业的地方。在这种情况下，如果有人愿意转包，无论是养殖还是种植果树，农民大多数都愿意出租自己所承包的土地。农民是农地最直接的利益者，当农民对自己的土地使用都不关注时，又有谁来关注？这正满足了工商资本进入农业的本来意图，以追求高额利润为主要目的。在搞农业和种植粮食没有经济利益的情况下，就很自然改变了种粮意图，改种高效益经济作物了。

（3）地方政府与乡村基层干部的办事不力是造成土地流转“非粮化”和“非农化”的监管成因。在我国，农村土地的所有权属于集体所有，而这个“集体”的概念就很模糊，到底是乡镇还是行政村或自然村？在各地都在追求国内生产总值（GDP）态势下，不去进行招商引资的地方政府又有几个？各地都忙于多搞工程、快上项目，很少有时间关注土地流转的最终去处。而且招进来的一些从事农业的企业中，有些是进行养殖或种植的，纯粹进行粮食生产的企业并不多见。就是有个别企业确实是在进行粮食生产，但基本上是粗放经营，其主要目的是套取政府对粮食规模种植的补贴，而地方政府多数是听之任之，不加监管，表面看这些企业是在粮食生产，但是由于目的不纯，一方面没有对土地进行精耕细作，没有使土地达到应有的生产能力；另一方面也使这些企业通过不当方式，套取了国家财政支农资金。在这些方面，地方政府和基层乡村干部，特别是负责土地管理的干部具有不可推卸的责任。

（4）土地流转主体的变化和流转费高企是导致“非粮化”和“非农化”的间接成因。土地流转无论是流向工商企业，还是流向大户、合作社，土地的非农化在政策上有明确的要求，法律禁止耕地的非农化，但对非粮化没有法律依据。目前各地的土地流转多以向工商企业、大户流转较多，向家庭农场、合作社流转较少，由于考虑到劳动力成本等问题，容易出现非粮化现象。再加上我国的流转土地一直很高，目前全国平均费用为每亩1 000元左右，我省北方偏高，最高达到1 200元，南方稍低，为600～800元。在流转成本高企的情况下，土地流转得越多，种粮赔钱的可能性就越大，土地流转后“非粮化”的可能性也就越大。

［安徽省政协十一届三次会议提案，2015年］

89 做好渔业生产抗洪救灾的建议

进入梅雨季节以来，安徽省持续出现强降雨，南北地区先后遭到暴雨或大暴雨的侵袭而导致洪涝灾害发生，长江、淮河和巢湖水位急剧上涨，大片池塘被淹，河沟、外荡水域的拦鱼设施被冲毁失防，多处池塘连成一片，大量养殖品种被冲走或逃逸，渔业养殖户损失惨重。当前，为积极应对洪涝灾害，加强渔业灾害生产自救，减少损失，提出如下建议。

（1）关注天气变化，落实防范措施。密切关注气象部门天气预测，看未来一段时间我省部分地区是否还有强降雨天气。由于内涝严重，持续时间较长，要加强天气变化分析预判，落实抗灾减灾措施，降低损失。同时，要做好人员安全防范，确保所有渔船、水产养殖人员及渔业从业人员的生命安全，特别是遇雷雨天气要避免暴露在野外空旷地带、大树下、电线杆下，以防范强雷电造成人员伤亡。

（2）严查防逃设施，防控池鱼逃逸。要强化养殖设施巡护管理，加强进排水、供电、池埂等设施检查，发现问题及时修复。同时，要加强网栏设施检修，勤查圩埂、勤查拦网设施，及时补救、及时排险，发现塘埂渗漏，及时维修加固。对受灾鱼塘要抓紧排水，降低鱼塘水位，使水深恢复到正常水位，以利于渔业生产管理。

（3）及时捞除杂物，修复鱼池水毁工程。及时清理附着在网栅上的漂浮物，防止网眼堵塞而被洪水冲走。对已退水的塘口，要尽快修复水毁池堤、进排水渠道等设施，并做好池塘渗漏检查修补工作。

（4）合理养殖密度，适时补放鱼种。洪水过后，要科学探明池鱼存塘量，采取补放夏花鱼种或并塘的办法，保持合理密度。原良种场、鱼种场重点要保亲鱼和鱼种，采取并塘或转移的办法，把亲鱼和鱼种保存下来，以备来年使用。

（5）加强水质调节，科学调清养殖池水。洪灾过后，养殖池水变浑，严重影响鱼类生活生长。要及时科学调清水质，改善灾后养殖环境。采用化学、物理

农业生产技术培训

方法调节和改善水质，也可以采用生物或过滤方法净化水质。在鱼池进水口设过滤池，过滤料用砂或木炭，在池塘水面种植水空心菜、红菱等浮水植物，以净化水质。

（6）做好鱼病预防工作，防治疫病发生。洪灾过后将进入高温季节，浑浊的洪水容易引发鱼病，要做好鱼病预防工作，特别是对暴发性鱼病和草鱼“老三病”的防治。

［安徽省政协十二届三次会议社情民意信息，2020 年民进安徽省委社情民意信息优秀成果三等奖］

90 充分发挥科技创新在乡村振兴战略中的作用

在党的十九大报告中，习近平总书记首次提出了“实施乡村振兴战略”。面对农产品数量、质量、安全等结构性问题日益突出，“卖难”现象又开始抬头。2018年中央一号文件特别提出，要强化科技创新驱动，引领现代农业加快发展。相对于发达国家，我国农业资源禀赋条件相对较差，加上受体制的影响，农业科技活动与其在农产品生产流通领域的推广应用联系还不够紧密，农民生产面临的难题，往往缺乏科技支撑，农业科技成果虽然很多，论文、专利数量名列世界前茅，但往往不能解决农民的现实难题，很多优良品种和高性能农业机械还需要从国外引进。发挥农业科技创新在现代农业发展中的作用，必须以改革为动力，不断深化农业科技体制改革，提高我国农业产品竞争力。为此，要充分调动我省农业科技工作者的积极性和创造性，以创新发展理念为指导，务实重行，着力加强以下4方面工作，充分发挥科技创新在现代农业发展中的引领驱动作用。

一是围绕农业供给侧结构性改革，加强农业科技研发。以农业供给侧结构性改革为主线，市场为导向，适应农业调结构转方式新要求，加快调整农业科技研发方向与重点。把保障国家粮食安全作为首要任务，把提高土地产出率、资源利用率、劳动生产率作为主要目标，把增产增效并重、生产生态协调作为基本要求，促进农业技术集成化、生产机械化、经营信息化，构建高产、优质、高效、生态、安全的农业技术体系，为消费者提供物美价廉、品种多样的放心农产品，促进消费结构升级。稳定支持农业科技研发，以具体举措落实藏粮于地、藏粮于技战略。以我省特色产业、优势产业发展需求为导向，以保障有效供给和绿色发展为目标，围绕技术创新需求，实施一批农业科技重大专项，协同农业科技力量联合攻关，进一步加强我省现代农业产业技术体系建设，着力破解制约我省现代农业发展的重大技术瓶颈，保障农业科技有效供给。

二是围绕促进农村新业态发展，加强“三产融合”。当今，产业融合已成为世界潮流。随着信息技术的发展，“互联网＋”新科技不断催生各种农业新业态，

油菜花开

产业边界日渐模糊。农村“三产”的融合渗透和交叉重组，带动了资源、要素、技术和市场的整合、优化和重组，通过技术创新、商业模式创新创造出若干农业新业态，形成新的经济增长点，促进农民多渠道增收。科技创新为农村新业态产生和发展提供了核心动力。以农村科技创业创新为切入点，培养和发展返乡农民工、大学生村官和科技特派员等群体成为农村“三产”融合的主体，通过新技术和新产品的推广延长农业产业链，发展新产业和新业态。

三是围绕促进科技成果转化，加强农业政产学研推有机结合。大力推广农业高效种养模式、先进适用技术与优良品种，培育“互联网＋成果转化”机制和新型农技推广服务模式。加强我省农业政产学研推协作联盟建设，积极推进院（校）市、院（校）县、院（校）企深度科技合作。构建以基层农技推广机构为主导、科研院校推广为支撑、农业社会化服务组织广泛参与的新型农技推广体系。大力培育新型农业科技服务型主体。实施农业科技特派员制度，鼓励农业科技人员深入一线创新创业。

四是围绕深化“放管服”改革，加快完善农业科技创新激励机制。今年是我省深化“放管服”改革的实施年，要加快科技成果转化收益、科技人员兼职取酬等系列制度落地，赋予科研主体足够自主权。通过“后补助”等方式支持农业科技创新。实施农业科技杰出人才培养计划，深入推进科研成果权益改革试点。以创新考核评价和经费使用管理为突破口，加快农业科技管理体制改革，调动科技人员创新创业积极性。建立健全农业科研与高校技术开发、推广应用相结合的管理机制，根据市场需求调整农业科研院所与高校科研结构、专业设置、人才配置，形成有技术、有活力、有特色的新型农业科技创新运行机制。

［安徽省政协十二届一次会议提案，民进安徽省委参政议政成果三等奖，2018 年］

91 尽快出台《关于实施乡村振兴战略的意见》的建议

为深入贯彻党的十九大精神，落实中央经济工作会议、中央农村工作会议和《中共中央 国务院关于实施乡村振兴战略的意见》决策部署，部分省（区、市）和有关部委相继出台了关于推进乡村振兴战略的意见。例如湖北省委、省政府出台了《关于推进乡村振兴战略实施的意见》，河北省委、省政府出台《关于实施乡村振兴战略的意见》，江西省委、省政府出台了《关于实施乡村振兴战略的意见》，农业农村部也出台了《关于大力实施乡村振兴战略加快推进农业转型升级的意见》。我省应及时根据《中共中央 国务院关于实施乡村振兴战略的意见》精神，结合我省实际，尽快出台《关于实施乡村振兴战略的意见》（以下简称《意见》），以便更快捷、更有效地推进我省乡村振兴战略的稳步实施。

建议《意见》要密切结合我省农业农村现状、产业特点和优势等实际情况，有针对性地提出我省实施乡村振兴战略的总体要求、目标，重点围绕我省产业兴旺、生态宜居、乡风文明、治理有效、生活富裕、脱贫攻坚、人才资源、农村改革、投融资机制和党的领导等方面内容，具体谋划实施方案、改革路径以及具体措施，确保每个阶段的目标如期实现。

［安徽省政协十二届一次会议社情民意信息，2018 年民进安徽省委社情民意信息成果三等奖］

92 充分发挥基层党组织在乡村振兴中的战斗堡垒作用

农业农村农民问题是关系国计民生的根本性问题，解决好“三农”问题一直是全党工作的重中之重。其中，村委会、村党组织等基层组织的建设尤为重要。党的十一届三中全会以来，随着人民公社的解体、乡镇政权的建立，我国逐步建立和形成了“乡政村治”的乡村治理结构。但是，随着农村经济社会形势的新发展，尤其是农业经营方式的转变、城乡一体化进程的加快推进等因素，需要重塑乡村治理结构，特别是基层党组织建设，以适应乡村社会的可持续发展，以此来带动乡村振兴战略实施。村级党组织是党的方针政策直接实践者，肩负着很大的政治和历史使命，乡村能否振兴，中国梦能否实现，绝对离不开村级组织的具体实践，因此如何发挥村级党组织的能动性，就显得尤为重要。一个时期以来，存在农村基层党组织弱化、农村党员先锋模范作用发挥不够、村两委干部年龄结构老化和工作能力与水平已经不能担负起乡村振兴的重担等问题。为此，必须以实施乡村振兴战略为契机，发展和壮大农村基层组织特别是基层党组织建设，充分发挥其在乡村振兴战略中的核心作用。提出如下建议。

（1）全面整顿和加强村党组织建设，提升组织战斗力。一是采取各种手段，增加先进支部、提升中间支部、整顿后进支部，对软弱涣散村级党组织“一村一策”加以整顿。二是开展对村“两委”换届的“回头看”行动，把受过刑事处罚、存在“村霸”和涉黑涉恶等问题的村“两委”班子成员清理出去，净化组织环境。

（2）完善村民委员会和村党组织等基层组织。“火车跑得快，全靠车头带”，在实现乡村振兴的过程中，基层党组织是“指挥所”“先锋队”，既要将党和国家关于乡村发展的政策传达给村民，让村民了解党和国家的乡村振兴计划和战略，又要成为具体的行动者和实践者，发挥先锋模范和战斗堡垒作用，带领村民脱贫致富。建议提倡村党组织成员通过民主程序依法进入村民选举委员会；提倡村党组织书记和村委会主任“一肩挑”，但要因地制宜；提倡村党组织成员和村委会成员交叉任职等举措。

（3）加强村两委组织的人才队伍建设。一是实施村党组织带头人培育工程。优化村级组织队伍，配齐配强班子，加强学习与培训。二是全面落实村党组织书记县级党委备案管理制度。三是建立第一书记派驻长效工作机制，全面向贫困村、软弱涣散村和集体经济空壳村派出第一书记，并向乡村振兴任务重的村拓展。特别是需要省里从公务员队伍中挑选更多有能力、有奉献精神的年轻人到村里任副书记、副主任，作为将来年轻干部提拔的一个要求。四是加大从高校毕业生、农民工、退伍军人、机关事业单位优秀党员中培养选拔村党组织书记的力度。五是健全从优秀村党组织书记中选拔乡镇领导干部、考录乡镇公务员、招聘乡镇事业编制人员的常态化机制。

（4）完善村级组织运转经费保障机制。健全以财政投入为主的稳定的村级组织运转经费保障制度，全面落实村干部报酬待遇和村级组织办公经费，保障村级公共服务运行维护等其他必要支出。把发展壮大村级集体经济作为发挥农村基层党组织领导作用的重要举措，加大政策扶持和统筹推进力度，因地制宜发展壮大村级集体经济，增强村级组织自我保障和服务农民能力。目前村集体经济总体偏弱，据调查目前我省村集体收入 5 万元以下约占 65%，5 万～ 15 万元占 30%，15 万元以上只占 5%。而维持村级组织正常运转的经费却需要 20 万元以上，需要加大村级转移支付力度。

（5）充分调动村民在建设美丽乡村中的积极性。发挥村民自治章程、村规民约以及村务监督的作用，使这些规则在村民自治中成为农村法治建设和协商民主建设的重要载体。党的路线、方针和政策的贯彻实施，必须依靠每一位村民实实在在的参与和行动。只有发动村民，激发他们建设自己家园的热情，乡村振兴战略才能落到实处。而且要通过村党组织正确引导和帮助，将村民分类指导归属于各类不同产业的合作社或其他经济组织，从而带动村民集体致富，促进乡村振兴战略实现。

［安徽省政协专题协商会发言材料，2019 年］

93 打造四大平台，让“皖美农品”在全国叫得响、记得住

习近平总书记多次强调，要深入推进农业供给侧结构性改革，推动品种培优、品质提升、品牌打造和标准化生产。中央一号文件连续多年对农业品牌建设作出重要部署。品牌是消费者对一个企业及其产品的一种评价和认识，是产品品质的体现和代表。安徽省要实现农业高质量发展，必须大力推进“皖美农品”行动，扩大品牌影响力，提高农业综合效益。

我省农业资源丰富，品牌发展势头良好。截至2022年年底，全省“三品一标”农产品6 036个，其中，绿色食品4 309个，居全国第2，有机农产品1 608个，居全国第3，农产品地理标志119个，达到全国中等偏上水平。近两年我省共评选出“皖美农品”区域公用品牌43个、企业品牌55个、产品品牌309个。但与发达省区市相比，我省在大宗粮油、畜禽水产、果蔬等重要农产品公用品牌的影响力还不够大、不够响。主要问题有：一是品牌意识淡薄。一些地方政府、企业对品牌认识模糊，认为有了商标就是品牌。企业重视产量，把产量与效益画等号，没有认识到品牌效益的巨大价值。二是品牌缺乏核心价值，竞争力不强。企业重品牌注册、轻经营管理，缺乏品牌战略规划，品牌核心价值没有形成。多数管理者认为只要抓好产品质量，有一定促销策略或参加展销会就是创品牌。三是品牌缺乏科技含量，影响力不大。我省农产品以原料或初级产品销售为主，科技含量低，附加值不高，高效益产品品牌缺乏，在全国有影响力的高端品牌少，出口产品品牌外向度较低。四是品牌营销机制不健全，知名度较低。多数品牌企业规模小、利润低，用于品牌宣传费用少，宣传不够，品牌在全国市场仍处于“酒香巷深人不识”的状态，认可度不高，品牌效应仅停留在局部地域，跨省跨区域品牌不多，国际知名品牌更少。品牌建设与大数据融合不够、渠道不畅，造成品牌与市场衔接不够紧密。

为了让“皖美农品”尽快走出去，叫得响、记得住，必须从建立评估标准、编制品牌目录以及搭建四大平台入手，提出以下建议。

（1）制定品牌评估标准，规范品牌发布目录，强化分类指导，为“皖美农品”品牌创建提供制度保障。全面而准确地收集“皖美农品”信息，根据品牌类型，分层制定评估标准，包括品牌知名度、产品质量、市场份额、品牌声誉等因素，并制定品牌认证评价和标识使用办法。通过系统评估筛选最有竞争力和市场潜力的品牌，再整理成品牌目录进行发布。通过发布品牌目录，提高品牌知名度，促进品牌推广和销售。同时，加大传统品牌的整合，集中打造一批发展优势明显、竞争力较强、影响力较大、带动明显的区域公共品牌和一批国际知名的企业品牌。运用地域差异、品种特性，创建一批具有文化底蕴、鲜明地域特征的“小而美”特色农产品品牌。

（2）搭建要素平台，为“皖美农品”品牌创建提供基础支撑。整合土地、劳动力、技术、人才、金融等资源要素，利用互联网等现代信息技术，搭建“皖美农品”全产业链综合信息平台，开展生产、流通、销售等环节的信息采集、处理、分析和发布等。通过建立农业大数据中心、农产品质量安全监管平台、农产品供应链协同平台等，实现资源共享、信息互通、精准营销，为“皖美农品”品牌建设提供基础性支撑。

（3）搭建基地平台，为“皖美农品”品牌创建提供质量保障。以长三角绿色农产品生产加工供应基地建设为契机，建成一批农业科技园区（示范基地）、农村一二三产业融合发展示范园、绿色有机农产品基地等，搭建“皖美农品”生产与加工销售基地平台，突出规划引导，优化布局，形成区域特色。一是建立绿色生产基地。推广高产优质绿色标准化种植技术，提高农产品质量和安全性，建立绿色、有机、地理标志等认证体系，提升品牌核心价值。二是深化提升农产品加工业基地。以工业化理念推动“皖美农品”品牌创建，引进培育龙头企业，重点发展大宗粮油、肉制品、乳制品、果蔬、水产品和特色农产品精深加工，培育一批食品行业龙头企业和品牌以及绿色农产品生产加工基地。

（4）搭建营销平台，为“皖美农品”品牌创建扩大影响力。通过线上线下相结合的方式，搭建“皖美农品”营销平台，利用农产品展销会、社交媒体、电商平台、直播带货等渠道，开展精准营销、品牌推广、产品销售等活动，传达品牌的核心价值和宗旨，讲好品牌故事，提高品牌知名度和美誉度。一要利用好各类展销会，设立营销“窗口”，开展产销对接。通过展示、展销，主动邀请国内大型农产品采购商到产地开展产销对接活动，建立长期稳定的产销关系。二要利用好微信、微博、抖音等社交平台，发布产品信息，如种植过程、产品特点、品牌故事等。通过与消费者互动，建立品牌忠诚度，提高品牌知名度。三要利用好电商平台。建立自己的电商平台店铺，如京东、天猫等，并在平台上销售“皖美农品”。也可加强与现有电商平台合作，如苏宁易购、一号店等，将“皖美农品”推广到更多的消费者。四要搭建体验式农业平台，通过让消费者亲身体验“皖美农品”的种植、收割、加工等生产全过程，提高对品牌的认知和信任，扩大影响力。

（5）搭建服务平台，为“皖美农品”品牌创建提供全方位服务。建立全方位信息技术服务平台，提供产前培训、产中技术指导、产后质量检测与物流配送等服务，提高“皖美农品”生产效率和品质，为企业提供技术支持和解决方案。一要加强顶层设计。地方政府针对品牌发展需求，成立专班加以推进，制定品牌培育计划和战略发展规划，并将品牌建设工作纳入对地方党委政府绩效考核，压紧压实责任，有效推动品牌创建。二要坚持高标准引领。进一步完善标准制定修订工作，发挥标准在品牌建设中引领作用，系统完善地方特色产品的标准化建设，推动产品质量不断提升，依靠稳定的产品质量，占领市场，创立名牌。三要开展“一站式”服务。制定《“皖美农品”“一站式”服务工作方案》，整合有关机构和资源，组建“皖美农品”检验检测服务中心，并建立严格规范的统一检测体系。设立“一站式”服务工作站，促进“皖美农品”从多头服务到“一站式”办理的转变，为“皖美农品”创建提供全链条“一站式”服务。四要利用数字化平台，提高生产管理服务水平。运用物联网、大数据和人工智能等现代科技，提高农产品生产效率，并追踪农产品的生产过程。例如使用传感器监测农田的温度、湿度和营养水平，开展水肥管理，使用全球定位系统（GPS）来追踪农机的位置，使用人能智能（AI）来预测天气和病虫害等。这些数字化平台使家庭农场管理更加高效，从而保证产品质量和产量。

[安徽省政协界别协商会口头发言，2023.8.24]

后　记

《献计“三农”》是笔者20年来为安徽省“三农”事业献计出力的参政议政成果汇编。笔者自2003年加入中国民主促进会以来，始终把参政议政作为履行民主党派职能的重要抓手，特别是从2008年担任民进安徽农业大学总支部副主委及合肥市政协委员以来，围绕安徽省“三农”问题，积极开展调查研究、参政议政，反映群众需求呼声，每年撰写提案和社情民意信息5～6篇，均被民进安徽省委和安徽省政协采纳，部分提案和社情民意信息得到省领导批示，其中2件提案获省政协“优秀提案”，4件获省主要领导批示，5件获其他省领导批示；参加安徽省政协界别协商、专题协商会口头发言10多次，其中参加安徽省政协十二届三次会议口头发言1次。本书提供的提案、社情民意信息等材料可为党外知识分子参政议政、撰写提案和社情民意信息提供点滴参考。

书中很多提案和社情民意信息在撰写过程中，得到了安徽省政协、民进安徽省委、安徽省人民政府参事室、安徽农业大学等领导和会员的大力支持和帮助，同时要感谢安徽省农业农村厅、科学技术厅、教育厅等部门在提案素材提供和提案办理与答复等方面给予的支持和帮助。特别要感谢民进安徽省委参政议政部、民进安徽农业大学总支部等的大力支持。安徽省油料产业技术体系岗位专家和综合试验站站长们提供了各类调研素材图片和支持帮助，在此一并表示衷心的感谢。

书稿完成后，全国政协常委、安徽省政协副主席、民进安徽省委主委李和平先生欣然为本书作序。安徽省政府参事、安徽省农业科学院孔令聪研究员和安徽农业大学马克思主义学院徐俊教授审读书稿并提出宝贵意见，在此表示衷心感谢。同时感谢美籍华人、国际书画艺术家联合会会长、旅美安徽同乡会副会长朱启超先生为本书题词。

由于作者水平有限，书中难免有疏漏甚至不妥之处，敬请广大读者和参政议政朋友们批评指正。

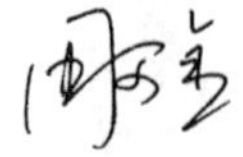

2023年8月26日